高职高专汽车专业系列教材

U0366627

汽车性能与综合评价

主　编　吴东盛

副主编　胡宗梅　陈　青

参　编　张东霞　王景智　许　楠　余嘉旎

主　审　曾建谋

机械工业出版社

本书系统地阐述了汽车的主要性能和各项主观、客观评价指标，并结合职业教育的特点，按任务驱动进行内容编排。本书的主要内容有汽车的动力性与评价、经济性与评价、动力总成与评价、制动性与评价、平顺性与评价、通过性与评价、操控稳定性与评价、安全性与评价、舒适性与评价、造型及品质评价等。由于汽车性能主观评价是新车上市的最终评价依据，因此，本书将目前岗位亟须的主观评价内容与客观评价有机地结合起来，并以最新的车型为例进行阐述，强调了内容对实际工作岗位的适用性。

本书可作为高等院校车辆工程专业（应用型本科），职业技术学院汽车技术服务与营销、新能源汽车技术专业、汽车智能技术专业、汽车检测与维修专业、汽车装配技术专业"汽车性能与评价"课程的教材，也可供相关工程技术人员、一线技术人员、4S店内训师、电台新车测评记者等从事汽车性能评价相关工作时参考。

本书课件下载地址为 www.cmpedu.com，选用本书作为教材的教师可免费注册下载课件；或添加客服人员微信获取。（微信号码 13070116286）。

图书在版编目（CIP）数据

汽车性能与综合评价/吴东盛主编. —北京：机械工业出版社，2019.7
（2022.10 重印）

高职高专汽车专业系列教材

ISBN 978-7-111-62888-0

Ⅰ. ①汽⋯　Ⅱ. ①吴⋯　Ⅲ. ①汽车 – 性能 – 评价 – 高等职业教育 – 教材
Ⅳ. ①U472.32

中国版本图书馆 CIP 数据核字（2019）第 150293 号

机械工业出版社（北京市百万庄大街 22 号　邮政编码 100037）
策划编辑：赵海青　责任编辑：赵海青
责任校对：王　欣　封面设计：陈　沛
责任印制：刘　媛
涿州市般润文化传播有限公司印刷
2022 年 10 月第 1 版第 5 次印刷
184mm×260mm · 16.25 印张 · 398 千字
标准书号：ISBN 978-7-111-62888-0
定价：49.90 元

电话服务	网络服务
客服电话：010-88361066	机　工　官　网：www.cmpbook.com
010-88379833	机　工　官　博：weibo.com/cmp1952
010-68326294	金　书　网：www.golden – book.com
封底无防伪标均为盗版	机工教育服务网：www.cmpedu.com

前言 PREFACE

我国的汽车工业迅速发展，从1953年长春第一汽车制造厂奠基至今，我国已经发展成为世界上主要的汽车生产国和世界上最大的汽车市场。与此同时，汽车产业的不断发展，对我国从事汽车服务行业的人才也提出了更高的要求，汽车服务行业急需大量的高素质、高技能并且了解汽车相关性能的复合型人才，因此，各职业院校的汽车类专业陆续开设了"汽车性能与评价"相关的课程。本课程相应的教材大致分为三类，第一类是以"牛顿力学体系"为框架编写的教材，强调路面作用力对汽车性能的影响，如美国密歇根大学 GILLESPIE T. D 教授编写的《车辆动力学基础》（清华大学出版社）；第二类是按"汽车使用性能"为框架编写的教材，强调汽车使用性能及试验，如借鉴了苏联经验的《汽车理论》（机械工业出版社）；第三类是按"职业任务"编写的教材，强调一线岗位的使用，如《现代汽车技术与商务评价》（北京出版社）。这些教材对于培养汽车行业高素质、高技能人才起到了重要的作用。

当今汽车发展的主题是电动化、智能化、网联化。汽车正在从传统的交通运输工具转变为新型的智能出行载体，我们已经进入了模拟计算、仿真技术、测量技术高度发达的互联网＋时代。但对于应用领域而言，无论传统的燃油车，还是新能源汽车甚至是无人驾驶汽车，在开发汽车的过程中，人的主观感受起到了决定性的作用。对应人的主观感受，汽车的主观评价为汽车的性能评价乃至于新车型上市评价提供了有效的评价依据。例如，在汽车销售过程中，影响客户购买的最主要因素是试乘试驾的满意度，即客户通过试乘试驾的主观感受来评价汽车的性能，从而影响购买决策。而汽车主观评价的相关内容，在前述三类教材中并无充分的阐述。正因如此，汽车类各个专业教学中急需一本既能够借鉴各版本"汽车性能"教学优点，又融入"汽车性能主观评价"内容的教材来实施教学，本书正是在此背景下组织编写的。

本书系统地阐述了汽车的主要性能和各项主观、客观评价指标，并结合职业教育的特点，按任务驱动进行内容编排。本书以汽车的性能为切入点，将汽车的动力性、经济性、制动性、平顺性、通过性、操控稳定性、安全性、舒适性以及造型与品质等内容与相对应的主、客观评价指标有机结合起来，以理论为基础，结合汽车研发测试工程师岗位、汽车销售顾问岗位、汽车售后服务岗位、新能源汽车测试岗位、智能网联汽车测试岗位等相关岗位人员对"汽车性能与评价"这一核心职业能力的需求，选取了相关的内容进行编写，以满足

各岗位的基本技能要求。

本书由广东轻工职业技术学院吴东盛副教授担任主编，并编写了第1章、第2章、第9章，胡宗梅担任副主编，编写了第5章、第6章、第7章，陈青担任副主编，编写了第10章，张东霞参编了第3章，王景智参编了第4章，许楠参编了第8章，余嘉旎参编了第11章。本书由广东工业大学曾建谋教授担任主审。

本书为机械工业出版社组织编写的高职高专汽车专业系列教材，在编写过程中还得到清华大学苏州汽车研究院（清研车联）、广汽研究院等科研机构，以及广东轻工职业技术学院汽车学院、广东机电职业技术学院汽车学院、佛山职业技术学院汽车学院等单位的大力支持与帮助，在此表示衷心的感谢。

由于编者水平有限，对汽车主观评价和客观评价相关内容的阐述受经验、水平和资料的限制难能尽善，疏漏错误之处在所难免，敬请广大读者批评指正，以期进一步提高。

编　者

目录 CONTENTS

第1章 Chapter 1

绪　论

学习目标

◎ 掌握汽车性能的评价方法、内容；
◎ 了解"人—车—路控制系统"模型。

技能要求

◎ 能描述汽车性能客观评价方法、内容；
◎ 能运用汽车性能主观评价表格对各车型进行评价；
◎ 能描述美国、日本、德国汽车性能主观评价的基本方法。

知识点阐述

　　汽车是最重要的现代化交通工具，社会对汽车不断增长的要求，促使汽车工业日益繁荣。现代汽车上采用了大量的新材料和新结构，大大地提高了汽车的性能。随着生活水平的提高，人们对汽车的要求也逐步提高。大多数消费者购车时经常靠感性判断，缺乏理性依据和完整而科学的分析方法。对汽车性能的有效分析和有效评价，对于整车企业来说，可以从中了解市场需求及顾客满意度，从而能根据需求调整自己的生产目标，并逆推得出改善新车评价的技术指标；对于消费者来说，能为消费者购车提供指导，使购车行为更加理性。因此，建立客观有效的汽车性能评价体系对企业和消费者来说都有很大的意义。

任务引入

　　情景案例：王先生为一名公务员，近期需要购买一辆轿车，在网上查阅了一些车型资料，也观看了一些汽车测试的视频，但对公布的车型资料和视频测试数据不理解，想找人咨询。

　　问题：

　　1. 消费者购车时会对车辆的哪些性能进行考虑？

　　2. 新车上市时，对于汽车性能的评价是主观评价还是客观数据起决定作用？

1.1　汽车性能的内涵及研究对象

人们常说，控制一辆高速汽车的主要作用力，产生于四块只有手掌般大小的区域——车轮与地面的接触区域。这种说法恰如其分。对于轮胎在路面上所产生的力和力矩的认识，是了解汽车性能的关键。

汽车性能，指的是汽车的力学性能，是指施加在汽车上的力的响应，即根据作用于汽车上的外力特性，分析汽车在（与汽车动力学有关的性能）加速、制动、转向和行驶过程中所表现的各主要使用性能，包括汽车的动力性、经济性、制动性、操控稳定性、平顺性与通过性。值得指出的是，由于汽车种类的繁多，汽车性能的内涵会有所不同。比如，对于动力性而言，不管货车、公共汽车或者越野车，都能通过动力性的指标（最高车速、加速时间和最大爬坡度）来衡量，因此，本书在讨论和示例时，不加以区分。如果某类汽车的功能设计和性能指标与其他汽车有区别，将单独讨论，如电动汽车的经济性。

研究汽车的性能必须涉及两个问题：

问题1：怎样以及为什么会产生这些力？

问题2：这些力产生的性能如何进行客观并且有效的评价。

影响汽车性能的这些作用力是地面对轮胎的反作用力。因此，轮胎的特性十分重要，这些特性由轮胎在各种不同的工作状态下产生的力和力矩所表征。

汽车性能的研究涉及两个层面：经验和分析。经验的掌握可以通过研究影响汽车性能的因素、方式和条件，反复实践得到。如，一般而言，后驱汽车比前驱汽车的动力性要好，工程师们可以通过观察大量的实车测试而得到。然而，经验方法经常导致失败，如果不了解汽车的力学特性（设计特性）与汽车使用性能的关系，仅仅靠经验来推断新的状况，产生的结果可能有所偏离。因此，汽车性能的研究，是要通过描述基于已知的物理定律的力学要点，建立分析模型（代数方程或者微分方程），并分析汽车及其部件的结构形式与结构参数对各使用性能的影响，从而对汽车性能做出评价。

1.2　人—车—路控制系统

在进行汽车性能的分析过程中，常常把汽车作为一个控制系统，以驾驶人的操作或汽车在道路上行驶时所受的外力（如横风、路面不平度）作为输入，求出汽车的曲线行驶的响应（输出），以此来表征汽车的性能。

1.2.1　人—车开路控制系统

假设驾驶人的任务只是机械地急速转动转向盘至某一转角并维持此角度不变，而不允许根据汽车的转向运动做出任何的操纵修正动作，即不允许驾驶人起任何的反馈作用，此系统称为人—车开路控制系统，此时汽车的曲线行驶的响应为开路响应。开路响应完全取决于汽车的结构与参数，是汽车本身固有的特性。以人—车开路系统对汽车性能进行分析研究时，可以通过建立数学模型进行理论分析，也可以使用测试设备在试验中客观地进行测量，通过对输出结果的分析来对汽车性能进行评价。

　　然而，以汽车的性能作为研究对象时，汽车的性能与驾驶人的操作是紧密联系的，因此，汽车性能的研究应该把驾驶人与汽车作为一个整体统一的系统，必须考虑反馈的作用。

1.2.2　人—车闭路控制系统

　　如图1-1所示，图中简要地表示了人—车闭路控制系统中驾驶人与汽车的关系。在汽车行驶中，驾驶人根据需要操纵转向盘，使汽车进行一定的转向运动；另外，路面的凹凸不平、侧向横风等也影响汽车的行驶。与此同时，驾驶人根据行驶过程中遇到的路面状况、交通等情况和通过眼睛、手及身体感知的汽车运动状况，再通过头脑的分析、判断，修正其对转向盘的操作，如此不断反复循环，使汽车按驾驶人的意愿沿着一定的路径行驶。由此可见，在人—车系统中，驾驶人把系统的输出参数反馈到输入控制中去，因此，人—车系统是一个闭路系统。

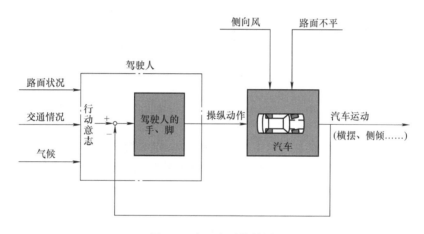

图1-1　人—车系统简图

　　由于驾驶人的反馈十分复杂，要对人—车闭路控制系统进行理论研究分析有一定的难度。目前，关于人—车闭路控制系统的分析，往往通过试验的方法进行实际的测定。

　　汽车性能均通过试验来进行测定和评价。尽管试验得到人—车闭路控制系统的性能真实地反映了汽车的性能，但由于驾驶人的操作起了反馈作用，客观性及再现性就不如人—车开路控制系统响应好。因此要对汽车性能做出正确的评价，必须综合使用人—车开路控制系统与人—车闭路控制系统，通过一定的评价方法进行综合评定。

1.3　汽车性能评价方法及内容

1.3.1　方法分类

　　试验中汽车性能的评价方法可分为主观评价法和客观评价法。

　　客观评价法，是指以客观实验仪器测出表征汽车性能的物理量，如最高车速、横摆角速度、侧向加速度等数据结果，从而对汽车的性能做出定性评价的方法。主观评价法就是感觉评价，其方法是让试验评价人员根据试验时自己的感觉进行评价，并按规定的项目和评分办

法进行评分。

图 1-2 所示为主观评价法与客观评价法的关系。研究汽车本身特性的人—车开路控制系统只采用客观评价法。研究人—车闭路控制系统的试验常同时采用客观评价法和主观评价法。

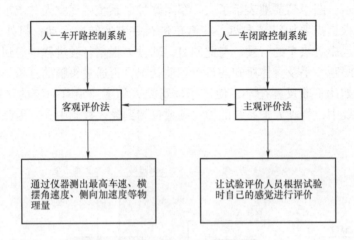

图 1-2　主观评价法与客观评价法的关系

在主观评价过程中，驾驶人同时承担着驾驶汽车和观察汽车的任务。这种方法能够全面、有效地评价汽车复杂行驶过程，但是受到驾驶人的主观感受影响带来的差距较大，不稳定性较强。

客观评价法最终的目标是通过仪器测量一些物理量。它能够获得许多驾驶人觉察不到的系统信息，信息更为精准，数据较为稳定。但仪器很难准确地模拟出驾驶过程中"人"的感受，无法明确对这一部分进行表达，而"车"的存在就是为"人"服务的。因此，在试验过程中"人"的主观感受十分重要。熟练的试验驾驶人在进行主观评价试验时，还能发现仪器所不能检测出来的现象。较为常见的情况是先由人的感觉发现问题，然后用仪器进行检测。

客观评价中采用的物理量是否可以表征汽车的某项性能，就取决于用这些物理量评价性能的结果与主观评价是否一致。虽然，开路控制系统只适用客观评价法，但客观评价法的试验方法及本身所采取的评价指标实际上均是长期经验的积累。客观评价试验可以指出改变汽车结构和结构参数以提高性能的具体路径。但所有的汽车性能，最终都是以主观评价为依据。然而，主观评价法存在两个严重缺陷：一是它受到评价者个人主观因素的影响，不同评价者可能给出差别极大的评价结果；二是不能给出"汽车性能"与"汽车结构"之间关系的信息。

主、客观评价法具体区别见表 1-1。通过分析主观评价与客观评价的区别，可以看出来主观评价具有方便易操作的特点，但是容易受到评价的人和环境的影响，容易产生较大的误差，而且再现性较难；客观评价相对具有较小的误差，且校正容易，得到的结果较为直观、理性，但是在试验过程中实验仪器较多。客观评价主要是围绕汽车能够被直观量化表达的性能进行的，但是无法明确反映车辆的舒适度、美观度、操纵感、稳定性等方面的信息，而主观评价通过语言表达结果的这一方面正好能够完成这部分的工作。因此，主、客观评价之间相辅相成、互相补充。进行主观评价时，通常采用多人共同参评的方式进行，以避免主观感觉不理性的情况。

以汽车性能作为研究对象，闭路控制系统是非常真实的，但其理论模型的建立和分析非常复杂，因此，只能通过实际测试进行。为了客观性的要求，我们采用开路模型，利用客观评价法来分析汽车的性能。因此，客观评价与主观评价通常互相作为补充进行。同时，主观评价也为客观评价提供定量指标。

表 1-1　主、客观评价法的比较

比较内容	客观评价	主观评价
测试主体	物理、化学仪器	人
测试方法	物理法、化学法	生理的、心理的
结果表达	数值	语言
误差	小	大
校正	容易	困难
灵敏度	有限	良好
重复性	高	低
疲劳和适应	小	大
训练效果	小	大
环境影响	小	大
实施性	安装仪器（用时多）	简便、迅速
综合判断	困难	容易

1.3.2　汽车性能评价的主要内容

国内外对汽车性能属性的划分尚未形成统一的标准，因此，不同汽车公司对汽车整车评价内容也有不同的分类及方法。

本书所述评价属性级别分为一级和二级。

一级属性一般由公司高层管理人员、市场用户代表及专业技术人员等进行评价，旨在通过评价检验汽车是否符合公司产品定位和是否达到市场需求，以及对产品匹配优化的改进方向和意见，同时评估整车产品目标是否达成。

二级属性一般由有一定的整车性能评价经验的公司专业管理人员、专业领域资深专家、专业技术人员等进行评价，旨在进一步细化一级性能属性，并平衡一级属性下的各项二级性能及优化性能"短板"，以期满足一级性能的目标要求。同时，根据评价结果明确车辆具体的性能表现；通过收集到的评论及专业需求来指导产品性能开发。

三级属性及四级属性一般由具有丰富的汽车专业知识及评价经验的产品及性能领域专业技术人员，也包括供应商技术人员等进行评价，旨在协调各系统和零部件的性能属性表现，以期满足整车二级属性性能目标要求，并通过评价检验专业评论，来指导产品专项领域性能开发与优化。

不同公司对一级属性的划分有不同的标准，本书按九个一级属性对整车评价的内容及方

法进行详细介绍，如图 1-3 所示，即动力性、经济性、制动性、操控稳定性、安全性、平顺性、通过性、舒适性以及品质特性。

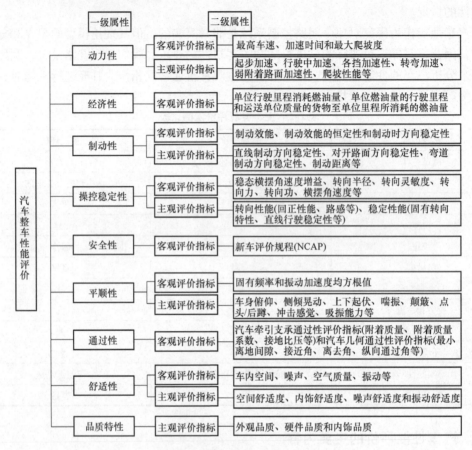

图 1-3　整车性能评价内容及方法

通过对同级别车型间各项性能属性进行对比评价，可以判断各车型的性能属性的优、劣势，进而对本公司车型表现出的性能劣势点，结合自身的市场定位和性能竞争策略，以及本公司的技术能力，优化技术方案和提升车型性能劣势点表现，以增强自身车型在同级别车型中的市场竞争力。

由此可见，汽车主观评价是提升产品用户的体验感和满意度、增强产品竞争力的有效验证方法，是实现从市场用户语言精准转化为工程技术语言的必要环节，是构建整车、系统、零部件分层次、分领域研发体系的重要组成部分。

1.4　汽车性能的主观评价法

汽车性能的主观评价是指由专业人员按照一定的主观评价规范（通常是整车的目标客户群体和设计目标值确定的评价标准），在典型的行驶道路或评价环境中通过感觉器官对所关注的不能进行客观评价的汽车品质属性进行观察、操作、评价结果记录、数据分析等的活动。为了能够对汽车的特性进行主观描述和比较，针对汽车主观评价的每个评价项目，驾驶人要按一定的评价尺度对其进行主观评价，需要一个合适的评分标准。

汽车领域中主观评价一般包括定性评价和定量评价。定性评价一般是多种汽车方案的相对排序。定量评价有两种方法，一是采用相对分数法，即首先确定一参考样车，其他车型的主观评价分数是相对于样车而言的；二是采用绝对分数法，即把主观评价内容用数值化的评分等级表示出来。

1.4.1 主观评价法的影响因素

主观评价区别于客观测试，具有较强的不可重复性。不同评价人员的主观评价结果有差异，即使同一评价人员针对同一辆汽车进行多次评价，其评价结果往往也有差别，其中一个重要的原因是主观评价受到干扰因素的影响非常大。因此，在进行主观评价前，一定要对影响主观评价的三个因素——人、车、路进行设定，以保证主观评价的准确性。影响主观评价的因素如图1-4所示。

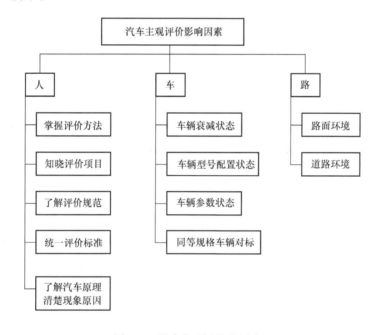

图1-4 影响主观评价的因素

（1）人 参与评价的人员必须是掌握主观评价的操作方法、拥有一定的驾驶技能、知晓评价项目、了解评价规范、懂得如何去感受车辆属性表现的人员。

（2）车 主观评价一定是一种对比评价方式，评价结论是一种相对结论，因此，对比评价的车辆必须处于相同的状态，包括车辆的衰减状态（行驶里程状态）、车辆型号配置状态、车辆参数状态（胎压、四轮定位是否正常）、对标车辆的规格（是否处于同一级别）等。在评价前必须进行相应的检查记录，以保证评价结果的准确性。严格来说，主观评价结果的可比性必须建立在各被评价车辆处于同一环境和同一时间段且同一团队评价的基础上，即通常所说的"背靠背"原则。

（3）路 主观评价时，道路方面的影响包括路面环境（空气质量、温度、风速、日照、海拔等）以及道路条件（平滑或粗糙、坡度、直道或弯道等）。通常不同车辆间的对比评价

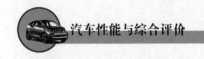

必须在相同的环境条件下进行，这样对比评价的结果才更具说服力，更能说明对比车辆间的性能差异点。

1.4.2 主观评价法的主要内容

1. 主观评价方法的应用简介

现代汽车企业的研发过程中，各种测试和试验项目基本涵盖了整车所有的性能细分项，并且越来越关注汽车产品在实际使用过程中的性能表现，以求产品在用户和市场中保持较好的竞争力。为了提高汽车产品性能、缩短开发周期，有必要建立一套站在使用者角度、与客观测试相对应的主观评价方法，对汽车性能进行快速、详细的综合评价和比较，以便更有针对性地进行产品设计、更改。

汽车主观评价方法如图 1-5 所示，主要有实车评价和虚拟评价，常用的方法主要是实车评价法，而实车评价法又分为定性评价和定量评价。定性评价法又分为排序评价法和语义分级评价法。定量评价法分为等级打分法和 AUDIT[⊖] 评价法。

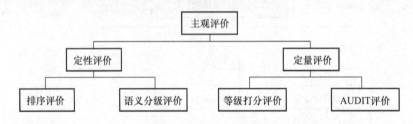

图 1-5　主观评价方法

2. 排序评价

排序评价就是通过排序的方式完成汽车主观评价，它要求评价人员针对某项性能对多个汽车样本进行感受和评价，并按照性能表现的优劣进行排序。排序评价通常适用于样本数量较少的情况，需要评价人员对比样本性能表现的优劣，以排序的方式输出评价结果，而不必进行更为细化的打分，也适用于技术基础薄弱或没有评价经验的评价人员。排序评价的优点是方便、快速，适用人群较广，经验和专业技能要求不高，评价结果简洁明了、易于理解；缺点是专业性较差，评价结果的完善程度较低、细分程度不高，性能细分改进指导方向不明确。

当排序样本数为两个时，对其进行比较和排序，并给出优劣顺序，通常采用符号表示优劣顺序："＞"代表优于；"＜"代表劣于；"＝"代表相当。评价结果中，"A 优于 B"可记录为"A＞B"；"A 劣于 B"可记录为"A＜B"；"A 与 B 相当"可记录为"A＝B"。当排序样本数高于两个时，可将样本配合成多种不重复的对，进行多次成对比较，最后综合所有样本对的比较结果，梳理出整体的排序结果。

3. 语义分级评价

语义分级评价是一种通过语义的分级描述进行主观评价的评价方法，要求评价人员运用一对意义相反的形容词对汽车样本的性能表现进行分级描述。例如，常用的形容词有低劣的/豪华的、粗糙的/精致的、灵敏的/迟钝的、轻便的/沉重的等。

⊖　AUDIT 是德国的一种质量检验方法。

在语义分级评价中，一对反义形容词组位于等级的两端，中间使用度量性的副词进行分级。通常评价等级可分为5级、7级或者9级，见表1-2～表1-4。不同评价人员在评价结果的尺度上可能存在差别，因此，在进行语义分级评价前可先将评价尺度进行统一，以缩小评价结果的离散度。

语义分级评价的优点是经验和专业技能要求略低、评价结果简洁、评价描述具有性能细分改进指导方向的意义；其缺点是专业性略差、评价结果的完善程度稍低、细分程度不足。

表1-2 5级语义分级评价结果示意

特别	有些	一般	有些	特别
1	2	3	4	5

粗糙 ← → 精致

表1-3 7级语义分级评价结果示意

极度	非常	有些	都不是	有些	非常	极度
1	2	3	4	5	6	7

粗糙 ← → 精致

表1-4 9级语义分级评价结果示意

极度	非常	有些	略微	都不是	略微	有些	非常	极度
1	2	3	4	5	6	7	8	9

迟钝 ← → 灵敏

4. 等级打分评价法

等级打分评价法是在规定的评分范围内对汽车样本进行打分的评价方法，评价等级和评价分数采用一定的对应关系进行定义。一般，日本汽车企业常用5分制评价打分，见表1-5；国内和欧美汽车企业常用10分制评价打分，见表1-6。

表1-5 5分制打分法评级等级和评价分数对应关系

评价分数	1	2	3	4	5
评价等级	很差	差	一般	好	很好
客户满意度	不满意		基本满意	满意	非常满意
期望改进者	所有顾客、一般顾客		挑剔顾客	受训人员	难以察觉

表1-6 10分制打分法评级等级和评价分数对应关系

评价分数	1	2	3	4	5	6	7	8	9	10
评级等级	无法接受		很差		边缘	可接受	一般	好	非常好	好极了
客户满意度	非常不满意				稍不满意	基本满意		很满意	非常满意	
期望改进者	所有顾客			一般顾客		挑剔顾客		受训人员		难以察觉
客户抱怨百分比（%）	100～50					50～10		10～1	<1	无

在进行主观评价前需要对评价尺度进行统一和规定，以降低评价结果的离散度。在10分制打分评价体系中，评价人员根据汽车样本和标杆的性能差距，并考虑汽车特征、用途、

价格等因素，为汽车样本进行打分评价。一般，不同级别、不同类型的汽车样本不宜采用同一标准进行评价。

为了使主观评价的分数能够体现汽车产品在性能上的细微差别，可将评价分数细化。细化方法有 0.5 和 0.25 两种分法，本书采用 0.25 的分法，即在 1 分之内分为 0、0.25、0.50、0.75 四个等级，以便更精细地定义和区分性能表现。等级打分评价的优点是评价结果精细、评分定位明确，可以较准确地表达评价结果；其缺点是经验和专业技能要求较高、专业性较强、使用和推广的普及性略低。

1.4.3 美国机动车工程师学会（SAE）评分方法

SAE 建议执行的汽车主观标定尺度主要应用于在给定的场地及道路上，对汽车进行不同的操作并对该汽车进行评价。该评价只对通过这些特定的操作和各种特定条件的汽车（如设备、维护保养程度等）和环境（如道路、气候等）决定的单一试验工况有效。

SAE J1441 主观评价评分标准见表 1-7，通过赋值的方法给定汽车主观评价。

该尺度具有单起点的连续 10 个刻度。汽车的性能介于 7 ~ 10 之间是令人满意的，1 ~ 3 之间则不能令人满意，4、5、6 是边界线，最高级别 9、10 代表理想的汽车性能。

表 1-7　SAE J1441 汽车主观评价评分表

很差		差		一般		好		出色	
1	2	3	4	5	6	7	8	9	10
不期望区间			分界线			期望区间			

通过采用相应的汽车等级评价标准，判定一个操作尺度。该尺度可以用于任何汽车的主观评价，但在评价之前应针对具体项目考虑建立适当的评价参考结构。而评价参考结构最好是由一些熟悉某一范围的驾驶人需求及期望的评估专家组成评审团制定得到。评审团评估与使用单个评估人相比，提供了一个更为独立的汽车平均标定值，同时也提供了一个针对不同评估人都有效的估计。标定值可能会因为评估条件和评审团成员的不同而受到影响。这样，标定值只能是同一评审团在同一条件下对同等级的汽车评审结果有效。评估条件包括如下因素：执行动作或工况（车道变更、进出弯道等）、道路状况（弯曲度、拱度、高度变化等）、道路表面（摩擦系数、凸块、壶穴、裂缝等）、环境（风、雾、雪、冰等）等。

SAE J1060 是另一个关于主观评价尺度的标准——与轮胎有关的噪声和驾驶舒适性主观评价。该标准也采用 10 分制，与 J1441 不同的是将对评价者的要求引入了标准中，见表 1-8。

表 1-8　SAE J1060 主观评价评分表

1	2	3	4	5	6	7	8	9	10
不可接受				分界线		可以接受			
评价条件									
所有评价者		大多数评价者		某些评价者		苛刻评价者	受过专业训练评价者		无评价者
无法忍受	严重	很差	差	分界线	勉强接受	一般	好	很好	出色
1	2	3	4	5	6	7	8	9	10

1.4.4　日本评分方法

与 SAE 制定的主观评价评分标准相比，日本将评分等级分为 7 级（表 1-9），直接将某一汽车作为标准汽车，通过与其对比，得出被评价汽车的主观评价分数。最低值 1 表示汽车完全不具有此项性能，5 ~ 7 之间是令人满意的，1 ~ 4 之间则不能令人满意，4 是边界线，其总体性能与标准汽车一致，最高级别 7 代表理想的汽车性能。

表 1-9　日本主观评价评分方法

1	2	3	4	5	6	7
非常坏	坏	稍坏	一样	稍好	好	非常好
不期望区间				期望区间		

1.4.5　德国奥迪公司的评分方法

在国外其他国家及相关组织中，10 分制评分标准已经获得了广泛的认可。表 1-10 所示为德国奥迪公司的评分标准。需要注意的是，评分作为汽车性能评价的粗略近似值，特别是对于舒适性的指标，可以采用每两年降低 0.5 分的方法进行评价。因此，一辆被评价过一次的汽车，过 3 ~ 4 年后再次被评价时，其分值就会降低大约 1 分。

表 1-10　德国主观评价评分方法

评分	评价	评价人员	存在问题
1	完全不合格	所有驾驶人	不可接受，零部件不起作用
2	非常差	所有驾驶人	不可接受，零部件的功能有限
3	差	所有驾驶人	不可接受，零部件不完善
4	不及格	苛刻驾驶人／一般驾驶人	令人不舒服，需改进
5	及格（分界线）	苛刻驾驶人／一般驾驶人	—
6	满意	苛刻驾驶人	小
7	还可以	苛刻驾驶人	非常小
8	良好	经过培训的驾驶人／苛刻驾驶人	极其微小
9	非常好	经过培训的驾驶人	几乎感觉不到
10	当前最好	经过培训的驾驶人	感觉不到

1.4.6　我国襄樊检测中心主观评价评分方法

目前，襄樊检测中心在进行汽车主观评价时，主要采用的也是 10 分制的评分方法，见表 1-11。

表 1-11　襄樊检测中心主观评价评分方法

分值	1	2	3	4	5	6	7	8	9	10
含义	极差	差	较差	稍差	接受	合格	好	很好	极好	完美
解释	拒绝接受，需重新设计				可接受希望进一步改进		没问题或极少问题			

任务实施

任务1：现有一辆 2018 款 2.0E 精英版的凯美瑞和一辆 2019 款 330TSI 华颜版的大众 CC，假设你是客户，你现在要购买其中一辆，你会选择哪辆？思考选择这辆汽车时，你更看重表中所列的什么性能，并对其重要性打分。

消费者购车性能重要性评分表

性能 ＼ 重要性评分	1	2	3	4	5	6	7	8	9	10
动力性										
经济性										
制动性										
操控稳定性										
安全性										
乘坐舒适性										
通过性										
其他_____										

任务2：主观评价发现，车型 A 的乘坐舒适性较车型 B 的差，通过对比测试影响乘坐舒适性能的客观评价指标项，汽车性能开发人员可以清楚地发现车型 A 的坐垫、靠背位置方面的乘坐舒适性能客观指标较车型 B 的差。由此思考，新车上市时，对于汽车的评价是主观评价还是客观数据起决定作用。

属性		单位	车型 A	车型 B
乘坐舒适性能			7.0	7.35
乘坐舒适性能客观指标				
平滑路面 90km/h 驾驶人位置加速度（三向矢量加权均方根值）	坐垫 av（RMS）	m/s^2	0.305	0.245
	靠背 av（RMS）	m/s^2	0.169	0.147
	地板 av（RMS）	m/s^2	0.288	0.304
平滑路面 90km/h 第二排位置加速度（三向矢量加权均方根值）	坐垫 av（RMS）	m/s^2	0.333	0.239
	靠背 av（RMS）	m/s^2	0.192	0.157
	地板 av（RMS）	m/s^2	0.311	0.306
50km/h 过三角块驾驶人位置加速度（垂向均方根值）	坐垫 az（RMS）	m/s^2	11.05	9.98
50km/h 过第二排驾驶人位置加速度（垂向均方根值）	坐垫 az（RMS）	m/s^2	11.21	9.98

注：汽车平顺性试验采用总加权加速度和最大加速度（绝对值）响应值来评价，总加权加速度均方根值小于 0.315 时，一般来说人并不会感到不舒服；相应地，若总加权加速度均方根值大于 0.315，人则会感到不舒服，不舒服程度随数值的增大而加重。表中车型 A 的总加权加速度均方根值大于车型 B，乘坐舒适性较 B 差。

课后拓展

2012 年 2 月 9 日，Model X 的概念车（图 1-6）在南加州特斯拉的霍桑设计工作室首次亮相，逾千人出席揭幕仪式。Model X 大型 7 座 SUV 汽车搭载两部电机，提供容量为 60kW·h 和 85kW·h 的电池组，Model X 性能版车型的 0—97km/h 加速时间为 4.4s，令诸多赛车和 SUV 望尘莫及。

图 1-6　Model X 2012 版概念款

Model X 的定位为跨界休旅车（Crossover Utility Vehicle，CUV），即混合 SUV、掀背车某些特质的衍生车型，最多可乘坐 7 人。Model X 的车身整体风格与已经发布的 Model S 大致相同，只是造型更加圆润。Model X 采用与 Model S 相同的技术平台，两款车的轴距相同，皆为 2959mm。Model X 前格栅造型与 Model S 基本相同，格栅内及前包围底部采用碳纤维饰板。

由于取消了传统动力汽车的发动机和变速器，Model X 内部空间十分宽敞，除三排座椅和行李舱外，原本安装发动机的位置也成为新的储物空间，而外观上的最大亮点则是装有鸥翼式后车门。鸥翼式后车门设计可以使后两排乘客更加方便地上下车，打开鸥翼门，进入或走出汽车时完全可以站立。这样的车门设计不占用太多空间，在狭窄停车场内也可方便乘客上下车。车门上装置近距离传感器，可以防止撞到车库顶部和旁边的车。

Model X 中控台仍使用与 Model S 相同的 17in（约 43cm）中控触摸屏，仪表板也配备特斯拉 Touchscreen 触摸屏。17in 中控触摸屏集成了多媒体系统、导航、3G 网络、车辆控制、声控免提电话等多项功能，操作十分方便。

Model X 是在 Model S 基础上发展而来的 SUV 兼小型箱旅车，它比 Model S 约重 10%，相似度在 60% 左右。例如 Model X 尾部又宽又高，继承 Model S 性感的尾部基因。它除了继承 Model S 一系列独特的设计外，还有很多自己的特性，如它没有后视镜，而是在后视镜的位置装了个摄像头。

Model X 尾灯全采用 LED 作为光源，碳纤维尾部扩散器能够产生更大的下压力，使车辆行驶时更加稳定。在不使用门把手时，Model X 的门把手会自动缩进车内，从而降低行驶阻力，当驾驶人携带钥匙接近车辆时，门把手会自动弹出。该车采用溜背式设计，后窗与车顶过渡流畅，行李舱盖上的鸭尾式设计具有一定的空气动力学作用。

Model X 底盘与 Model S 完全相同，不过底盘升降变为四个选项，增加了"非常高"选项。该车可以选配双电机全轮驱动配置，增加的前轮电机能够增加50%的转矩，0—60mile/h（约97km/h）的加速时间将小于5s。动力源仍然为60kW·h或85kW·h的电池，最大功率为302ps（约222kW）和362ps（约266kW）。同时，Model X将使用空气悬架系统，通过中控触摸屏手动调整车身高度，当车辆加速时，Model X会自动降低车身高度，优化空气动力性能。Model X不燃烧一滴汽油，充电口位于两边尾灯的侧面，除了特斯拉专用充电站进行充电外，还可以通过家用电源进行充电，充电时间取决于电源的电压及电流强度。

 本章小结

1. 汽车性能指的是汽车的力学性能，是指施加在汽车上的力的响应，即根据作用于汽车上的外力特性，分析汽车在加速、制动、转向和行驶过程中所表现的各主要使用性能。

2. 在进行汽车性能的分析过程中，把汽车作为一个控制系统，以驾驶人的操作或汽车在道路上行驶时所受的外力（如横风、路面不平度）作为输入，汽车曲线行驶的响应作为输出，此系统称为人—车系统。

3. 假设驾驶人的任务只是机械地急速转动转向盘至某一转角并维持此角度不变，而不允许根据汽车的转向运动做出任何的操纵修正动作，即不允许驾驶人起任何的反馈作用，此系统称为人—车开路控制系统，此时汽车曲线行驶的响应为开路响应；在人—车系统中，驾驶人把系统的输出参数反馈到输入控制中去，使汽车按驾驶人的意愿沿着一定的路径行驶时，称为人—车闭路系统。

4. 试验中，汽车性能的评价方法可分为主观评价法和客观评价法。客观评价法，是指以客观实验仪器测出表征汽车性能的物理量，如最高车速、横摆角速度、侧向加速度等数据结果，从而对汽车的性能做出定性评价的方法。主观评价法就是感觉评价，其方法是让试验评价人员根据试验时自己的感觉进行评价，并按规定的项目和评分办法进行评分。

5. 客观评价法最终的目标是通过仪器测量一些物理量。它能够获得许多驾驶人觉察不到的系统信息，信息更为精准，数据较为稳定，但客观评价无法评价出驾驶过程中"人"的感受。

6. 主观评价法存在两个严重缺陷：一是受到评价者个人主观因素的影响，不同评价者可能给出差别极大的评价结果；二是不能给出"汽车性能"与"汽车结构"之间关系的信息。

【复习思考题】

1. 试验中汽车性能的评价方法可分哪两种？
2. 如何进行定量评价？
3. 评估条件包括哪些要素？
4. 与SAE制定的主观评价评分标准相比，日本将评分等级分为多少个等级？

第2章 Chapter 2

汽车动力性及评价

 学习目标

◎ 掌握汽车动力性的评价指标；

◎ 掌握汽车动力性的各种分析方法；

◎ 掌握影响汽车动力性的因素（理论分析）；

◎ 掌握汽车行驶中所受的各种阻力。

 技能要求

◎ 能运用汽车动力性相关理论对汽车的动力性能进行简单的计算；

◎ 能描述汽车的各种参数对汽车动力性的影响；

◎ 能运用主观评价法对汽车的动力性进行评价。

 知识点阐述

汽车的动力性是指汽车在良好路面上直线行驶时，由汽车受到的纵向外力决定的、所能达到的平均行驶速度。为了研究方便，进行动力性的研究时，一般限定汽车直线行驶，避免操控性能（转向）对动力性产生的影响。

纵向外力，指的是按照"车辆坐标系"规定，与 x 轴平行的方向称为纵向。由于汽车运动时，借固结于运动着的汽车上的动坐标系——车辆坐标系来描述，如图2-1所示，x 固结于汽车上的 $oxyz$ 直角动坐标系就是车辆坐标系。oxz 处于汽车左右对称的平面内。z 轴通过质心指向上方，y 轴指向驾驶员的左侧，坐标原点通常与其质心重合，车辆的运动符合右手定则。坐标系的各个参数规定如下：

x——向前方，在纵向对称平面上；

y——指向车辆右侧；

z——指向车辆下方；

ω_p——绕 x 轴的侧倾角加速度；

ω_q——绕 y 轴的俯仰角加速度；

ω_r——绕 z 轴的横摆角加速度。

车辆的运动通常在固结于运动着的汽车上的动坐标系下由速度向前（x 轴方向、纵向）、

侧向（x 轴方向、侧向）、垂向（z 轴方向）、侧倾（绕 x 轴旋转）、俯仰（绕 y 轴旋转）和横摆（绕 z 轴旋转）来描述。

平均行驶速度，是针对汽车的运输能力而言的，换而言之，汽车的动力性是要说明汽车的运输能力。汽车动力性越大，汽车的运输能力越强，则单位时间内行驶的里程越长，平均行驶速度越高。

图 2-1　车辆坐标系

本章内容是：先建立汽车动力性的主客观评价指标，分析汽车动力总成、行驶阻力对汽车动力性的影响，分析汽车附着性能对汽车动力性的制约，运用"平衡法"分析汽车动力性的客观评价指标计算方法，最后分析汽车动力性的主观评价。

任务引入

　　林楚是×××汽车销售服务有限公司的汽车服务顾问，端午节后他接待了客户王先生，王先生反映他驾驶的凯美瑞在公路上行驶加速、爬坡无力，要求对汽车的动力性能进行检测。

　　问题1：假如你是该公司的维修技师林楚，维修主管分配你承接此项工作，要求在 4h 内完成该车的动力性能检测工作，对该车动力性进行判定和评价，你准备该如何完成此项任务？

　　问题2：汽车的动力性可以从哪些方面进行判定？

2.1　汽车动力性的客观评价指标

汽车性能的指标或评价指标，是指可以用来评价汽车性能优劣的参数。评价指标必须是整车性能参数，而不是某个结构的设计参数。汽车动力性的客观评价指标有三个：最高车速、加速时间和最大爬坡度。

1. 最高车速 $U_{a\,max}$

最高车速是指在水平良好的路面（沥青或混凝土）上，汽车以规定的装载质量行驶所能达到的最高车速，单位一般为 km/h，用来表征汽车的极限行驶能力。不同国家或机构对汽车动力性测试制订了不同的标准。在我国，汽车进行动力性测试规定是满载，而国外一些机构规定是半载。如表 2-1 所示，重型货车的最高车速只有 90km/h，因为汽车的装备质量越大，最高车速越低。

表 2-1　货车与客车的最高车速　　　　　　　　　　（单位：km/h）

车型	最高车速
重型货车（总质量＞14t）	90
中型货车（总质量 6～14t）	100
微型和轻型货车（总质量＜6t）	80～130
城市铰接客车	60～90
客车	125

汽车的最高车速还跟发动机与变速器的技术有关。一般而言，发动机的排量越大，汽车的最高车速越大。而发动机排量相同的汽车，最高车速还取决于变速器的选用。如表 2-2 所示，飞度 1.3L 及 1.5L 排量发动机搭配手动变速器的最高车速均大于搭配 CVT 的最高车速。一般，轿车的最高车速为 130～220km/h，客车的最高车速为 90～130km/h，货车的最高车速为 80～110km/h。

表 2-2　不同排量轿车的最高车速　　　　　　　　　（单位：km/h）

车型	最高车速	车型	最高车速	车型	最高车速
奥拓 0.8	120	飞度 1.3 手动	165	奥迪 A4 1.8T	220
吉利 1.0	120	飞度 1.3CVT	160	奥迪 A4 2.0	230
夏利 1.0	137	飞度 1.5 手动	180	凯迪拉克赛威 2.8	201
奇瑞 QQ 0.8	130	飞度 1.5CVT	175	奥迪 A6L 2.8	235
吉利 1.3	155	普桑 1.8	150	宝马 530i 3.0	250
夏利 1.3	165	桑塔纳 3000 1.8	185	奔驰 E 280 3.0	250
羚羊 1.3	168	宝来 1.8 手动	206	红旗 CA7460	185
西耶那 1.5	168	宝来 1.8T 手动	221	奔驰 S600（5.8L）	250
赛欧 1.6	165	宝马 318i	214	宝马 760	250
波罗 1.4	172	蒙迪欧 2.0	205	宾利雅致（6.8L）	270
富康 1.6	180	本田雅阁 2.0	197	迈巴赫（5.5L）	250
捷达 1.6	170	本田雅阁 2.4	219	劳斯莱斯幻影（6.7L）	240

注意　从理论上说，发动机的排量越大，最高车速应该越高，但由于实际量产的各个车型在发动机技术、传动系统匹配、汽车的外观设计和产品定位等方面不可避免地存在差异，该规律并不是绝对适用，应更多地结合客观情况。例如，表 2-3 中列出了不同排量 SUV 的最高车速，从表中可以看出，排量为 4.4L 的宝马 X5 的最高车速只有 230km/h，而对于一般的三厢轿车而言，如奥迪 A6，发动机排量 2.8L，但最高车速可以达到 235km/h，但不能因此得出结论奥迪 A6 的动力性比宝马 X5 的动力性好，原因是，SUV 与普通的三厢轿车不属于同一类型，SUV 的动力性更多的应该依赖于其他动力性的评价指标来评价。众所周知，SUV 的设计要求强调越野性能，外形上比较注重方方正正的设计，还考虑到高离地间隙，风阻系数及滚动阻力系数均比较大，故最高车速受到一定的限制。

表 2-3   SUV 的最高车速

SUV 车型	最高车速/(km/h)
宝马 X5（4.4L）	230
陆虎览胜（4.0L）	210
宝马 X5（3.0L）	202
大众途锐（3.0L）	197
悍马 H2（6.0L）	180
帕杰罗速跑（3.0L）	175

最高车速是一些跑车所追求的一个重要参数，对于量产的超级跑车，目前其最高车速已突破 400km/h。

2. 加速时间 t

汽车的加速时间有两个含义，分别是原地起步加速时间和超车加速时间，单位均为 s。

（1）原地起步加速时间   原地起步加速时间是指汽车从静止状态下，由Ⅰ挡或Ⅱ挡起步，并以最大的加速强度逐步换至最高挡后到某一预定的车速或距离所需的时间。

其中"最大的加速强度"是指加速踏板踩到底、节气门全开工况；换挡操作包括选择恰当的换挡时机以及最佳挡位；"最佳挡位"是指加速能力最强的挡位，不一定是Ⅰ挡，如越野车是Ⅱ挡加速能力较强。

1）0—100km/h 的加速时间。厂家每推出一个新车型，都会对外公布其部分参数，其中就包括最高车速和加速时间。加速时间通常是指 0—100km/h 的加速时间，是评价汽车动力性常见的指标之一。

表 2-4 为不同品牌、不同车型的加速时间，可以看出，加速时间的长短也跟汽车的排量、造型设计等因素有关。

表 2-4   各种车型加速时间

车型	加速时间/s
福克斯 1.6L AT	10.88
红旗 CA7460	10.5
悍马 H2	10.0
宝马 523Li	9.6
奥迪 A8	7.0
宝马 750	6.6
奔驰 S600	6.5

2）静止到 400m 或静止到 1km 的冲刺时间。以 1.8T 的奥迪 A6 为例（表 2-5），从静止到 400m 的冲刺时间为 7.9s，从静止到 1km 的冲刺时间为 33.4s，但在一般的技术参数中往往不给此项数据，而在一些车型的对比测试中，此参数比较直观地反映汽车的动力性。

表 2-5   奥迪 A6 的冲刺时间

1.8T 奥迪 A6 冲刺距离	冲刺时间/s
0—400m	7.9
0—1km	33.4

（2）超车加速时间　超车加速时间是指用最高挡或次高挡由某一较低车速全力加速至某一高速所需的时间。当加速时间不易定量计算时，有时可以用加速度来代替，则在给定起始和终止速度的条件下，加速度越大，加速时间就越短。

如表2-6所示，宝马520i在使用4挡加速的情况下，60—100km/h和80—120km/h所用的加速时间分别为10.8s和10.6s，而在5挡情况下，相对应的加速时间则分别为13.7s和14.1s，较4挡明显有所延长。可见，低挡的超车加速能力更强。另外，跑车0—100km/h的加速时间一般在5s以内。

表2-6　宝马520i的超车加速时间

宝马520i提速阶段	加速时间/s
60—100km/h（4挡/5挡）	10.8/13.7
80—120km/h（4挡/5挡）	10.6/14.1

3. 最大爬坡度 i_{max}

汽车的最大爬坡度是指满载（或某一载质量）时，汽车在良好路面上前进所能爬上的最大坡度。"坡度"也不是我们平常所说的"坡道角度"，而是该角度的正切值，其示意图如图2-2所示，关系式为

$$i = \tan\alpha = \frac{h}{s} \qquad (2-1)$$

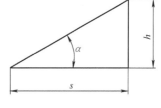

图2-2　坡度的示意图

式中　h——坡高，单位为 m；

　　　s——坡底的长度，单位为 m；

　　　α——坡度角单位为°。

在汽车性能评价及工程实践中，习惯用百分数来表示汽车的最大爬坡度。例如，很多货车的最大爬坡度 i_{max} 为30%，并不是指最大爬坡度为30°，而是指 $\tan\alpha = 30\%$，即 $\alpha \approx 16.7°$。因此，货车能够爬上的最大坡度角约为16.7°左右。一些国家对坡度的要求是动态的，例如，美国对轿车爬坡能力的规定随着车速和载荷的变化而变化，其中规定"能以104km/h（65mile/h）通过6%的坡道；满载时不低于80km/h；在6%的坡道上，0—96km/h（60mile/h）的加速时间不应大于20s"。车速越高，爬坡能力越差；载荷越大，爬坡能力也越差。因此，要获得最大的爬坡能力，通常要降低车速，换入低挡爬坡。并且，汽车的爬坡能力还跟汽车的驱动形式有关，后驱车的爬坡能力要比前驱车好。

注意　越野汽车有时需要在恶劣的坏路或非道路条件下行驶，需要克服松软坡道路面的较大阻力以及凹凸不平路面的局部大阻力，因此，对越野汽车而言，爬坡能力是一个很重要的指标，它的最大爬坡度可达60%（31°）。越野汽车爬坡试验方法如下：

①试验车变速器使用最低挡，分动器亦置于最低挡，全轮驱动，停于接近道的平直路段上面。

②起步后，将加速踏板全开进行爬坡；当试验车处于坡道上时，停住车辆，变速器放入空挡发动机熄火2min，再起步爬坡。

③测量并记录通过测速路段的时间及发动机转速。

④爬坡过程中监视各仪表的工作状况，爬至坡顶后，检查各部位有无异常现象，并做详细记录。

军用汽车的技术要求一般不包含最高车速，但通常用在规定的坡道（如坡度为6%）上必须达到的车速来表示汽车的爬坡能力。也有以一定的坡道上汽车的加速时间来表明汽车的加速性。

任务实施

在教师的指导下，为客户王先生完成车辆动力性试验方案设计。以小组为单位学习相关技能，并填写下列表格。

1）检查汽车的装备及调整状况是否符合要求

检查项目	检查结果	检查项目	检查结果
发动机冷却液温度		发动机润滑油温度	
变速器、驱动桥润滑油温度		预热行驶时间	

2）检查其他项目情况

检查项目	技术要点	检查结果
轮胎压力	轮胎冷充气压力应符合该车技术条件的规定，误差不超过10kPa	
燃料、润滑油和制动液	同一次试验的各项性能测定，是否使用同一批燃料、润滑油（脂）和制动液	
气象条件	相对湿度小于95%，气温0~40℃，风速不大于3m/s	
试验道路	沥青或混凝土铺装的清洁、干燥、平坦的直线道路，长2~3km，宽不小于8m，纵向坡度在0.1%以内	

3）试验数据

项目名称	项目数据	项目名称	项目数据
最高车速		超车加速时间	
0—100km/h 的加速时间		最大爬坡度	
静止到400m 或静止到1km 的冲刺时间			

4）各组根据王先生车辆的故障现象搜集恰当的影响因素，并予以分析。

5）对案例进行评述，从学习后的角度进行评述。

客户王先生需要购买一辆上班代步用的汽车，但兼顾周末自驾游的爱好。王先生对奥迪 A4 1.8T 比较感兴趣，但对奥迪 A4 1.8T 的动力性有疑问。

问题 1：为什么同一车型汽车的发动机带 T 比不带 T 的动力性要好？

问题 2：为什么同一车型汽车带自动变速器的比手动变速器的最高车速要低？

2.2 动力总成对汽车动力性的影响

动力总成（英文名称 Powertrain 或者 Powerplant）指的是汽车上产生动力，并将动力传递到路面的一系列零部件组件。广义上，动力总成包括发动机、变速器、驱动轴、差速器、离合器等，但通常情况下，动力总成仅指发动机、变速器，以及集成到变速器上面的其余零件，如离合器/前差速器等。汽车的动力是由发动机产生，最终通过车轮产生驱动力 F_t 从而使汽车产生动力性能。

驱动力 F_t 是指发动机产生的转矩经传动系统传到驱动轮，产生驱动力矩 T_t，驱动轮在 T_t 的作用下给地面作用一圆周力 F_0，地面对驱动轮的反作用力 F_t 即为驱动力，图 2-3 所示为汽车驱动轮的受力简图。

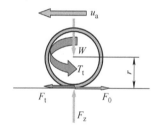

图 2-3 汽车驱动轮的受力简图

图中仅表示出圆周力 F_0 及驱动力 F_t，作用在驱动轮上其他的力与力矩均未标出。其中，驱动力 F_t 与驱动力矩 T_t 的关系为

$$F_t = \frac{T_t}{r} \tag{2-2}$$

式中 r——车轮半径，单位为 m。

作用在驱动轮上的转矩 T_t 是由汽车发动机所发出的转矩经过传动系统而传递到驱动轮的。若以 T_{tq} 表示发动机的转矩（N·m），i_g、i_0 分别表示变速器、主减速器的传动比，η_T 表示传动系统的效率，则作用在驱动轮上的力矩为

$$T_t = T_{tq} i_g i_0 \eta_T \tag{2-3}$$

驱动轮产生的驱动力为

$$F_t = \frac{T_{tq} i_g i_0 \eta_T}{r} \tag{2-4}$$

式（2-4）说明了汽车的驱动力是由发动机产生，并通过传动系统传到驱动轮的。因此，驱动力的大小，取决于发动机的性能及传动系统的传递能力。

1. 如何判断发动机的动力性

发动机的动力性对整车的动力性有着重要的影响，要判断发动机的动力性，首先要明确发动机的动力性指标。发动机的动力性指标是属于结构设计参数，不能直接用于评价汽车的动力性，但可以通过式（2-4）建立联系，在一定条件下（如相同底盘匹配不同排量发动机）通过发动机的动力性来对比整车的动力性。

（1）发动机的动力性指标　动力性指标是表征发动机作功能力大小的指标，一般用发动机的有效转矩 T_{tq}、有效功率 P_e、转速 n 等作为评价发动机动力性好坏的指标。

① 有效转矩。发动机对外输出的转矩称为有效转矩，记作 T_{tq}，单位为 N·m。有效转矩与曲轴角位移的乘积即为发动机对外输出的有效功。

② 有效功率。发动机在单位时间对外输出的有效功称为有效功率，记作 P_e，单位为 kW。它等于有效转矩与曲轴角速度的乘积。发动机的有效功率可以用台架试验方法测定，也可用测功器测定有效转矩和曲轴角速度，然后用公式计算出发动机的有效功率 P_e。

③ 发动机转速。发动机曲轴每分钟的回转数称为发动机转速，用 n 表示，单位为 r/min。发动机转速的高低，关系到单位时间内做功次数的多少或发动机有效功率的大小，即发动机的有效功率随转速的不同而改变。表 2-7 中为某车型匹配发动机，可供选择的 A 款与 B 款发动机性能参数对比。

表 2-7　某车型匹配发动机的资料

规格项目	A 发动机	B 发动机
排量	1497mL	1587mL
功率	85kW（6000r/min）	78kW（5750r/min）
转矩	145N·m（4200r/min）	142N·m（4000r/min）

注意　在说明发动机有效功率的大小时，必须同时指明其相应的转速。在发动机产品标牌上规定的有效功率及其相应的转速分别称为标定功率和标定转速。发动机在标定功率和标定转速下的工作状况称为标定工况。从表 2-7 可知，A 款发动机的标定功率比 B 款发动机的标定功率大，但标定功率不是发动机所能发出的最大功率，它是根据发动机用途而定的有效功率最大使用限度。同一种型号的发动机，当其用途不同时，其标定功率值并不相同。有效转矩也随发动机工况的变化而变化。从标定功率上比较，并不能说明 A 款发动机的优势，但 A 款发动机输出的最大转矩比 B 款发动机的最大转矩要大，从最大转矩值可以判定 A 款发动机的动力性较好。因此，汽车发动机以其所能输出的最大转矩及其相应的转速作为评价发动机动力性的一个指标。

汽车发动机动力性的对比常常需要在一定的转速范围内进行对比才能确定其动力性能的优劣，通常需要用到发动机的外特性。

（2）发动机的外特性　发动机的结构设计参数主要为转矩 T_{tq}、功率 P_e 和转速 n，三者之间的关系统称为发动机的转速性，按节气门开度的不同又可分为发动机外特性和部分负荷特性。

发动机外特性是指节气门全开时，发动机转矩 T_{tq}、功率 P_e 与转速 n 的关系，本章讨论的是汽车的最大运动能力，因此，外特性常作为分析汽车动力性的依据之一，可表示为

$$p_e = \frac{T_{tq}n}{9550} \tag{2-5}$$

图 2-4 为汽油发动机外特性曲线图，变化范围大、呈"爬坡状"的为功率曲线，在接近最高转速时达到功率最大值，即约 5800r/min 时，$p_{emax} = 55kW$；变化范围小，呈"半弧状"的为转矩曲线，在中等转速时达到转矩最大值，即约 3800r/min 时，$T_{tqmax} = 115N·m$。

发动机部分负荷特性是指节气门在部分开启状态下，发动机转矩 T_{tq}、功率 P_e 与转速 n 的关系。如图 2-5 所示，位于图像上方的是功率曲线，变化范围大；变化范围小、平缓、位于图像下方的是转矩曲线。对比同一发动机的外特性曲线与各部分负荷特性曲线可知，随着节气门开度的减小，发动机所能发出的最大功率和最大转矩也逐渐减小，出现最大值时对应的转速也逐渐降低。

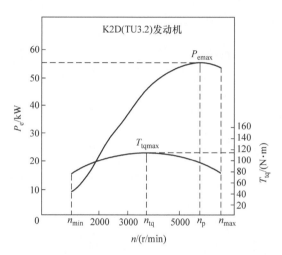

图 2-4　汽油发动机外特性中的功率与转矩曲线图

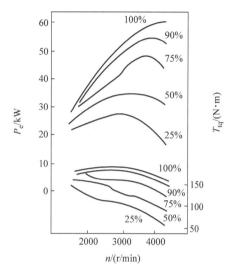

图 2-5　汽油发动机外特性及部分负荷特性曲线图

发动机制造厂提供的发动机外特性曲线，一般是在试验台架上不带空气滤清器、水泵、风扇、消声器、发电机等附属设备条件下测试得到的。除了节气门对发动机的外特性有显著影响外，汽车上的附件设备工作时，也会产生明显的影响，比如空调、收音机、灯具等。因此，当发动机带上全部附件设备工作时，其外特性称为使用外特性。如图 2-6 所示，使用外特性的动力性明显降低。

可以得出以下结论：使用外特性与外特性相比，汽油机的最大功率约小 15%；货车柴油机的最大功率约小 5%；轿车与轻型货车柴油机的最大功率约小 10%，并且汽车的耗油量增加，如图 2-6 的曲线 b 所示，表示内燃机每千瓦时的耗油量，单位为 g/(kW·h)。

发动机的外特性还与发动机技术密切相关，比如涡轮增压技术、缸内直喷技术、分层燃烧技术和气门正时技术等。如图 2-7 所示，上方 BENZ OM501LA 的 Pe 曲线和 OM501LA 的 Ttq 曲线都出现了"平缓区"，即维持或近似地保持某一功率、转矩不变，达到增强发动机动力性的目的，也是增压发动机的特点。另外，图 2-7 中也出现了燃油消耗量曲线 b，显然，增压效果好的 BENZ OM501LA 发动机每千瓦时的耗油量更低，经济性更好。

此外，由于在试验台架上所测的发动机工况相对稳定，而在实际使用中，发动机工况通常是不稳定的，但由于两者差别不显著，所以在进行动力性估算时，仍可用稳态工况时发动机的试验数据。

如果找不到外特性曲线的数据，若已知发动机的 P_{emax} 和 n_P，则可用式（2-6）估算发动机的外特性 $P_e - n_e$ 曲线：

$$P_e = P_{emax}\left[C_1 \frac{n_e}{n_P} + C_2 \left(\frac{n_e}{n_P}\right)^2 - \left(\frac{n_e}{n_P}\right)^3 \right] \tag{2-6}$$

式中 C_1、C_2——发动机类型系数，汽油机 $C_1 = C_2 = 1$，直接喷射式柴油机 $C_1 = 0.5$，$C_2 = 1.5$，有预燃室式柴油机 $C_1 = 0.6$，$C_2 = 1.4$，n_P 为最大功率所对应的转速。

如果在已知 P_{emax} 和 n_P 之外，还已知了 T_{tqmax} 及 n_{tq}，则可用式（2-7）估算发动机的外特性 $T_{tq} - n_e$ 曲线：

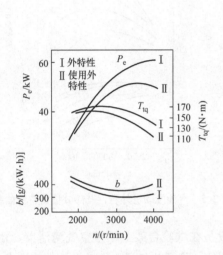

图 2-6   BJ212 汽车发动机外特性和使用外特性曲线图   图 2-7   两种货车用增压柴油机的外特性图

$$T_{tq} = T_{tqmax} - \frac{T_{tqmax} - T_P}{(n_P - n_{tq})^2}(n_{tq} - n_e)^2 \tag{2-7}$$

式中 T_P——最大功率时对应的转矩。

2. 动力总成对汽车动力性的影响

（1）发动机对汽车动力性的影响   发动机功率越大，汽车的动力性越好。设计中发动机最大功率的选择必须保证汽车预期的最高车速。最高车速越高，要求的发动机功率越大，其后备功率也大，加速和爬坡能力必然较好。但发动机功率不宜过大，否则在常用条件下，发动机负荷率过低，油耗增加。

单位汽车重力所具有的发动机功率 F_e/G 称为比功率或功率利用系数。比功率和汽车的类型有关。总重量为 49kN（5t）的货车其比功率在较小范围内变化，一般在 75kW/kN 以上。轿车和总重量为小于 39.2kN 的货车比功率较大，动力性很好。重型自卸汽车速度低，比功率较小，发动机的最大转矩大，在 i_0、i_g 一定时，汽车的加速和上坡能力也强。

（2）变速器的传动比 i_g 对汽车动力性的影响   变速器传动比 i_g 是指变速器在相应挡位时，输入轴与输出轴的转速比比值。同一车型相比，一般挡位越低，比值越大；依据式子 $F_t = \dfrac{T_{tq} i_g i_0 \eta_T}{r}$ 可知，其驱动力也越大，动力性越好。但对于不同的车型而言，传动比并非越大越好，而是要与汽车的外形、用途，发动机的结构设计参数，变速器的类型等相匹配。比如，越野车的传动比设计一般比轿车的要大，因为越野车的体型较大、较为方正（风阻系数较大），又常用于爬坡、越野，因此在动力性方面偏向于获得较大的驱动力。

（3）主减速器的传动比对汽车动力性的影响　传动系统总传动比是传动系统各部件传动比的乘积。普通汽车上没有分动器和副变速器，如果变速器的最高挡是直接挡，减速器传动比 i_0 对汽车动力性的影响：i_0 增大，汽车的动力性加强，但燃油经济性变差；i_0 减小，汽车的动力性下降，但燃油经济性较好；可利用汽车在直接挡行驶时的功率平衡图来分析。

（4）传动系统的机械效率 η_T 对汽车动力性的影响　传动系统的机械效率 η_T 是指输入传动系统的有用功率与总功率之间的比值。其中输入传动系统的总功率为 P_{in}，传动系统损失的功率为 P_T，其表达式如下

$$\eta_T = \frac{P_{in} - P_T}{P_{in}} \tag{2-8}$$

等速行驶时，$P_{in} = P_e$（P_e），则等速行驶时可表示为

$$\eta_T = \frac{P_e - P_T}{P_e} = 1 - \frac{P_T}{P_e} \tag{2-9}$$

如表 2-8 所示，影响传动系统机械效率 η_T 的主要因素包括变速器传动效率、主减速器传动效率和传动轴的万向节传动效率。其中，变速器的传动效率主要由变速器的类型决定，比如手动变速器（MT）的传动效率最高，通常可以达到 95%；双离合变速器（DSG）次之，通常可以达到 92%；无级自动变速器（CVT）的传动效率一般为 90%；液力自动变速箱（AT）的传动效率则通常只有 85%。

表 2-8　不同传动系统的机械效率

部件名称	机械效率 η_T
4~6 挡变速器	95%
辅助变速器（副变速器或分动器）	95%
8 挡以上变速器	90%
单级减速主减速器	96%
双级减速主减速器	92%
传动轴的万向节	98%

由表 2-8 中，4~6 挡变速器与 8 挡以上变速器的传动比可知，对于一同种变速器而言，一般挡位越多，其传动效率越低。影响传动系统损失功率 P_T 大小的因素主要有两个，一个是机械损失，一个是液力损失，如表 2-9 所示。

表 2-9　影响传动系统损失功率的因素

机械损失	转矩 T_{tq} 大，损失大，损失的比重小，η_T 高	
	齿轮对数 齿轮对数少，损失小，η_T 高，直接挡 η_T 最高	
润滑油品质	润滑油品质	
	油温	
	油面高度 过高，搅油损失大；过低，热容量小	
	转速	

（5）车轮半径对汽车动力性的影响　轮胎的尺寸及结构直接影响汽车的动力性。比如，在汽车销售过程中，客户会问："怎么才用15寸的轮胎？"从理论上而言，同一型号的汽车配备轮胎尺寸越大，其动力性越好，但轮胎的尺寸增大会导致汽车滚动阻力、空气阻力等的变化，因此，需要全面考虑才能准确地配备合适尺寸的轮胎。

车轮按规定气压充好气后，处于无载时的半径，称为自由半径。在汽车重力作用下，轮胎发生径向变形。车轮中心与轮胎接地面的距离称为静力半径 r_s。静力半径小于其自由半径，它取决于载荷、轮胎的径向刚度，以及支承面的刚度。作用于车轮上除径向载荷外，还有转矩。车轮中心至轮胎与道路接触面切向反作用力之间的距离为动力半径。此时，轮胎不仅产生径向变形，同时还产生切向变形。其切向变形取决于轮胎的切向刚度、轮胎承受的转矩及转动时的离心惯性力等。

以车轮转动圈数 n 与车轮实际滚动距离 S 之间关系换算得出的车轮半径，称为车轮的运动半径（滚动半径）r_r，即

$$r_r = \frac{S}{2\pi n} \tag{2-10}$$

但在一般的分析中常不计它们的差别，统称为车轮半径 r，即认为

$$r_s = r_r = r \tag{2-11}$$

任务实施

对于客户王先生的问题，销售顾问小李进行研究，并将分析结果转化成为相关的话术进行沟通，完成了下表。

分析问题	运用的公式	影响因素分析	厂家提供的实测数据	沟通话术
同一型号汽车，排量越大，汽车动力性越好				
同一型号汽车，发动机带 T 比不带 T 动力性要好				
同一型号汽车，匹配自动变速器的汽车比匹配手动变速器的汽车最高车速要低				

任务引入

一位汽车工程师说，前置前驱布置的汽车动力性不如前置后驱布置，在一些汽车测试过程中，前置前驱汽车如果上不了的斜坡，用倒车挡就能上。

问题1：汽车行驶中受到哪些阻力？

问题2：汽车上坡时又受到哪些阻力？

2.3 影响汽车动力性的因素

汽车行驶方程式为

$$F_t = F_f + F_W + F_i + F_j \tag{2-12}$$

此方程表明了汽车行驶时，驱动力和各行驶阻力之间的平衡关系。当发动机转速特性、变速器传动比、主减速比、机械效率、车轮半径、空气阻力系数、汽车迎风面积及汽车总质量等初步确定后，便可利用此式分析汽车在良好路面（沥青、混凝土路面）上的行驶能力，即确定节气门全开时，汽车能达到的最高车速、加速能力和爬坡能力。影响动力性客观评价指标的因素包括行驶阻力和附着性能。

行驶阻力是指汽车运动时需要克服运动中所遇到的阻力，这些阻力或来自汽车行驶的支持面，或来自汽车周围的介质（空气）。通常，前者称为滚动阻力，以符号F_f表示；后者称为空气阻力，以符号F_W表示（空气阻力在第11章有详细讲解，在此不再赘述）；而汽车上坡行驶时克服汽车重力在平行于路面方向的分力称为坡度阻力，用符号F_i表示；汽车加速行驶时所克服的惯性力称为加速阻力，用符号F_j表示。所以，汽车运动的阻力$\sum F$为

$$\sum F = F_f + F_W + F_i + F_j \tag{2-13}$$

式（2-13）表明了汽车行驶时所受外界阻力的影响，要维持汽车的运动，驱动力大于或等于汽车运动所遇到的外界阻力之和，即

$$F_t \geqslant \sum F \tag{2-14}$$

当驱动力大于外界阻力时，汽车加速行驶；当驱动力等于外界阻力时，汽车尚能等速行驶；当驱动力小于外界阻力时，汽车将不能行驶或减速行驶（制动）。

需要注意的是，这四种阻力并不一定同时存在。比如，汽车在水平路面上匀速行驶时，就没有坡度阻力和加速阻力，即，上式中的F_i和F_j都等于0。

2.3.1 滚动阻力

1. 滚动阻力F_f产生的机理

汽车行驶时，车轮与地面在接触区域的径向、切向和侧向均产生相互作用力，轮胎与地面亦存在相应的变形。无论是轮胎还是地面，其变形过程必然伴随着一定的能量损失。这些能量损失是使车轮转动时产生滚动阻力的根本原因。

弹性车轮在径向加载与卸载过程中会形成弹性迟滞损失：当汽车车轮在水平路面上，且不受侧向力作用时，车轮与地面间将产生径向和切向的相互作用力。图2-8为轮胎在硬支承路面上受径向载荷时的变形过程及对应的曲线。从图2-8a中可见，当弹性车轮在硬支承路面上，对其进行加载和卸载的过程中，径向载荷W与由其引起的轮胎径向变形量A之间的对应关系。加载变形曲线

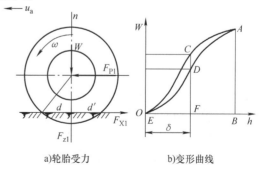

a)轮胎受力　　　　b)变形曲线

图2-8　轮胎径向变形曲线

OCA 与卸载变形曲线 ADE 并不重合，则可知加载与卸载不是可逆过程，存在着能量损失。面积 $OCABO$ 为加载过程中对轮胎所做的功；面积 $ADEBA$ 为卸载过程中，轮胎恢复变形时释放的功。两面积之差 $OCADEO$ 即为加载与卸载过程的能量损失。这一部分能量消耗在轮胎各组成部分相互间的摩擦，以及橡胶、帘线等物质分子间的摩擦，最后转化为热能而消失在大气中。轮胎在加载变形时所消耗的能量在卸载恢复时不能完全收回，一部分能量消耗在轮胎内部摩擦损失上，产生热量，这种损失称为轮胎的迟滞损失。

从图 2-8b 中可见，在同样变形量 δ 的情况下，处于加载过程的载荷较大，即图中 $FC > FD$。这说明当车轮在径向载荷作用下滚动时，由于弹性迟滞现象，使地面对车轮的法向支持力为不对称分布，其法向反力合力作用线，相对于车轮中心线前移了一段距离，因而形成了阻碍车轮滚动的力矩。

2. 等速滚动从动轮受力分析及滚动阻力系数

在水平路面等速直线滚动的汽车从动轮，如图 2-9a 所示，其法向反力的合力 F_{Z1} 相对车轮垂直中心线前移了一段距离 a。a 值随弹性损失的增大而增大。车轮所承受的径向载荷 W，与法向反力 F_{Z1}，大小相等，方向相反，即 $F_{Z1} = -W$。

若法向反力 F_{Z1} 通过车轮中心，则是从动轮在硬路面上等速直线滚动的受力情况，如图 2-9b 所示。图中

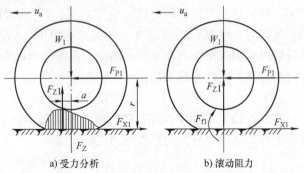

图 2-9　从动轮在硬路面上滚动时的受力情况

力矩为作用于车轮上阻碍车轮滚动的滚动力矩，且 $T_{f1} = F_{Z1}\alpha$。要使从动轮等速直线滚动，F_{Z1} 必须通过车轮中心，通过车轴施加以推力 F_{P1}，它与地面切向反力 F_{X1} 构成一力矩来克服滚动力矩 T_{f1}，由车轮中心力矩平衡条件，得：

$$F_{P1}r = T_{f1}$$

故所应施加推力为

$$F_{P1} = \frac{T_{f1}}{r} = F_{Z1}\frac{\alpha}{r} = W_1 f \text{ 或 } f = \frac{F_{P1}}{W_1} \tag{2-15}$$

式中　f——滚动阻力系数。滚动阻力系数是单位汽车重力所需的推力，换言之，滚动阻力等于滚动阻力系数与车轮负荷的乘积。故车轮滚动阻力 F_f 为

$$F_f = \frac{T_f}{r} = fW \tag{2-16}$$

这样，在分析汽车的行驶阻力时，可不必具体计算阻碍车轮滚动的力矩，而只计算滚动阻力（实际作用在车轮上的是滚动阻力矩）。

3. 等速滚动的驱动轮受力分析

图 2-10 为驱动轮在硬路面上等速直线滚动时的受力图。

图中，F_{Z2} 为道路对驱动轮的切向反力，F_{P2} 为车架通过悬架给轮轴的反推力，法向反作用力 F_{Z2} 也由于轮胎弹性迟滞损失，使其作用线前移一段距离 a，即在驱动轮上同样作用有滚动力矩 T_{f2}。由对车轮中心的力矩平衡条件得：

$$F_{X2}r = T_t - T_{f2}$$

所以

$$F_{X2} = \frac{T_t}{r} - \frac{T_{f2}}{r} = F_t - F_{f2} \qquad (2\text{-}17)$$

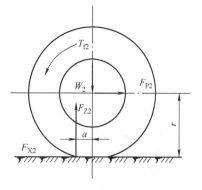

图 2-10　驱动轮在硬路面上
滚动时的受力情况

由式（2-17）可见，真正作用在驱动轮上驱动汽车行驶的力为地面对车轮的切向反作用力 F_{x2}，其数值等于驱动力 F_t 减去驱动轮滚动阻力 F_{f2}。

对于汽车性能分析而言，无须细究驱动轮和从动轮的不同受力状况，而只需要知道整车受到的总的滚动阻力：

$$F_f = fG \qquad (2\text{-}18)$$

式中　G——整车重力，单位为 N；

　　　f——滚动阻力系数。

其中，滚动阻力系数 f 是一个很重要的参数。它的大小，和轮胎结构、轮胎气压、法向载荷、行驶车速和道路条件等因素有关。在一般性分析、计算中，常认为在确定车辆和路面的条件下，滚动阻力系数是常数。

比如，普通轮胎在正常充气压力下，在常见的沥青或混凝土路面上，滚动阻力系数大约在 0.012～0.018 范围内。

4. 影响滚动阻力的因素

滚动阻力系数越大，滚动阻力就越大，汽车的动力性能会下降。滚动阻力系数与路面种类及其状态、车速及轮胎等有关，其数值通过实验确定。

（1）路面种类及其状态对滚动阻力系数的影响　表 2-10 列出了车速为 50km/h 时，汽车在各种路面上行驶时的车轮滚动阻力系数值。滚动阻力系数主要受路面的影响。路面的种类及其状态都影响滚动阻力系数，如泥泞土路，由轮胎与土壤之间的粘着性所致，滚动阻力系数只有 0.100～0.250。

表 2-10　滚动阻力系数值

路面类型	滚动阻力系数
良好的沥青或混凝土路面	0.010～0.018
一般的沥青或混凝土路面	0.018～0.020
碎石路面	0.020～0.025
良好卵石路面	0.025～0.030
坑洼的卵石路面	0.035～0.050
压紧土路（干燥的）	0.025～0.035
压紧土路（雨后的）	0.050～0.150
泥泞土路（雨季或解冻期）	0.100～0.250
干砂	0.100～0.300
湿砂	0.060～0.150
结冰路面	0.015～0.030
压紧的雪道	0.030～0.050

（2）轮胎的结构和材质对滚动阻力系数的影响　如图 2-11 所示，子午线轮胎与普通斜交轮胎相比，具有较低的滚动阻力系数，子午线轮胎比斜交轮胎的滚动阻力小 20%～30%。

滚动阻力与轮胎的帘线（棉、人造丝、尼龙、钢丝）和橡胶品质有关。减小帘线层可使胎体减薄，从而可相应降低滚动阻力系数。因此，采用高强力黏胶帘布、合成纤维帘布或钢丝帘布等，均可在保证轮胎强度的条件下减少帘布层数。

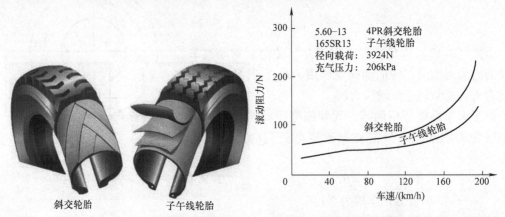

图 2-11　轿车轮胎的滚动阻力、滚动阻力系数与车速的关系

（3）轮胎气压对滚动阻力系数的影响

如图 2-12 所示，几种不同轿车的滚动阻力系数随着车速与充气压力而变化的曲线。可以看出来，充气压力对 f 值的影响很大。气压越高，轮胎变形及由其产生的迟滞损失就越小，滚动阻力也越小。在硬路面上行驶的汽车，轮胎气压低时，变形较大，滚动时的迟滞损失增大，滚动阻力系数相应增大。汽车在软路面上行驶，轮胎气压低，变形大，使轮胎与地面接触面积增大，单位面积压力下降，地面变形小，使滚动阻力系数相应减小。

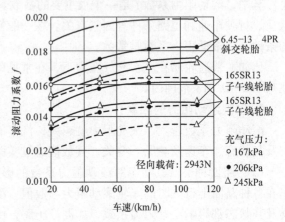

图 2-12　轿车轮胎的滚动阻力系数与车速的关系

（4）汽车行驶速度对滚动阻力系数的影响　当车速在 100km/h 以下时，滚动阻力系数变化不大；当车速在 100km/h 以上时，滚动阻力系数随车速提高而增大较快，当车速高到一定数值后，轮胎发生驻波现象，轮胎周缘不是圆形，出现明显的波浪状，如图 2-13 所示。滚动阻力系数迅速增大，轮胎的温度也迅速升高，使轮胎帘线层脱落，几分钟内就会出现爆破。

（5）整车重力 G 的影响　整车重力越大，汽车行驶的滚动阻力越大，汽车的动力性越差。但整车重力 G 随着汽车的运行条件的变化而变化。汽车在驱动（牵引）、制动、转向工况由于打滑、轴荷转移等因素的影响，汽车对地面的轴向载荷会发生变化，从而滚动阻力也发生变化。

1）轮胎在制动或驱动（牵引）状态下，滚动阻力均比自由滚动时的滚动阻力大，图 2-14 给出了不同制动和牵引状态下滚动阻力的变化曲线，图中横坐标负向为制动系数（制动力在水平方向上的分力与轮胎垂直负荷的比值），横坐标正向为牵引系数（也称为驱动力系数，是驱动力在水平方向上的分力与轮胎垂直负荷的比值），纵坐标为滚动阻力系数，横坐标原点处则为自由滚动状态。

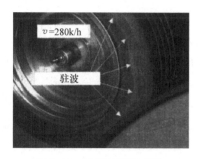

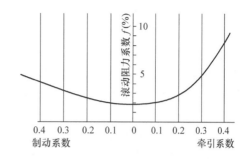

图2-13 轮胎的驻波现象

图2-14 制动与驱动（牵引）对滚动阻力系数的影响

从图2-14中可以看出，牵引力或制动力增大时，滚动阻力均增大，自由滚动状态是滚动阻力的最低点，相同的驱动力系数（牵引系数）与制动系数下，牵引状态的滚动阻力大于制动状态下的滚动阻力。也就是说，在驱动（牵引）状态下，汽车的滚动阻力大于制动状态下汽车的滚动阻力。

图2-15是由试验得到的滚动阻力系数（包含胎面滑动损失）与驱动力系数的关系曲线。从图中可以看出，轮胎对滚动阻力系数的影响：子午线轮胎的滚动阻力系数较小，驱动力系数变化对它的影响也比较小，这也是子午线轮胎节油的机理之一。

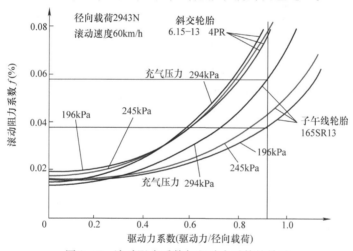

图2-15 滚动阻力系数与驱动力系数的关系

值得注意的一个问题是，从图2-15中看，为什么驱动力系数很大时，轮胎的气压越低，滚动阻力系数f越小？

注意 这是由于驱动力系数增大后（如用低挡加速起步），轮胎的滑移增加，滚动阻力增大。如果是较低气压的轮胎，则轮胎与地面的接地面积增大，相对于较高气压的轮胎而言，减少了轮胎的滑移程度，从而减少了由轮胎滑移引起的滚动阻力增加，因此滚动阻力系数较小。

因此，有驾驶经验的驾驶人常常说，在泥泞的道路中起步时，轮胎的气压较低，起步比较容易。

换而言之，轮胎胎压较高时的滚动阻力系数较大。这是因为在较大驱动力系数工况下由于较高胎压，胎面与路面之间的附着系数有所下降的缘故。

2）转向状态。汽车在转向行驶时，由于在离心力的作用下，前、后轮产生侧偏力，侧偏力沿行驶方向产生分力，滚动阻力增加。图 2-16 为轮胎行驶时侧偏角对于滚动阻力的影响趋势。图 2-16a 为不同侧偏角对滚动阻力的影响曲线，图中横坐标为侧偏角 α，一般在 $0 \sim 10°$ 内变化，纵坐标为滚动阻力值，两条曲线分别表示在运动方向和在轮胎平面内的滚动阻力影响曲线。当轮胎的侧偏角增大时，由于转向力在运动方向上分量的作用和转向力本身的轻微增大，会使轮胎行驶方向上的滚动阻力显著增加，而对于轮胎平面内的滚动阻力影响则较小，这是因为侧倾力与轮胎平面相互垂直，此微小的变化是由于侧偏力本身的变化引起的。

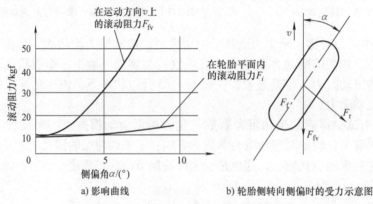

a) 影响曲线　　　　　b) 轮胎侧向转向侧偏时的受力示意图

图 2-16　侧偏角对轮胎滚动阻力的影响

图 2-17 画出了总质量为 34.5t 的半挂车绕半径为 33m 的圆周行驶时，滚动阻力的增长情况。试验表明，由于转向行驶增加的滚动阻力已经接近直线行驶时的 50% ~ 100%。因此，在转向过程中，由于动力性的下降，一般驾驶人会采用降挡的方式来弥补因为转向而下降的动力性。

2.3.2　坡度阻力

如图 2-18 所示，当汽车上坡行驶时，其重力沿坡道斜面的分力 F_i 表现为对汽车行驶的一种阻力，称坡度阻力。坡度阻力 F_i 按式（2-25）计算：

$$F_i = G\sin\alpha \qquad (2\text{-}19)$$

式中　α——道路坡度角（°）。

坡道的表示方法是用坡度 i，即用坡高 h 与底长 S 之比表示：

$$i = \frac{h}{S} \times 100\% = \tan\alpha \qquad (2\text{-}20)$$

表 2-11 列出了我国的公路路线常见的坡度，从表中可知，一般道路的坡度角均较小，当坡度角 $\alpha < 10° \sim 15°$ 时，$\sin\alpha \approx$

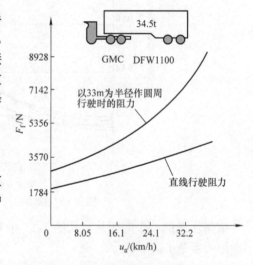

图 2-17　转向时滚动阻力与车身的关系

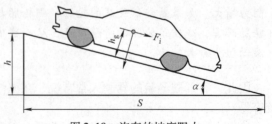

图 2-18　汽车的坡度阻力

$\tan\alpha = i$，则：

$$F_i = G\sin\alpha \approx G\tan\alpha = Gi \tag{2-21}$$

表 2-11　我国常见路面的坡度

路面	i_{max}
高速公路平原微丘区	3%
高速公路山岭重丘区	5%
一级汽车专用公路平原微丘区	5%
一级汽车专用公路平原重丘区	6%
四级公路平原微丘区	6%
四级公路平原重丘区	9%

图 2-19 表示了坡度与坡度角的关系。

在坡度比较大的时候，坡度阻力较大，汽车的动力性要下降。上坡时，一般驾驶人需要降挡甚至是用最低挡上坡。

> **注意**　一般而言，若以汽车的驱动形式而讨论，前驱车的上坡能力要比后驱车差，四轮驱动汽车的上坡能力最好。

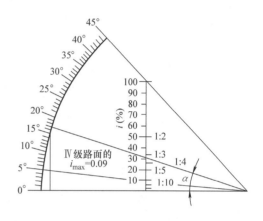

图 2-19　坡度 i 与坡度角 α 的换算

2.3.3　加速阻力

汽车加速行驶时，需克服其质量的惯性，这就是加速阻力 F_j。汽车质量分为平移质量和旋转质量（飞轮、车轮等）两部分。加速时平移质量要产生惯性力，旋转质量要产生惯性力矩，为了便于计算，一般把旋转质量的惯性力矩，转化为平移质量的惯性力，并以系数 δ 作为换算系数，则汽车加速时的加速阻力 F_j 为

$$F_j = \delta m \frac{\mathrm{d}u}{\mathrm{d}t} \tag{2-22}$$

式中　δ——汽车旋转质量换算系数，$\delta > 1$；

　　　m——汽车质量，单位为 kg；

　　　$\dfrac{\mathrm{d}u}{\mathrm{d}t}$——汽车行驶加速度，单位为 m/s²。

加速阻力是制约汽车动力性的重要因素，主要与旋转质量换算系数、汽车总质量、汽车加速度有关。

旋转质量换算系数 δ 大于1，这是考虑到汽车加速时，不仅整车质量要平移加速，飞轮和车轮等旋转质量也在加速，因此加速阻力比仅有平移质量 m 时要大些。同一汽车，传动比越大，δ 越大。当车辆加速时，发动机（曲轴）输出功率不会完全转化为传动系输入功率，飞轮会扣除一部分用于自身加速，即作用在驱动轮上的实际驱动力比名义驱动力 $F_t = \dfrac{T_{tq} i_g i_0 \eta_T}{r}$ 小。而为了使车轮加速旋转，驱动轮和从动轮都不能再保持力矩平衡，而需要一个向前旋转的合力矩，为此，地面需要给车轮一个"额外"的切向反力，方向向后。即，加速时，车轮获得的推力减小，而阻力增大。因此加速度前面要乘以一个大于1的旋转质量换

算系数。

δ 主要与飞轮、车轮的转动惯量，以及传动系的传动比有关。用式（2-23）表示

$$\delta = 1 + \frac{g}{G}\frac{\sum I_W}{r^2} + \frac{g}{G}\frac{I_f i_g^2 i_0^2 \eta_T}{r^2} \tag{2-23}$$

式中　I_W——车轮的转动惯量，单位为 $kg \cdot m^2$；

　　　I_f——飞轮的转动惯量，单位为 $kg \cdot m^2$；

　　　i_0——主传动比；

　　　i_g——变速器的速比。

> **注意**　图2-20所示，旋转质量换算系数与传动系统总传动比$i_0 i_g$有关，轿车的挡位越小，旋转质量换算系数越大，汽车的加速阻力越大。道路测试汽车动力性能时，要测试加速的时候汽车的"推背感"。人们直观地认为，推背感越强，说明车辆的动力性越好。驾驶人往往用较低的挡位稍踩加速踏板前进，就是利用低挡位$i_0 i_g$的值较大，旋转换算系数较大，加速阻力比较大的原理。

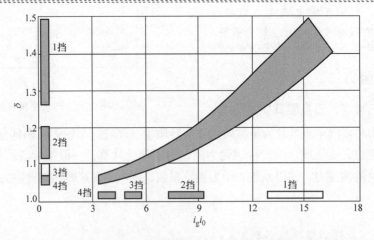

图 2-20　轿车旋转质量换算系数与传动系统总传动比$i_0 i_g$的关系

图2-21给出了货车旋转质量换算系数与传动系统总传动比的关系，总质量越小的货车，旋转质量换算系数值越大，这也说明了总质量较大的货车，其运输成本较低。

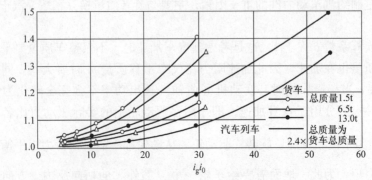

图 2-21　货车旋转质量换算系数与传动系统总传动比$i_0 i_g$的关系

注意 一般而言，挡位越低，驱动力越大。但对于越野车而言，由于越野性能的要求，往往Ⅱ挡的驱动力最大，Ⅰ挡的驱动力要比Ⅱ挡驱动力小，原因是Ⅰ挡传动比虽然比较大，导致式（2-23）中 $\dfrac{I_f i_g^2 i_0^2 \eta_T}{r^2}$ 项的数值较大，因而旋转质量换算系数比较大，而驱动力要克服较大的加速阻力，导致Ⅰ挡的驱动力较小，因此，开越野车的时候，往往用Ⅱ挡加速要比用Ⅰ加速快。

在进行动力性初步计算时，由于一般汽车满载时 $\dfrac{I_f i_0^2 \eta_T}{mr^2}$ 和 $\dfrac{\sum I_w}{mr^2}$ 为 0.03～0.05，取其平均值，则 δ 值可用下式估算：

$$\delta \approx 1.04 + 0.04 i_g^2$$

任务实施

对案例进行评述，从学习后的角度进行评述。

任务引入

冬季的某天早上，路面上已经结冰，王先生准备开车去上班，在起动汽车的时候，王先生发现汽车打滑，无法起动行驶。

问题1：王先生在起动汽车时，汽车打滑的原因？

问题2：可以通过什么方法解决任务中王先生汽车打滑的现象？

2.4 附着性能对动力性的影响

汽车直线行驶除了应满足式（2-14）以外，还受到路面附着条件的制约。式（2-14）

只是汽车行驶的必要条件，还不是充分条件。因为汽车作用在驱动轮上的切向反作用力受到车轮与路面之间的附着力 F_φ 的限制，即切向反作用力不能大于或至多只能等于车轮与路面的附着力：

$$F_t \leqslant F_\varphi \tag{2-24}$$

若此条件被破坏时，车轮将发生滑移或滑转。式（2-24）是汽车运动的另一必要条件，也称为汽车运动的附着条件。

2.4.1 汽车行驶的附着条件

增加发动机转矩及增大传动比，可以增大驱动力。但驱动力达到路面可能给出的最大切向力，即附着力 F_φ 时，驱动轮会出现滑转现象，汽车不能前进。附着力是路面对驱动轮切向反力的极限值，以 FR（发动机前置后轮驱动）汽车为例，在硬路面上，它与驱动轮法向反作用力 F_{Z2} 成正比，即

$$F_{X2max} = F_\varphi = F_{Z2}\varphi \tag{2-25}$$

驱动轮地面法向反作用力与汽车的总体布置、行驶状况及道路的坡度有关。式中，φ 为附着系数，它与路面的种类和状况、车轮运动状况、胎压及花纹有关，行驶车速对附着系数也有影响。

在一般动力性分析中只取附着系数的平均值，见表 2-12。

表 2-12 轮胎与路面间的附着系数

路面	普通轮胎	高压轮胎
干燥的沥青或混凝土路面	0.70 ~ 0.80	0.50 ~ 0.70
潮湿的混凝土路面	0.5	0.4
潮湿的沥青路面	0.45 ~ 0.6	0.35
碎石路面（干）	0.60 ~ 0.70	0.50 ~ 0.60
碎石路面（潮湿）	0.40 ~ 0.50	0.30 ~ 0.40
土路（干）	0.50 ~ 0.60	0.40 ~ 0.50
土路（湿）	0.30 ~ 0.40	0.20 ~ 0.40
土路（泥）	0.15 ~ 0.25	0.15 ~ 0.25
雪路（松软）	0.20 ~ 0.35	0.20 ~ 0.35
雪路（压实）	0.20 ~ 0.35	0.12 ~ 0.20
冰路面	0.10 ~ 0.20	0.08 ~ 0.15

硬路面的接触强度大，地面的坚硬及微小的凸起物和轮胎表面的机械啮合作用等，使轮胎与地面之间产生较大的附着力，故附着系数较大。潮湿的路面和微观凸凹、被污秽、灰尘所填的路面，附着系数下降。

轮胎气压对附着系数有较大的影响，在干燥的硬路面上，降低轮胎的气压，轮胎与路面微观不平处的啮合面积增大，使附着系数加大。在潮湿的硬路面上，适当提高轮胎气压，可以提高对路面的单位压力，有利于挤出接触处的水分，使附着系数提高。此外，在硬路面上行驶的汽车，胎面花纹做成浅而细的形状，可以增强胎面与路面上微观突起物间的啮合作用，有利于提高附着系数。在软路面上行驶的汽车，胎面花纹做成粗而深的花纹，可增大嵌入轮胎花纹内的土壤的剪切断面，达到提高附着系数的目的。轮胎花纹做成具有良好的排水功能的形状，提高汽车在潮湿路面上的附着系数。

行驶车速对附着系数也有影响。在硬路面上，车速增加时，轮胎来不及与路面微小凸起部分很好啮合，附着系数下降。雨天在硬路面上行驶，车速提高时，轮胎与路面间的水不易被挤出，使附着系数显著下降。在松软路面上行驶的汽车，由于汽车车速的提高，车轮的作

用力很容易破坏土壤的结构，造成附着系数也下降。

应当明确，附着力并不是汽车受到的一个力，它只是路面给车轮切向力的极限值。当地面切向力达到此值时，驱动轮将产生滑转，汽车不能行驶，因此，汽车行驶应满足的第二个条件——附着条件为（对于后轮驱动的汽车）：地面作用在驱动轮上的切向反力小于驱动轮的附着力

$$F_{X2} = \frac{T_t - T_{f2}}{r} \leqslant F_{\varphi} = F_{Z2}\varphi$$

$$F_t \leqslant F_{Z2}(f + \varphi) \tag{2-26}$$

而 $f \ll \varphi$（f 远小于 φ），所以式（2-26）可近似为

$$F_t \leqslant F_{Z2}\varphi \tag{2-27}$$

式中 $F_{Z2}\varphi$——作用于所有驱动轮上的地面法向反作用力。联立式（2-13）、式（2-14）和式（2-27）得汽车行驶的驱动与附着条件为

$$F_f + F_W + F_i \leqslant F_t \leqslant F_{Z2}\varphi \tag{2-28}$$

这就是汽车行驶的必要与充分条件。

式（2-26）可以写成

$$\frac{F_{X2}}{F_{Z2}} \leqslant \varphi \tag{2-29}$$

式中 $\dfrac{F_{X2}}{F_{Z2}}$——后轮驱动汽车驱动轮的附着率 $C_{\varphi2}$，即

$$C_{\varphi2} \leqslant \varphi \tag{2-30}$$

对于前轮驱动汽车，其前驱动轮的附着率亦不能大于地面附着系数，即

$$C_{\varphi1} \leqslant \varphi \tag{2-31}$$

> **注意** 驱动轮的附着率是表明汽车附着性能的一个重要指标，简单来说就是驱动轮能附着在路面上而不发生打滑，它是驱动轮完成规定工况对路面提出的最低要求，其大小取决于规定工况，与实际路面条件无关。所谓"规定工况"，指的是汽车以一定的车速、挡位行驶。由此可知，附着率可以由发动机、传动系的参数及汽车的行驶工况来确定。

汽车在直线行驶过程中如果丧失附着性能，不仅仅是汽车的动力性能下降，安全性能也会受到影响。由附着条件可知，附着系数和切向反力是关键。

切向反力主要受到发动机转矩、行驶阻力及制动力的影响，要控制切向反力来控制汽车的附着性能，有经验的驾驶人也可以做到。如在冰雪路面上起步的时候，只要用最低挡位起步就容易打滑，原因是低挡位的切向反力非常大，导致附着率超过路面附着系数，即

$$\frac{F_{X1}}{F_{Z1}} = \frac{F_{t1} - F_f}{F_{Z1}} = C_{\varphi1} > \varphi$$

$$\frac{F_{X2}}{F_{Z1}} = \frac{T_{tq}i_{g1}i_0\eta_T/r}{F_{Z1}} = C_{\varphi2} > \varphi$$

式中 i_{g1}——变速器 I 挡的传动比。

起步过程中，驱动轮的严重滑转会加剧轮胎的磨损。因此，有经验的驾驶人往往用较高的挡位起步，如用 II 挡位甚至 III 挡位起步，则

$$\frac{F_{X2}}{F_{Z2}} = \frac{T_{tq}i_{g2}i_0\eta_T/r}{F_{Z2}} = C_{\varphi2}$$

式中 i_{g2}——变速器Ⅱ挡传动比，由于 $i_{g2} < i_{g1}$，故 $C_{\varphi2}$ 下降，可有 $C_{\varphi2} < \varphi$，达到附着条件，可起步。

现代汽车电子控制发展比较迅速，装用 TCS（ASR）驱动力控制系统，通过对驱动轮作用制动力矩 T_{br2} 控制起步过程的 F_{X1}，从而顺利起步，见式（2-32）

$$F_{X2} = \frac{T_t - T_{br2} - T_{f2}}{r} \leqslant F_{Z2}\varphi \qquad (2-32)$$

式中 T_{br2}——制动力矩，必要时通过汽车制动系统施加。

2.4.2 汽车加速上坡的受力分析

汽车的附着力取决于附着系数以及地面作用于驱动轮的法向反作用力。

（1）驱动轮地面法向反作用力 驱动轮地面法向反作用力与汽车的总体布置、车身形状、行驶状况及道路的坡度有关。

图 2-22 画出了汽车加速上坡时的受力图。

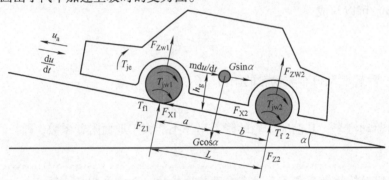

图 2-22 汽车加速上坡受力

图中，G 为汽车重力；α 为道路坡度角；h_g 为汽车质心高；F_W 为空气阻力；T_{f1}、T_{f2} 为作用在前、后轮上的滚动阻力矩；T_{jw1}、T_{jw2} 为作用在前、后车轮上的惯性阻力矩；F_{ZW1}、F_{ZW2} 为作用于车身并位于前、后轮接地点上方的空气升力；F_{Z1}、F_{Z2} 为作用在前、后轮上的地面反作用力；F_{X1}、F_{X2} 为作用在前、后轮上的地面切向反作用力；L 为汽车轴距；a、b 为汽车质心至前、后轴的距离。

若将作用在汽车上的各个力对前、后轮及道路接触面中心取矩，则得：

$$\begin{cases} F_{Z1} = G\left(\dfrac{b}{L}\cos\alpha - \dfrac{h_g}{L}\sin\alpha\right) - \left(\dfrac{G}{g}\dfrac{h_g}{L} + \dfrac{\sum I_W}{Lr} \pm \dfrac{i_t i_g i_0}{Lr}\right)\dfrac{du}{dt} - F_{ZW1} - G\dfrac{rf}{L}\cos\alpha \\[3mm] F_{Z2} = G\left(\dfrac{a}{L}\cos\alpha + \dfrac{h_g}{L}\sin\alpha\right) + \left(\dfrac{G}{g}\dfrac{h_g}{L} + \dfrac{\sum I_W}{Lr} \pm \dfrac{i_t i_g i_0}{Lr}\right)\dfrac{du}{dt} - F_{ZW2} - G\dfrac{rf}{L}\cos\alpha \end{cases} \qquad (2-33)$$

由于 F_W 与 F_{ZW1}、F_{ZW2} 均是在风洞试验中实际测得的，在式（2-33）中不能再计入 F_W 对前后轮与接触面中心的矩。

从式（2-33）可以看出，前、后轮的地面反作用力由四个部分构成：静态轴荷的法向反作用力、动态分量、空气升力及滚动阻力矩产生的地面反作用力。滚动阻力矩产生的部分比较小，往往可以忽略不计。

1）静态轴荷的法向反作用力：即汽车重力分配到前、后轴的分量产生的地面法向反作用力，分别为

$$\begin{cases} F_{ZS1} = G\left(\dfrac{b}{L}\cos\alpha - \dfrac{h_g}{L}\sin\alpha\right) \\ F_{ZS2} = G\left(\dfrac{a}{L}\cos\alpha + \dfrac{h_g}{L}\sin\alpha\right) \end{cases} \tag{2-34}$$

可见，静态轴荷主要由车辆的设计参数及坡度角所决定。

2）动态分量：即加速过程中产生的惯性力、惯性力矩造成的地面法向反作用力。分别为

$$\begin{cases} F_{Zd1} = -\left(\dfrac{G}{g}\dfrac{h_g}{L} + \dfrac{\sum I_W}{Lr} \pm \dfrac{i_f i_g i_0}{Lr}\right)\dfrac{du}{dt} \\ F_{Zd2} = \left(\dfrac{G}{g}\dfrac{h_g}{L} + \dfrac{\sum I_W}{Lr} \pm \dfrac{i_f i_g i_0}{Lr}\dfrac{du}{dt}\right)\dfrac{du}{dt} \end{cases} \tag{2-35}$$

平移质量的惯性力为 $\dfrac{G}{g}\dfrac{du}{dt}$；旋转轴线垂直于汽车纵向垂直平面的旋转质量惯性阻力矩，即车轮的惯性力矩 $\dfrac{\sum I_W}{Lr}\dfrac{du}{dt}$ 与横置发动机飞轮的惯性力矩 $\dfrac{i_f i_g i_0}{Lr}\dfrac{du}{dt}$（曲轴旋转方向与车轮旋转方向一致时取"＋"号）。

可见，汽车上坡加速过程中，后轴轴荷增加，前轴轴荷减小，称为轴荷转移，转移量主要取决于平移惯性力和旋转质量惯性力矩。

注意 如大部分的跑车采用发动机后置后轮驱动（RR）或发动机中置后轮驱动（MR），原因是加速时，前轮轴荷下降，后轮轴荷上升，采用后驱的方式比较容易满足附着条件，有助于提升汽车的动力性。当然，若要做到既能使发动机转矩得到充分发挥，又满足附着条件，最理想的驱动方式是四轮驱动，如一些高级轿车、超级跑车、越野车、重型货车常常采用四轮驱动的方式以确保动力性。

3）空气升力：由于气流经过车顶部与车底部的流速不同，车顶与车底之间存在着空气的压力差，产生了作用于汽车的空气升力。为了研究方便，常常将空气升力分解成作用于前、后轮接地点的前、后空气升力，通过试验确定了前后升力系数 C_{Lf}、C_{Lr} 来计算前后升力

$$\begin{cases} F_{Zw1} = \dfrac{1}{2}C_{Lf}A\rho u_r^2 \\ F_{Zw2} = \dfrac{1}{2}C_{Lr}A\rho u_r^2 \end{cases}$$

式中 A——迎风面积，即为汽车行驶方向的投影面积，单位为 m^2；

ρ——空气的密度，单位约为 $1.29 kg/m^3$；

u_r——空气的流速。

注意 必须指出，汽车的升力对于汽车的性能而言是有害的。首先，汽车的升力会削弱轮胎的附着性能，尤其在转弯的时候，容易导致汽车侧翻；其次，汽车的升力会降低汽车的稳定性，前轮的升力过大可以导致前轮附着性能下降从而使制动时失去方向稳定性。

（2）作用在驱动力上的地面切向反作用力 切向反作用力最大值出现在汽车加速爬坡的工况，以下将在此工况下进行分析。

如图 2-23 所示将整车分解为车身、驱动轮（前轮）、从动轮（后轮）三部分，分别分析其受力。给定车辆参数、坡度、车速和加速度，可以算出从动轮受到的阻力、车身受到的

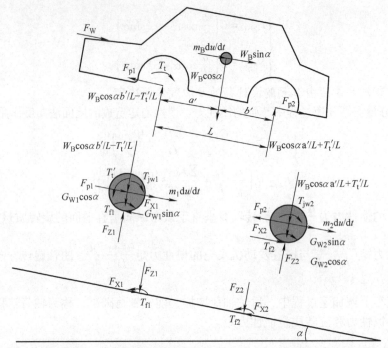

图 2-23   前轮驱动汽车在坡道上加速行驶时从动轮、驱动轮与汽车车身的受力图

阻力，这些阻力都需要由驱动轮上的地面切向反力克服，剩余部分用于车辆加速。图 2-23 中，G_{W1}、G_{W2} 为驱动轮、从动轮的重力；m_1、m_2 为驱动轮、从动轮的质量；W_B 为车身重力；m_B 为车身质量；F_{p1}、F_{p2} 为驱动轴、从动轴作用于驱动轮，从动轮的平行于路面的力；T_{jw1}、T_{jw2} 为作用于前后轮上的惯性阻力偶矩；T_{f1}、T_{f2} 为作用在前后轮上的滚动阻力偶矩；T_t' 为半轴作用于驱动轮上的转矩；F_{Z1}、F_{Z2} 为作用于前后轮上的地面法向作用力；F_{X1}、F_{X2} 为作用在前、后轮上的地面切向反作用力；L 为汽车轴距；a'、b' 为汽车质心至前、后轴的距离。

由从动轮的受力图有

$$F_{P2} = m_2 \frac{du}{dt} + G_{W2}\sin\alpha + F_{X2}$$

$$F_{X2}r = T_{f2} + T_{jW2}$$

$$F_{X2} = \frac{T_{f2}}{r} + \frac{T_{jW2}}{r}$$

因为 T_{jW2} 很小，可忽略不计

$$F_{X2} = F_{f2}$$

所以

$$F_{P2} = F_{f2} + G_{W2}\sin\alpha + m_2 \frac{du}{dt} \tag{2-36}$$

由车身的受力图有

$$F_{P1} = F_{P2} + F_W + W_B\sin\alpha + m_B \frac{du}{dt}$$

将 $F_{P2} = F_{f2} + G_{W2}\sin\alpha + m_2 \frac{du}{dt}$ 代入式（2-36），得

$$F_{P1} = F_{f2} + F_W + (W_B + G_{W2})\sin\alpha + (m_B + m_2)\frac{du}{dt}$$

$$F_{X1} = F_{P1} + G_{W1} \sin\alpha + m_1 \frac{\mathrm{d}u}{\mathrm{d}t}$$

将 $F_{P1} = F_{f2} + F_W + (W_B + G_{W2}) \sin\alpha + (m_B + m_2) \frac{\mathrm{d}u}{\mathrm{d}t}$ 代入式（2-36），得

$$F_{X1} = F_{f2} + F_W + G \sin\alpha + m \frac{\mathrm{d}u}{\mathrm{d}t}$$

$$= F_{f2} + F_W + F_i + F'_j$$

当汽车由前轮驱动时，有

$$F_{X1} = F_{f2} + F_W + F_i + F'_j \qquad (2\text{-}37)$$

同理，当汽车由后轮驱动时，有

$$F_{X2} = F_{f1} + F_W + F_i + F'_j \qquad (2\text{-}38)$$

注意式中的 F'_j 为 $m \frac{\mathrm{d}u}{\mathrm{d}t}$。

2.4.3 汽车加速行驶工况对附着性能的影响

由于加速时产生轴荷的转移，汽车的附着性能发生变化，汽车的动力性能也发生变化。在现实中常常需要讨论前驱车、后驱车、四驱车的加速能力，就需要了解在加速过程中汽车附着性能的变化。

汽车的附着性能可以通过附着率来衡量。附着率是指汽车直线行驶状况下，充分发挥驱动力作用时要求的最低附着系数。不同的直线行驶工况，要求的最低附着系数是不一样的。在较低行驶车速下，用低挡加速或上坡行驶，驱动轮发出的驱动力大，要求的附着系数大，如果此时路面的附着系数达不到附着率的要求，汽车会出现打滑。此外，在水平路段以极高车速行驶时，由于受到空气升力的影响，要求的附着系数也大。附着率可以由法向反力和切向反力计算得到。

（1）加速、上坡行驶时的附着率

对于后轮驱动汽车，其后驱动轮的附着率为

$$C_{\varphi 2} = \frac{F_{X2}}{F_{Z2}} = \frac{F_{f1} + F_W + F_i + F'_j}{F_{ZS2} - F_{ZW2} + \frac{G}{g} \frac{h_g}{L} \frac{\mathrm{d}u}{\mathrm{d}t}} \qquad (2\text{-}39)$$

上坡时，可以忽略空气阻力和滚动阻力，将 $F_{ZS2} = G\left(\frac{\alpha}{L}\cos\alpha + \frac{h_g}{L}\sin\alpha\right)$ 代入式（2-39），得

$$C_{\varphi 2} = \frac{F_i + F'_j}{F_{ZS2} + \frac{G}{g} \frac{h_g}{L} \frac{\mathrm{d}u}{\mathrm{d}t}} = \frac{i + \frac{1}{\cos\alpha} \frac{1}{g} \frac{\mathrm{d}u}{\mathrm{d}t}}{\frac{\alpha}{L} + \frac{h_g}{L}\left(i + \frac{1}{\cos\alpha} \frac{1}{g} \frac{\mathrm{d}u}{\mathrm{d}t}\right)}$$

令 $q = i + \frac{1}{\cos\alpha} \frac{1}{g} \frac{\mathrm{d}u}{\mathrm{d}t}$，此式可以理解为包含加速阻力在内的等效坡度，则

$$C_{\varphi 2} = \frac{q}{\frac{\alpha}{L} + \frac{h_g}{L}q} \qquad (2\text{-}40)$$

$C_{\varphi 2}$ 为加速上坡行驶时要求的地面附着系数。换言之，当给定路面的附着系数时，汽车能通过的最大等效坡度为

$$q = \frac{\dfrac{a}{L}}{\dfrac{1}{\varphi} - \dfrac{h_{\mathrm{g}}}{L}} \tag{2-41}$$

同理可得,当汽车由前轮驱动时,前轮的附着率为

$$C_{\varphi 2} = \frac{q}{\dfrac{\alpha}{L} - \dfrac{h_{\mathrm{g}}}{L}q} \tag{2-42}$$

一定附着系数的路面,能通过的等效坡度为

$$q = \frac{\dfrac{b}{L}}{\dfrac{1}{\varphi} + \dfrac{h_{\mathrm{g}}}{L}} \tag{2-43}$$

如果 $a = b$,显然,后驱车的等效坡度更大。意思是说,后驱车在加速上坡的能力比前驱车要好。

对于四驱车而言,前后驱动轮的动力分配是根据中央差速器的结构所决定的。若令后轴的转矩分配系数为

$$\psi = \frac{T_{\mathrm{t1}}}{T_{\mathrm{t1}} + T_{\mathrm{t2}}} \tag{2-44}$$

式中　T_{t1}——前驱动轴的驱动转矩;

　　　T_{t2}——后驱动轴的驱动转矩。

如果是前轮驱动汽车,则 $\psi = 0$;如果是后轮驱动汽车,$\psi = 1$。四驱车 BMW325i 为 0.63。

根据 ψ 值,在忽略滚动阻力、空气阻力与旋转质量影响后,可以确定前、后轮的切向反作用力为

$$F_{\mathrm{X1}} = (1 - \psi)G\left(\sin\alpha + \frac{1}{g}\frac{\mathrm{d}u}{\mathrm{d}t}\right)$$

$$F_{\mathrm{X2}} = \psi G\left(\sin\alpha + \frac{1}{g}\frac{\mathrm{d}u}{\mathrm{d}t}\right) \tag{2-45}$$

故前、后驱动轮的附着率分别为

$$\begin{cases} C_{\varphi 1} = \dfrac{(1 - \psi)q}{\dfrac{b}{L} - \dfrac{h_{\mathrm{g}}}{L}q} \\[4mm] C_{\varphi 1} = \dfrac{\psi q}{\dfrac{a}{L} + \dfrac{h_{\mathrm{g}}}{L}q} \end{cases} \tag{2-46}$$

> **注意**　等效坡度一定时,如果前轮附着率较大,前驱动轮的驱动力将先达到地面附着力而滑转,后驱动轮驱动力也保持在前轮刚开始滑转时的数值不再增加。反之亦然。通常前、后驱动轮的附着率不相等,汽车的等效坡度受附着率较大驱动轮的限制。

如果前、后轮驱动力可以根据运动状况自动调节,同时达到附着力极限,则全部附着力均可转化为驱动力,有

$$\varphi G\cos\alpha = G\sin\alpha + \frac{G}{g}\frac{\mathrm{d}u}{\mathrm{d}t} \tag{2-47}$$

即 $q = \varphi$，此时等效坡度等于地面附着系数。

图 2-24 给出了前驱动轮、后驱动轮和四轮驱动汽车的等效坡度与地面附着系数的关系曲线。从图中可以看出来，四轮驱动汽车的等效坡度（即加速与上坡能力）大大超过单轴驱动汽车。注意："锁定的四轮驱动"就是"前、后轮驱动力可以根据运动状况自动调节"。

（2）高速行驶时的附着率 汽车在良好道路上高速行驶时，道路的坡度和汽车加速度均很小。令 $i = 0$，$\frac{\mathrm{d}u}{\mathrm{d}t} = 0$，则由式（2-39）可以求得高速行驶时后轮驱动汽车的后驱动轮附着率为

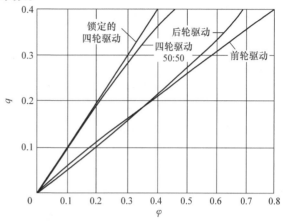

图 2-24 不同驱动形式的汽车等效坡度

$$C_{\varphi 2} = \frac{F_{f1} + F_W}{F_{ZS2} - F_{ZW2}} \tag{2-48}$$

图 2-25 给出了一紧凑型后轮驱动轿车后驱动轮地面切向反力、法向反作用力、附着率与车速的关系曲线。图中的法向反作用力与附着力是按三种空气升力系数求得的，即后升力系数分别为 0.28、0.15、0。

> **注意** 由图可以看出，随着车速的增加，后轮的法向反作用力下降，而切向反作用力则按车速的平方关系增大。因此，附着率 $C_{\varphi 2}$ 随车速的提高而急剧增大，附着条件不易满足。在一般车速下 $C_{\varphi 2}$ 值甚小，汽车完全可以正常行驶。当车速达到 250km/h、$C_{Lr} = 0.28$ 时，$C_{\varphi 2} = 0.57$，附着率接近于沥青路面的附着系数。当车速为 300km/h、$C_{Lr} = 0.28$ 时，$C_{\varphi 2} = 0.99$；$C_{Lr} = 0.15$ 时，$C_{\varphi 2} = 0.74$。这说明在极高车速下，即使是良好的路面也不能满足附着性能的要求。

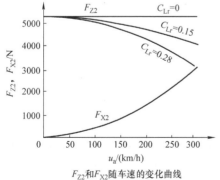

F_{Z2} 和 F_{X2} 随车速的变化曲线

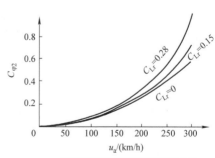

后轮驱动附着率随车速的变化曲线

图 2-25 高速行驶时后驱动轮的附着率

按"附着率不超过附着系数"，可以精确定量求解附着问题；但计算较烦琐，而且需要较多的车辆结构参数。在某些允许粗略估算的场合，可以采用简化的模型："驱动力不超过驱动

轮的附着力"。以后轮驱动为例,估算公式为

$$F_t = \frac{T_{tq}i_g i_0 \eta_T}{r} \leqslant G\frac{a}{L} = F_{\varphi2}$$

此估算公式略偏于安全。

> **注意** 上述关于附着问题的讨论,仅限于汽车的直线行驶动力性能。即,附着率不超过地面附着系数。而实际上,汽车高速行驶时,为了保持转向能力和侧向抗干扰能力,轮胎和地面之间的侧向附着能力(侧向储备)也很重要。理论分析和实验都表明,轮胎承受很大地面切向反力时(如高速行驶),地面侧向反力会下降很多。高速行驶的车辆,当附着率接近附着系数时,地面附着能力全部用于纵向,基本上丧失了侧向附着能力。附着率不仅不能超过附着系数、接近也是不可以的。为保证安全行驶所要求的附着系数远比附着率高许多。

任务实施

> 对案例进行评述(从学习后的角度进行评述)。

任务引入

> 已知市面上某竞争车型的基本情况:配1.6L发动机,5挡变速器,车重1390kg,发动机功率为76kW(5800r/min),最大转矩155N·m(4200r/min),5挡变速器速比分别是$i_1 =$ 3.76,$i_2 = 2.1$,$i_3 = 1.39$,$i_4 = 1.06$,$i_5 = 0.81$,主减速比为4.457,传动效率为95%,轮胎滚动半径为0.308m,滚动阻力系数为0.024,迎风面积为2.15m^2,风阻系数为0.315。
>
> **问题1**:该车的动力性如何?(只需求最高车速)
>
> **问题2**:若要开发一款新的车型,如何在动力性上设定目标?

2.5 汽车动力性客观评价的分析与计算

汽车动力性分析通常采用图解分析法，应用汽车的驱动力—行驶阻力平衡图、动力特性图和功率平衡图三种方法求解汽车的动力性的评价指标，为评价汽车的动力性提供科学的依据。

1. 利用"汽车的驱动力—行驶阻力平衡图"来确定客观评价指标

汽车的驱动力—行驶阻力平衡图是将汽车行驶中经常遇到的滚动阻力和空气阻力叠加后画在驱动力图上，并表明该叠加量随车速的变化关系曲线。图 2-26 即为一辆具有五挡变速器汽车的驱动力—行驶阻力平衡图。

在各个挡位上，汽车驱动力 F_t 与车速 u_a 之间的函数关系曲线，称为汽车驱动力图。它直观地显示变速器处于各挡位时驱动力随车速变化的规律。

当已知发动机外特性曲线、传动系统的传动比及机械效率、车轮半径等参数时，即可作出汽车驱动力图。具体方法如下：

1）从发动机外特性曲线上取若干 n_e、T_{tq}。

2）根据选定的不同挡位传动比，按式 $F_t = \dfrac{T_{tq} i_g i_o \eta_T}{r}$ 算出驱动力值。

3）根据转速 n_e、变速器传动比 i_g 及主减速比 i_o，由下式计算与所求 F_t 对应的速度：

$$u_a = 0.377 \frac{r n_e}{i_g i_o} \qquad (2\text{-}49)$$

4）建立 $F_t - u_a$ 坐标，选好比例尺，对每个挡位，将计算出的值（F_t，u_a）分别描点并连成曲线，即得驱动力图。

只要车辆运动，就会有驱动力 F_t、滚动阻力 F_f 和空气阻力 F_W。驱动力—行驶阻力平衡图表达的就是这个关系。若以最高车速行驶时，此时匀速（没有 F_i 和 F_j），F_t 与（$F_f + F_W$）平衡；全力加速时，一般不考虑 F_i，F_t 与（$F_f + F_W$）之差反应加速度；全力爬坡时，不考虑 F_j，F_t 与（$F_f + F_W$）之差反应爬坡度。

（1）最高车速的确定　汽车的最高车速是指汽车在无风的条件下，在水平、良好的路面上，节气门全开，变速器置于最高挡所能达到的车速。

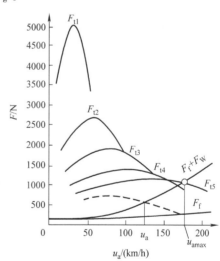

图 2-26　汽车驱动力—行驶阻力平衡图

根据汽车行驶方程 $F_t = F_f + F_W + F_i + F_j$，此时，$F_i = 0$，$F_j = 0$，$F_t = F_f + F_W$，即驱动力—行驶阻力平衡图上 F_t 曲线（此时为最高挡驱动力曲线 F_{t5}）与 $F_f + F_W$ 曲线的交点对应的车速，就是最高车速（图中为 175km/h）。从图 2-26 中还可以看出，当车速低于最高车速时，驱动力大于行驶阻力，这样，汽车就可以利用剩下来的驱动力加速或爬坡，或牵引挂车。当需要在低于最高车速的某一车速（如 160km/h）等速行驶时，驾驶人可以关小节气门开度（图中虚线），此时发动机只用部分负荷特性工作，相应地得到虚线所示驱动力曲线，以使汽车达到新的平衡。

（2）汽车加速时间的确定　汽车的加速能力可用它在水平良好路面上行驶时能产生的加速度来评价。由于加速度的数值不易测量，一般常用加速时间来表明汽车的加速能力。例如用直接挡行驶时，由最低稳定速度加速到一定距离或80% u_{amax} 所需时间（新车一般用0—100km/h 所需的时间）。

由汽车行驶方程得：

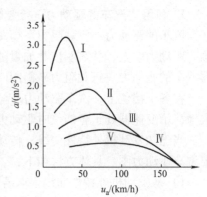

$$\frac{\mathrm{d}u}{\mathrm{d}t} = \frac{g}{\delta G}\left[F_t - (F_f + F_w) \right] \qquad (2\text{-}50)$$

显然，利用式（2-50）可计算得出各挡的加速度曲线，由图 2-27 可以看出，高挡加速度更小一些，Ⅰ挡加速度最大。但有的汽车，如越野车，Ⅰ挡的 δ 值甚大，Ⅱ挡的加速度可能比Ⅰ挡的还要大。

根据图 2-27，可以进一步求得由 u_1 加速至另一较高车速 u_2 所需的时间。

由于

图 2-27　汽车行驶加速度曲线

$$a = \frac{\mathrm{d}u}{\mathrm{d}t}$$

故加速时间为

$$t = \int_0^t \mathrm{d}t = \int_{u_1}^{u_2} \frac{1}{a}\mathrm{d}u = A \qquad (2\text{-}51)$$

如果画出加速度倒数 $\frac{1}{a}$ 随速度变化的曲线，可用图解积分法求出曲线下的面积，即为加速过程中的加速时间，如图 2-28 所示。

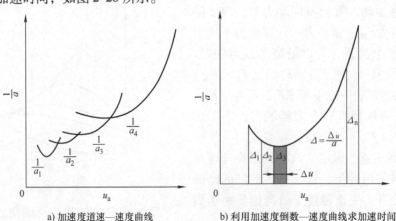

a) 加速度道速—速度曲线　　　　b) 利用加速度倒数—速度曲线求加速时间

图 2-28　汽车加速度的倒数曲线

（3）汽车最大爬坡度的确定　汽车的爬坡能力是用最大爬坡度来评定。最大爬坡度 i_{max}（%）是指汽车满载时，在良好路面上以最低挡所能爬行的最大坡度。此时汽车在良好路面上克服 $F_f + F_w$ 后的力，全部用来克服坡度阻力，故 $\frac{\mathrm{d}u}{\mathrm{d}t} = 0$，即 $F_j = 0$

因此 $$F_i = F_t - (F_f + F_w) \tag{2-52}$$

式中，F_f 应为 $Gf\cos\alpha$，但 F_f 的数值本来就较小，且 $\cos\alpha \approx 1$，故可认为

$$G\sin\alpha = F_t - (F_f + F_w)$$

$$\alpha = \arcsin \frac{F_t - (F_f + F_w)}{G} \tag{2-53}$$

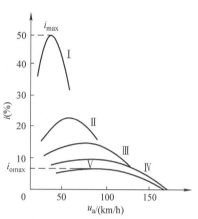

图 2-29　汽车爬坡度图

这样利用图 2-26 即可求出汽车能爬上的坡度角，并相应地求出坡度值，如图 2-29 所示。其中最大爬坡度 i_{max} 为 I 挡时的最大爬坡度，直接挡最大爬坡度 i_{0max} 亦应引起注意，因为汽车经常是以直接挡行驶的，如果 i_{0max} 过小，迫使汽车在遇到较小的坡度时经常换挡，这样就影响了行驶的平均速度；其数值按式（2-54）求出：

$$i_{0max} = \frac{F_{t0max} - (F_t + F_w)}{G} \tag{2-54}$$

式中　F_{t0max}——直接挡时的最大驱动力。

2. 利用"动力特性"来确定客观评价指标

利用"汽车驱动力—行驶阻力平衡图"可以确定汽车的动力性，但不能用来直接评价不同种类汽车的动力性。因为种类不同的汽车，其质量或外形有所不同，因此各行驶阻力也不同，也就是说，即使驱动力相近的汽车，其动力性也不相近。可以设想到表征动力性的指标，应该是一种既考虑驱动力，又包含汽车自重和空气阻力在内的综合性参数。将汽车行驶方程式进行一定的变换，便可找出评定汽车动力性的参数。

$$F_t = F_f + F_w + F_i + F_j$$

$$F_t - F_w = F_f + F_i + F_j = G(f + i) + \delta \frac{G}{g} \frac{du}{dt} = G\psi + \delta \frac{G}{g} \frac{du}{dt}$$

$$\frac{F_t - F_w}{G} = \psi + \frac{\delta}{g} \frac{du}{dt} \tag{2-55}$$

式（2-55）的右边是汽车行驶时的道路阻力系数及加速度与 $\frac{\delta}{g}$ 的乘积，左边是汽车本身所具有的参数。若令 $\frac{F_t - F_w}{G}$ 为汽车的动力因数，并以符号 D 表示，则

$$D = \frac{F_t - F_w}{G} = \psi + \frac{\delta}{g} \frac{du}{dt} \tag{2-56}$$

式（2-56）称为汽车的动力平衡方程，其中 ψ 称为道路系数。由式（2-56）可知，不论汽车自重等参数有何不同，只要有相等的动力因数 D，便能克服同样的坡度和产生同样的加速度（设两汽车的 δ 值相同）。因此，目前常把动力因数作为表征汽车动力特性的指标。

利用 $F_t - u_a$ 和 $F_w = f(u_a)$ 的函数关系，根据式（2-56）计算出 D 并作出 $D—u_a$ 关系曲线，因此，目前常把动力因数作为表征汽车动力特性的指标，称为动力特性图，如图 2-30 所示。再将汽车滚动阻力系数 f 随车速 u_a 变化关系曲线，以同样的比例尺画在动力特性图上，就可以方便地分析汽车动力特性。

（1）最高车速的确定　在汽车达到最高车速时，$\frac{du}{dt}=0$，$i=0$，故汽车的动力平衡方程式变为 $D=f$，即图 2-7 中高速挡动力因数曲线与滚动阻力系数曲线交点处对应的车速为最高车速。

（2）各挡爬坡度的确定　在各挡爬最大坡度时，加速度 $\frac{du}{dt}=0$，动力平衡方程式为

$$D=\psi=f+i \qquad (2\text{-}57)$$

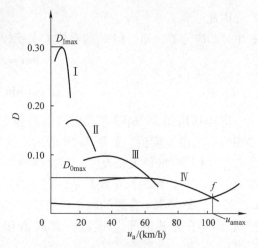

图 2-30　汽车动力特性图

因此，D 曲线与 f 曲线之间的距离，就是汽车各挡的爬坡能力。粗略估算时，$D_{imax}-f$，就是汽车的最大爬坡度。实际上，Ⅰ挡所能上的坡度一般较大，因此，$\cos\alpha<1$，$\sin\alpha\neq i$，故 $i_{max}=D_{imax}-f$ 的误差较大，此时 $D_{imax}=f\cos\alpha_{max}+\sin\alpha_{max}$，解此三角函数方程，求得 $\alpha_{max}=\arcsin\dfrac{D_{Imax}-f\sqrt{1-D_{Imax}^2+f^2}}{1+f^2}$，然后再根据 $\tan\alpha_{max}=i_{max}$ 换算成坡度。

（3）加速时间的确定　评定汽车的加速能力时，设 $i=0$，则动力平衡方程为

$$D=f+\frac{\delta}{g}\frac{du}{dt}$$

$$\frac{du}{dt}=\frac{g}{\delta}(D-f) \qquad (2\text{-}58)$$

因此，在汽车动力特性图上，D 曲线与 f 曲线之间距离的 $\frac{g}{\delta}$ 倍；就是汽车各挡的加速度。当求直接挡加速度时，若粗略判断，可取 $\delta\approx1$，$g\approx10\text{m/s}^2$，则加速度值就是 D 曲线与 f 曲线之间距离的 10 倍。

注意　由上述可见，用动力特性图求解汽车的动力性指标十分合适和方便，在汽车的技术文件中，常用动力特性来表征汽车的动力性。

在动力特性图上几个重要参数如下：

1）汽车在水平良好路面上的最高车速 u_{amax}。

2）Ⅰ挡最大动力因数 D_{Imax}。它可粗略地代表最大爬坡能力。

3）直接挡的最大动力因数 D_{0max}。它说明了汽车以直接挡行驶时的爬坡与加速能力，该值对汽车行驶的平均速度有很大影响。

---

3. 利用"功率平衡图"来确定客观评价指标

汽车行驶时，不仅存在驱动力与行驶阻力的平衡关系，而且也存在发动机功率和汽车行驶的阻力功率间的平衡关系。即发动机发出的有效功率，始终等于机械传动损失与全部运动阻力所消耗的功率。

汽车运动阻力所消耗的功率，有滚动阻力功率 P_f、空气阻力功率 P_w、坡度阻力功率 P_i 及

加速阻力功率 P_j，它们的表达式为

$$P_f = \frac{F_f u_a}{3.6 \times 1000} = \frac{Gf\cos\alpha u_a}{3600} \qquad P_i = \frac{F_i u_a}{3600} = \frac{Gf\sin\alpha u_a}{3600}$$

$$P_w = \frac{F_w u_a}{3600} = \frac{C_D A u_a^3}{76140} \qquad P_j = \frac{F_j u_a}{3600} = \frac{\delta G u_a}{3600g}\frac{du}{dt}$$

功率平衡方程为

$$P_e = \frac{1}{\eta_T}\sum P = \frac{1}{\eta_T}(P_f + P_w + P_i + P_j)$$

即

$$P_e = \frac{u_a}{3600\,\eta_T}\left(Gf\cos\alpha + G\sin\alpha + \frac{C_D A u_a^2}{21.15} + \delta\frac{G}{g}\frac{du}{dt}\right)$$

当 α 较小时，$\sin\alpha \approx i$，$\cos\alpha \approx 1$，上式可写成

$$P_e = \frac{u_a}{3600\eta_T}\left(Gf + Gi + \frac{C_D A u_a^2}{21.15} + \delta\frac{G}{g}\frac{du}{dt}\right) \tag{2-59}$$

汽车的功率平衡关系也可以用图解法表示。以纵坐标表示功率，横坐标表示车速，将发动机功率 P_e、汽车经常遇到的阻力功率 $\frac{1}{\eta_T}(P_f + P_w)$，对应于车速的关系曲线绘在坐标图上，即得到如图 2-31 所示功率平衡图。

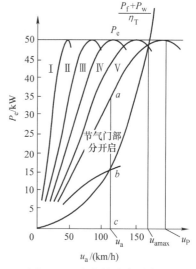

图 2-31 汽车的功率平衡图

可见由于发动机功率随车速的变化，实际上是随转速的变化，发动机转速在各挡位对应的行驶车速不同，因此得出图示的各挡功率与行驶车速的关系曲线。

P_f 在低速范围内为一直线，在高速时由于 f 是 u_a 的一次函数，P_f 是 u_a 的二次函数；而 P_w 则是 u_a 的三次函数。两者叠加后，阻力功率曲线是一条斜率越来越大的曲线。它与挡位无关，只与车速有关，所以高速时，汽车主要克服空气阻力而消耗功率。

（1）最高车速的确定 汽车达最高车速时，$\frac{du}{dt}=0$，$i=0$，则

$$P_e = \frac{1}{\eta_T}(P_f + P_w) \tag{2-60}$$

即功率平衡图中，发动机功率曲线（直接挡）与阻力功率曲线的交点对应的车速 u_{amax}，稍大于最高挡时发动机最大功率对应的车速 u_P。

（2）加速能力的确定 评价加速能力时，$i=0$，则

$$P_j = \eta_T\left[P_e - \frac{1}{\eta_T}(P_f + P_w)\right] \tag{2-61}$$

所以，不同车速时的加速度为

$$\frac{\mathrm{d}u}{\mathrm{d}t} = \frac{3600g\eta_{\mathrm{T}}}{\delta Gu_{\mathrm{a}}}[\,P_{\mathrm{e}} - \frac{1}{\eta_{\mathrm{T}}}(P_{\mathrm{f}} + P_{\mathrm{w}})\,] \qquad (2\text{-}62)$$

（3）上坡能力的确定　评价汽车上坡能力时，$\dfrac{\mathrm{d}u}{\mathrm{d}t} = 0$，粗略计算求出汽车的爬坡度为

$$i = \frac{3600\eta_{\mathrm{T}}}{Gu_{\mathrm{a}}}[\,P_{\mathrm{e}} - \frac{1}{\eta_{\mathrm{T}}}(P_{\mathrm{f}} + P_{\mathrm{w}})\,] \qquad (2\text{-}63)$$

在功率平衡图上，各挡功率曲线表示汽车在该挡上不同车速时可能发出的功率。总阻力功率曲线表示在平直良好路上，以不同车速等速行驶时所需要的功率。两者间的功率差值为后备功率，它可以用来使汽车加速、爬坡等。

利用功率平衡的方法求解动力性问题显得麻烦，但汽车的速度越高，遇到阻力越大，克服阻力所消耗的功率就越大，因此，功率平衡是从能量转换角度研究汽车动力性。利用功率平衡，还可以研究行驶时发动机的负荷率，即一定工况下，克服阻力所需发动机发出功率和该工况下发动机能够发出的最大功率的比值，以便研究经济性问题。

任务实施

对案例进行评述（从学习后的角度进行评述）。

任务引入

汽车上市前需要专业的测试人员进行汽车性能测试及评价。在测试时，除了用相关数据表征汽车动力性的好与不好，人的主观感受也是评价汽车动力性好与不好的依据。

问题：在进行主观评价时，哪些指标可以作为评判汽车动力性好与不好的依据？

2.6　汽车动力性的主观评价

2.6.1　主观评价的指标

动力性的主观评价项目，如图 2-32 所示，包括起步加速、行驶中加速、各挡加速性、转弯加速、弱附着路面加速性、爬坡性能、踩加速踏板的感觉、tip－in/tip－out、加速跑偏、加速俯仰、加速抖动、加速转向失中等 12 项。

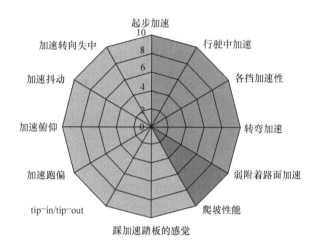

图 2-32　动力性主观评价项目蜘蛛图

（1）起步加速　此项评价汽车在水平良好路面上起步时的最大加速能力，一般从静止至最高挡最高车速的 80% 加速。

汽车纵向加速的最高性能受两个因素的限制：发动机的牵引力和驱动轮的路面附着条件。一般而言，在低速行驶时轮胎的路面附着条件可能是限制的因素，而在高速行驶时则受发动机牵引力的限制。

主观评价：对从静止至节气门全开下汽车的加速性及加速时的速度平顺性，平滑和渐进性的主观感觉进行评价。

试验方法：

1）行驶工况：在平整、干燥的沥青（或水泥）路面上试验。

2）驾驶要求：节气门全开，直线加速。

汽车以最快的方式起步并将加速踏板踩到底，使节气门全开进行试验。对于手动变速器汽车，在发动机无负荷且在最大转矩附近的状态下，使离合器紧急结合的同时节气门全开快速起动，中途的换挡均是在发动机接近最大转矩时进行。对于自动变速器汽车则是踩下制动踏板的同时踩加速踏板，当节气门全开时放松制动踏板起步（也称吊转速起步）。

（2）行驶中加速　此项评价是汽车行驶过程中的加速性能，反映了汽车的超车能力。

一般是在最高挡位的30km/h踩加速踏板加速到最大车速的80%。行驶中加速能力采用超车加速时间来衡量。超车加速时间是指汽车在良好的平直路面上，风速小于3 m/s，以直接挡或最高挡行驶。

主观评价：对汽车加速时节气门全开下的加速性及加速时的速度平顺性，自动变速器汽车在快速踩加速踏板换低挡时的主观感觉进行评价。

试验方法：

1）行驶工况：清洁、干燥、平坦的，用沥青或混凝土铺装的直线道路。

2）驾驶要求：以最高挡的稳定车速30km/h进行等速行驶，当车速稳定后（偏差±1km/h），驶入试验路段，迅速将加速踏板踩到底。

（3）各挡加速性 评价各个挡位加速性能感觉，一般从静止起步到节气门全开加速到高速区，覆盖所有挡位，一般为最高车速的90%。中间连续换挡感觉各个挡位的加速性，挡位速比是否合理以及换挡的平滑性，最后在高速区域评价发动机的平稳性。对于自动变速器汽车的自动模式和手动模式都要评价。

主观评价：汽车在此速度区间，各个挡位的加速性和加速平顺性，挡位速比是否合理以及换挡的平滑性，高速区域发动机运转的稳定性如何。

试验方法：

1）行驶工况：清洁、干燥、平坦的，用沥青或混凝土铺装的直线道路。

2）驾驶要求：从静止起步到节气门全开并加速到最高速的90%。

（4）转弯加速 评价汽车转弯时的牵引力和加速性能，转弯加速时存在纵向和侧向的耦合，保证侧向稳定性的前提下汽车的加速性应尽量好。

主观评价：在保证侧向稳定性的前提下汽车的加速性如何。

试验方法：

1）行驶工况：定圆良好的路面。

2）驾驶要求：以低速、中速、高速行驶，尽量加速通过弯道，评价在侧向稳定前提下的加速性能。

（5）弱附着路面加速 在驱动力大于地面附着力时，车轮可能打滑，影响汽车的加速性及侧向稳定性。评价汽车在低附着、对开路面等弱附着路面上的牵引力和加速性能，同时要保证汽车的侧向稳定性。

在弱附着路面上，当驱动轮滑转时，通过牵引力控制系统TCS（也称ASR）控制汽车驱动轮的滑转率，以提高汽车在弱附着路面的加速性及侧向稳定性。

主观评价：在保证侧向稳定性的前提下，汽车加速性尽量好。

试验方法：

1）行驶工况：潮湿沥青（或水泥）路面/冰雪（玻璃砖）等附着系数低路面；沥青（或水泥）/结冰（玻璃砖）棋盘路面；沥青（或水泥）/结冰（或塑料膜/玻璃砖）对接与对开路面。

2）驾驶要求：从静止或低速状态尽快加速至中速以上，修正方向以保持直线行驶。

（6）爬坡性能 评价汽车的爬坡性能。牵引力尽量大和爬坡速度应该尽量快地通过

10%、20%、30%、40%、50%、60%的爬坡路面。

由于在爬坡时轴荷转移，造成前轴载荷减小，后轴载荷增加，使得后轮驱动汽车具有更好的爬坡能力。对于四轮驱动汽车而言，其性能依靠传动系统的设计。高效率的传动系统采用防滑差速器和轴间防滑差速器，使得力矩以一定的比例分配到各个车轮，一般爬坡能力较强。

主观评价：对于给定长度和坡度的路面从静止开始加速，考察爬坡时加速性如何；或者坡度大而短的路面，感觉汽车的最大爬坡度。

试验方法：

1）行驶工况：不同坡度，良好的干燥沥青路面。

2）驾驶要求：对于具有一定长度和一定坡度的路面从静止或低速状态至节气门全开状态行驶，考察爬坡时加速性如何。或者坡度大而短的路面，感觉汽车的最大爬坡度。

（7）踩加速踏板感觉　评价行驶过程中踩加速踏板的感觉，包括踏板力、踏板行程及节气门的响应。

主观评价：整个行驶过程中（尤其加速时）踏板力与踏板行程如何，还包括节气门的响应如何。

试验方法：

1）行驶工况：平整、干燥的沥青（或水泥）路面。

2）驾驶要求：行驶过程中踩加速踏板的感觉。

（8）tip–in/tip–out 评价　tip–in/tip–out 下汽车的响应，即在一定的速度和负荷工况下突然踏下/松开加速踏板，发动机输出转矩的突然变化激起传动系统扭转振动的固有频率，导致汽车加速度波动。主要依赖于驾驶人的感知对动力性和舒适性的评价。一般认为汽车加速度响应应当迅速，并且汽车加速度变化率（加加速度）中等响应。

tip–in/tip–out 下汽车的响应不仅与传动系统有关，还与发动机的管理系统有关。

对于 SUV（运动型汽车）而言，速度响应快可能带来加速度变化率太大，舒适性降低。即评价时应考虑车型定位。

主观评价：汽车速度响应应当迅速，并且汽车响应时舒适性主观感觉较好。

试验方法：

1）行驶工况：平整、干燥的沥青（或水泥）路面。

2）驾驶要求：tip–in 指在中挡稳定车速 30km/h 和 60km/h 时，猛踩加速踏板到底时的感觉；tip–out 指在中挡稳定车速 30km/h 和 60km/h 时，猛松开加速踏板的感觉。

（9）加速跑偏　在一定的驱动力下，汽车有可能不能保持直线行驶而跑偏。由于驱动轴长度的不同，两个前轮的主销后倾和主销内倾不同或者轮胎的圆锥度缺陷等导致驱动装置的不对称，在驱动作用力的作用下，有可能出现转向或者偏转角，以至于汽车行驶跑偏。

在附着条件不同的路面上行驶，使用锁止差速器时也会产生大小不同的驱动力，也可能导致跑偏。

在条件一致的路面上，方向保持应该不受驱动力的影响。在条件不一致道路上，行驶路线的偏离应该尽可能小，并且对于普通的驾驶人就能很好地控制和掌握。

主观评价：直线加速行驶过程中对转向盘的操作可以分为修正转向盘、保持转向盘位不变、撒开转向盘三种模式。在评价中根据实际情况也可只做一种操作。

试验方法：

1）行驶工况：平整、干燥的沥青（或水泥）直线路面；附着系数不同的碎石直线路面。

2）驾驶要求：从静止或低速行驶状态尽快加速，修正转向盘转角保持直线行驶或松开转向盘感觉汽车跑偏程度。

（10）加速俯仰　评价汽车在加速过程中出现的俯仰角及随时间的变化，俯仰角和俯仰角加速度应尽可能小，包括起步加速俯仰和行驶中加速引起的俯仰。

汽车在加速的情况下，纵向的轴荷转移使后轮轴荷增加，前轴轴荷减小。通常在汽车加速过程中，某种程度的前仰和后蹲还是必要的。汽车抗后蹲和抗前仰的性能是由悬架几何布置、悬架刚度和驱动力分配以及轴距等决定的。

主观评价：加速过程中车身的俯仰舒适性主观感觉如何。

试验方法：

1）行驶工况：平整、干燥的沥青（或水泥）路面。

2）驾驶要求：从停止状态或者低速行驶状态以不同的加速度加速。

（11）加速抖动　由于发动机工作在不稳定的特性区域或传动系统振动等造成在发动机和驱动轮之间动力传递的不均匀性，有可能会出现振动，这些振动通过转向盘或者车身传递过来，使人能够感到轰鸣，或者是抖动。在加速过程中不应该抖动。

主观评价：以转向盘的振动以及车身底板、座椅的抖动为主观评价依据。

试验方法：

1）行驶工况：平整、干燥的沥青（或水泥）路面。

2）驾驶要求：从静止或低速状态尽快加速到中高车速。

（12）加速转向失中　加速时转向盘是否无法自动对中，使驾驶人失去对转向盘中间位置的感觉。转向系统在牵引力的影响下，应仍然能轻便且无异常摩擦力地工作。

在牵引力的影响下，由于转向系统中摩擦增大等原因有可能会改变转向时转向的操纵力，以至于转向盘无法自动对中，会使驾驶人失去对转向盘中间位置的感觉。此仅适用于前轮驱动车型。

主观评价：以加速过程中驾驶人对转向盘中间位置的感觉来评价。

试验方法：

1）行驶工况：平整、干燥的沥青（或水泥）路面。

2）驾驶要求：从停止状态或者低速行驶状态尽快加速，同时在转向盘中间位置附近可有小的转向动作。

2.6.2　主观评价指标的分析

汽车动力性主观评价中，多层次多指标中如何能够按照主观评价工程师心中的权重得到具体单项指标在总体性能中的权重，以便主观评价从定性评价转化为定量的评价，用于实车调校以及从主观中提取特征值等，并对汽车的性能进行预测。

层次分析法将决策问题的有关元素分解成目标、准则、方案等层次，在此基础上进行定性分析和定量分析的一种决策方法。这一方法的特点，是在对复杂决策问题的本质、影响因素以及内在关系进行深入分析之后，构建一个层次结构模型，然后利用较少的定量信息，把决策的思维过程数学化，从而为求解多目标、多准则或无结构特性的复杂决策问题提供一种简便的决策方法。

（1）基本原理　层次分析法（The Analytic Hierarchy Process，AHP）是由美国著名的运筹学家 T. L. Satty 教授提出的一种系统分析方法。这种分析方法适用于将结构错综复杂、模糊不清的相互关系转化为定量分析。通常，AHP 把所要研究的问题分解为不同的组成因素，然后根据总目标的要求，按照各个因素之间的相互关联影响以及隶属关系将因素按不同层次聚集组合，形成一个多层有序递阶的层次结构图，然后两两比较每一层次中各因素相对于上一层目标的相对重要程度，构造出两两比较的判断矩阵，其中引入了 1~9 比率标度法，见表 2-13。综合这些判断，确定各因素相对于总目标的重要程度的总排序。

表 2-13　判断矩阵标度及其意义

标度	含　义
1	表示两个因素相比，具有同样的重要性
3	表示两个因素相比，一个比另一个稍微重要
5	表示两个因素相比，一个比另一个明显重要
7	表示两个因素相比，一个比另一个强烈重要
9	表示两个因素相比，一个比另一个极端重要
2，4，6，8	上述相邻判断的中值
倒数	因数 i 与因素 j 比较得到的判断 b_{ij}，则因素 j 与 i 比较得到判断 $b_{ji} = 1/b_{ij}$

在判断矩阵的估计中，不一致性常常是不可避免的。为此，Saaty 引入了一致性指标，以判断矩阵的最大特征值 λ_{max} 与判断矩阵的阶 n 的差别，来衡量不一致程度。表 2-14 所示 RI 与矩阵阶数 n 的关系。

表 2-14　平均随机性一致性 RI 表

阶数	1	2	3	4	5	6	7	8
RI	0	0	0.52	0.89	1.12	1.26	1.36	1.41
阶数	9	10	11	12	13	14	15	
RI	1.46	1.49	1.52	1.54	1.56	1.58	1.59	

当 $n < 3$ 时，判断矩阵永远具有一致性。判断矩阵的一致性指标 CI 与同阶平均随机性指标 RI 之比称为随机一致性比率，记作 CR，即

$$CR = CI/RI \qquad (2-64)$$

一般规定，当 $CR < 0.1$ 时，便认为判断矩阵具有令人满意的一致性；否则，就需要调整判断矩阵，使其满足 $CR < 0.1$，从而使它具有令人满意的一致性。

模型建立的基本步骤：

1）分析系统中各因素之间的关系，建立层次结构模型；这些层次大体上可以分为三类，如图 2-33 所示。

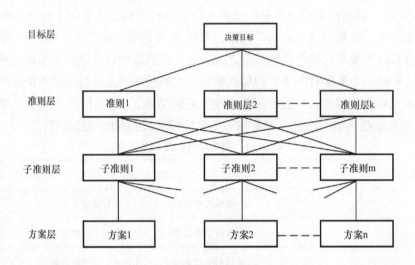

图 2-33　层次结构模型

最高层：这一层次中只有一个元素，一般它是分析问题的预定目标或理想结果，因此也称目标层。

中间层：这一层次包括了为实现目标所涉及的中间环节，它可以由若干个层次组成，包括所需考虑的准则、子准则因此也称为准则层。

最低层：表示为实现目标可供选择的各种措施、决策方案等，因此也称为措施层或方案层。

2）通过专家咨询按照表 2-14 构造出各因素两两相互比较的判断矩阵。

3）计算单一因素下各指标的相对权重（采用和法计算），并进行一致性检验。

4）计算组合权向量并做一致性检验。

（2）动力性主观评价指标权重确定　建立如图 2-34 所示层次分析法结构模型。

文献［3］给出了某公司的三位主观评价工程师的两两判断矩阵，得到表 2-15 所示的准则层判断矩阵。按层次分析法的计算方法，进行权重计算与一致性判断。

其中，$\lambda_{\max} = 11.2775$，$CI = 0.0278$，$RI = 1.5200$，$CR = 0.0183 < 1$ 满足要求。权向量 $\omega = [0.1501 \quad 0.1501 \quad 0.1501 \quad 0.0877 \quad 0.1501 \quad 0.0513 \quad 0.0495 \quad 0.0495 \quad 0.0531 \quad 0.0477 \quad 0.0606]$。

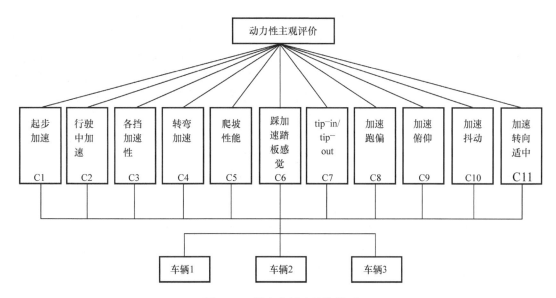

图 2-34 层次分析法结构模型

表 2-15 动力性主观评价准则层判断矩阵及权重

准则层	C1	C2	C3	C4	C5	C6	C7	C8	C9	C10	C11	权重 ω
C1	1	1	1	2	1	4	3	3	3	3	2	0.1501
C2	1	1	1	2	1	4	3	3	3	3	2	0.1501
C3	1	1	1	2	1	4	3	3	3	3	2	0.1501
C4	1/2	1/2	1/2	1	1/2	3	2	2	2	2	1	0.0877
C5	1	1	1	2	1	4	3	3	3	3	2	0.1501
C6	1/4	1/4	1/4	1/3	1/4	1	1	1	1/2	2	2	0.0513
C7	1/3	1/3	1/3	1/2	1/3	1	1	1	1	1	1	0.0495
C8	1/3	1/3	1/3	1/2	1/3	1	1	1	1	1	1	0.0495
C9	1/3	1/3	1/3	1/2	1/3	2	1	1	1	1	1	0.0531
C10	1/3	1/3	1/3	1/2	1/3	1/2	1	1	1	1	1	0.0477
C11	1/2	1/2	1/2	1	1/2	1/2	1	1	1	1	1	0.0606

经过计算及一致性检验后的层次分析法权重如图 2-35 所示。从图中可以看出，动力性主观评价中起步加速、行驶中加速、各挡加速性这几个加速性指标及爬坡性能权重相同，并且四项指标之和占总体性能的 60% 以上，加上转弯加速，则占到近 70%，因此动力性性能很大一部分由驱动力所决定的。同时，在驱动力影响下的跑偏、车身俯仰，抖动等问题也不可忽视，因为在市场竞争中可能这些指标的好坏是关键因素（见参考文献［3］）。

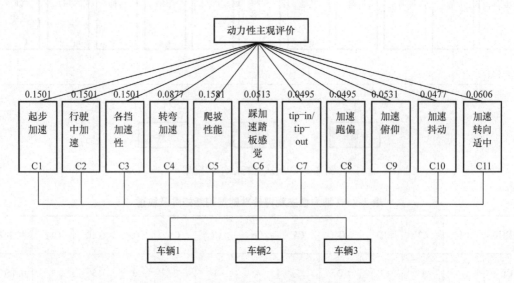

图 2-35　动力性主观评价层次分析法权重

2.6.3　实例分析

在某试验场，由三位经验丰富的专职主观评价工程师按照动力性的评价指标和具体的试验方法，对试验后某公司旗下某款商用车进行评价后，得到如表 2-16 各指标的主观评价评分数据。

表 2-16　某轿车动力性主观评价得分表

评价项目	主观评价工程师 1	主观评价工程师 2	主观评价工程师 3	均值（保留一位小数）
起步加速	8	8.2	7	7.7
行驶加速	7	7	7	7
各挡加速	7.5	8	7	7.5
转弯加速	7.5	7.5	7	7.3
爬坡性能	8	8	8	8

（续）

评价项目	主观评价工程师 1	主观评价工程师 2	主观评价工程师 3	均值（保留一位小数）
踩加速踏板感觉	7.5	7.5	7	7.3
Tip – in/Tip – out	7	7.5	7	7.2
加速跑偏	6	6	6	6
加速俯仰	7	7.5	7	7.2
加速抖动	7	7.5	7	7.2
加速时转向失中	—	—	—	—
动力性总体评分	7.4	7.7	7.3	7.5

注：主观评价工程师 1 的打分向量 $A_1 = [8\ 7\ 7.5\ 7.5\ 8\ 7.5\ 7\ 6\ 7\ 7]^T$ 对某轿车的动力性主观评价通过计算的总分 $A_1\text{—tatal} = \omega A_1 = 7.4$。其他同理。

从表 2-16 可以看出，不同的评价工程师对动力性各单项指标的评分比较一致。绘制各单项指标取平均后的动力性主观评价蜘蛛图，如图 2-36 所示。从表 2-16 和图 2-36 可以看出，此汽车的动力性能中，爬坡性能和起步加速表现得很不错，而驱动力影响下的加速跑偏则分值较低。

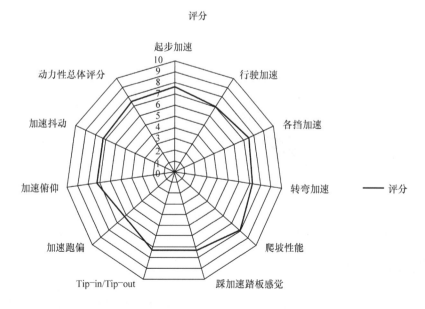

图 2-36　某轿车动力性主观评价蜘蛛图

任务实施

对案例进行评述（从学习后的角度进行评述）。

课后拓展

中国的高速公路与汽车的最高车速

现今内燃机汽车的最高车速记录为660km/h，由塞默兄弟在1965年11月创造。

世界上车速的最高纪录是英国飞行员安迪·格林（Andy Green）在美国内华达州西北的盐湖上，于1997年10月驾驶一辆喷气式发动机驱动的"冲刺"号汽车创造的，车速第一次超过了声速，达到1227.73km/h，如图2-37所示，但该冲刺号汽车不符合汽车的定义，因为车轮只起支撑作用，动力并不是由发动机经过车辆传到地面。

图2-37 冲刺号汽车

**本章小结**

1. 汽车动力性的评价指标：最高车速 u_{amax}、加速时间 t（原地起步加速时间和超车加速时间）、最大爬坡度 i。

2. 汽车的驱动力：$F_t = \dfrac{T_{tq} i_g i_0 \eta_T}{r}$。

3. 汽车驱动力的影响因素：发动机的转速特性、传动系统的机械效率、车轮的半径。

4. 汽车的行驶阻力：$\sum F = F_f + F_w + F_i + F_j$，其中滚动阻力 $F_f = Wf$、空气阻力 $F_w = \dfrac{C_D A u_a^2}{21.15}$、坡度阻力 $F_i = G\sin\alpha$、加速阻力 $F_j = \delta m \dfrac{\mathrm{d}u}{\mathrm{d}t}$。

5. 汽车行驶方程式：$F_t = F_f + F_w + F_i + F_j$。

6. 汽车的驱动 – 附着条件：$F_f + F_w + F_i \leqslant F_t \leqslant F_{z\varphi} \varphi$，这是汽车行驶的必要与充分条件。

7. 利用汽车驱动力 – 行驶阻力平衡图、动力特性图和汽车功率平衡图分析汽车动力性评价指标。

8. 影响汽车动力性的因素：发动机参数（发动机最大功率、发动机最大转矩、发动机外特性曲线的形状）、主减速器传动比 i_0、传动系统挡数、汽车外形、汽车质量、轮胎尺寸与型式、汽车运行条件。

【复习思考题】

一、选择题

1. "道路阻力系数"由以下各参数相加得到（　　）。

A. 滚动阻力系数　　　　　　B. 空气阻力系数　　　　　　C. 坡度

D. 传动比　　　　　　　　　E. 旋转质量换算系数

2. 汽车的行驶阻力包括（　　）。

A. 加速阻力　　　　　　　　B. 滚动阻力　　　　　　　　C. 空气阻力

D. 制动阻力　　　　　　　　E. 坡度阻力

3. 汽车的动力性的客观评价指标包括（　　）。

A. 发动机最大功率　　　　　B. 最高车速　　　　　　　　C. 最大爬坡度

D. 加速时间　　　　　　　　E. 动力因数

4. 给定车辆，在相同的路况上以相同的车速行驶，变速器由低挡换入高挡，则（　　）。

A. 后备功率增加　　　　　　B. 后备功率降低　　　　　　C. 发动机转速增加

D. 发动机转速降低　　　　　E. 燃油经济性提高

二、判断题

1. 在功率平衡图上，高挡和低挡的最大功率是相等的。　　　　　　　　　　　　　　（　　）

2. 后备功率越大，汽车的动力性就越好。　　　　　　　　　　　　　　　　　　　　（　　）

3. 附着率大于附着系数，就是满足附着条件。　　　　　　　　　　　　　　　　　　（　　）

4. 动力因数的单位是牛顿。　　　　　　　　　　　　　　　　　　　　　　　　　　（　　）

5. 汽车的1挡爬坡度一定比2挡爬坡度大。　　　　　　　　　　　　　　　　　　　（　　）

6. 有些越野车1挡的旋转质量换算系数非常大，所以加速能力不如2挡。　　　　　　（　　）

7. "使用外特性曲线"的功率比"外特性曲线"的功率大。　　　　　　　　　　　　　（　　）

8. 在其他条件不变时，1挡的驱动力比2挡的驱动力大。　　　　　　　　　　　　　（　　）

9. "坡度"指的是坡道角度的正切值。　　　　　　　　　　　　　　　　　　　　　（　　）

10. 在其他条件不变时，轮胎的气压越低，滚动阻力越小。　　　　　　　　　　　　（　　）

11. "原地起步加速时间"的定义中，允许用2挡起步。　　　　　　　　　　　　　　（　　）

12. 汽车的最高车速一定在最高挡下获得。　　　　　　　　　　　　　　　　　　　（　　）

13. 汽车的动力性指的就是驱动力越大越好。 （　　）

三、问答题

1. 汽车动力性的客观评价指标有哪些？

2. 汽车的驱动力大于附着力可能会发生怎样的运动？

3. 汽车的动力性与排量、挡位以及变速器的类型有何关系？

4. 高速轿车该如何解决附着率过大的问题？

第3章 Chapter 3

汽车经济性与评价

 学习目标

◎ 掌握汽车经济性的评价指标；
◎ 掌握影响汽车经济性的因素（理论分析）；
◎ 掌握纯电动汽车的经济性评价指标。

 技能要求

◎ 能运用汽车经济性相关理论对汽车的经济性能进行分析；
◎ 能描述汽车的各因素对汽车经济性的影响；
◎ 能运用相关指标对纯电动汽车的经济性进行评价。

 知识点阐述

燃油消耗费用占汽车使用成本的三分之一，降低汽车燃油消耗既可提高汽车行驶经济性，又可节约能源，同时降低了发动机产生的 CO_2（温室效应气体）的排放量，起到防止地球变暖的作用。

汽车燃油经济性作为评价汽车使用性能的重要指标之一，是指汽车在保证汽车动力性的前提下，以最小的燃料消耗完成单位运输工作的能力。它是整车性能对燃料消耗量影响的综合反应，常用汽车行驶100km所消耗的燃料量或每加仑燃油能行驶的英里数来评价。影响汽车燃油经济性的因素不仅包括发动机的技术状况，还与汽车的结构、造型、日常使用习惯及日常养护等有关，本章节对汽车燃油经济性的评价指标及影响因素进行详细介绍。

───── ▌任务引入▐ ─────

客户李先生到××汽车销售服务有限公司反映他驾驶的卡罗拉轿车在公路上行驶油耗增加，要求检修。

问题1：假设你是该汽车销售服务有限公司的维修技师，售后经理打算让你承接此项工作，制订汽车燃料经济性检测实践的计划方案，并完成该车经济性能的检修工作，你该如何完成此次任务？

问题2：汽车燃油经济性的评价指标有哪些？

3.1 汽车燃油经济性的客观评价

3.1.1 汽车燃油经济性的客观评价指标

汽车燃油经济性是整车对燃油消耗量的综合反应，其评价指标有三类：单位行驶里程消耗的燃油升数、单位燃油升数的行驶里程、运输企业用运送单位质量的货物至单位里程所消耗的燃油量。对于乘用车，主要以前两类来评价汽车的燃油经济性。

在我国及欧洲，采用的评价指标为单位行驶里程消耗的燃油升数，指标的单位为L/100km，即行驶100km所消耗的燃油升数。其数值越大，汽车燃油经济性越差。在美国，燃油经济性评价指标为单位燃油升数的行驶里程，指标的单位为 mile/USgal，指的是每加仑燃油能行驶的英里数。这个数字越大，汽车燃油经济性越好。

等速百公里油耗是最常用的评价指标，它是指在一定载荷（我国标准规定轿车为半载，货车为满载）下，在水平良好路面上等速行驶100km 的燃油消耗量，它是中国、欧洲国家常用的评价指标。图 3-1 为汽车等速百公里燃油消耗曲线图，该曲线是通过试验测出每隔 20km/h 或 30km/h 速度间隔的等速百公里燃油消耗量，然后以行驶速度为横坐标，100km 燃油消耗量为纵坐标，在图上绘点后连接而成，通常用它来评价汽车的燃油经济性。

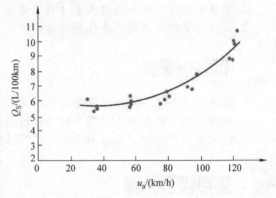

图 3-1 汽车等速百公里燃油消耗曲线

等速行驶不能全面反映汽车的实际运行情况，例如在市区行驶中频繁出现的加速、减速、怠速停车等行驶工况。因此，各汽车厂家在对实际行驶车辆进行跟踪测试统计基础上，制定一些典型的循环行驶试验工况来模拟实际汽车运行状况，以此评定汽车燃油经济性，并以百公里油耗来评定相应行驶工况的燃油经济性。循环工况规划了何时换挡、何时制动以及行车的速度、加速度等车速–时间行驶规范。由于道路试验干扰因素较多，除一些简单的循环工况可在道路上试验外，规定此试验大多数在实验室底盘测功机（转鼓试验台）上测试。

联合国欧洲经济委员会、美国及中国法定的商用车与城市客车测定燃油经济性的循环行驶工况分别如图 3-2 ~ 图 3-4 所示。

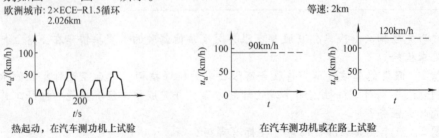

图 3-2 欧洲测量汽车燃油经济性的行驶工况

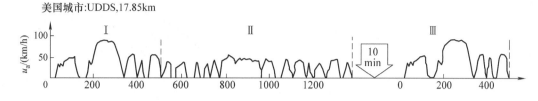

I为冷起动,Ⅲ为热起动,在汽车测功机上试验

图3-3 美国测量汽车燃油经济性的行驶工况

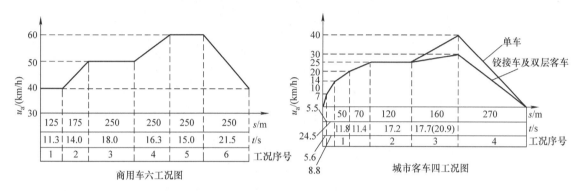

图3-4 中国测量汽车燃油经济性的行驶工况

欧洲经济委员会（ECE）规定，要测量车速为90km/h和120km/h的等速100km燃油消耗量、按 ECE – R. 15 市区循环工况的百公里油耗，各取1/3相加作为混合百公里油耗量来评定汽车的燃油经济性，如式（3-1）所示。

以 L/100km 计的混合百公里油耗量为

$$\frac{1}{3}混合 = \frac{1}{3}ECE + \frac{1}{3} \times 90km/h + \frac{1}{3} \times 120km/h \tag{3-1}$$

美国环境保护局（EPA）规定，计算评价汽车综合燃油经济性，需测量城市循环工况和公路循环工况的经济性，计算方法如式（3-2）所示。

$$综合燃油经济性 = \frac{1}{\dfrac{0.55}{城市循环工况燃油经济性} + \dfrac{0.45}{公路循环工况燃油经济性}} \tag{3-2}$$

中国则规定以等速100km燃油消耗量和最高挡节气门全开加速行驶500m的加速油耗作为单项评价指标，以循环工况燃油消耗作为综合性评价指标。

3.1.2 汽车燃油经济性的客观评价指标分析

汽车的研发设计中，需要根据发动机台架试验得到的万有特性图与汽车功率平衡图对汽车燃油经济性进行估算。下面介绍等速、加速、减速和急速停车工况的燃油消耗量计算方法。

1. 等速行驶工况燃油消耗量

发动机的万有特性曲线是根据发动机台架试验得到的，在该图上有等燃油消耗率曲线，如图3-5所示。

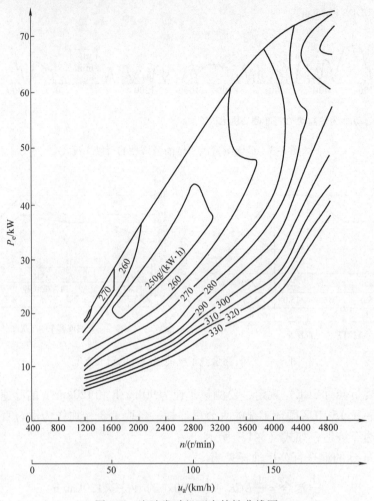

图 3-5　汽油发动机万有特性曲线图

根据汽油发动机万有特性曲线可确定发动机在一定转速 n、一定功率 P_e 时的燃油消耗率 b。根据等速行驶车速 u_a 及阻力功率，在万有特性图上确定相应的燃油消耗率 b，从而计算出以该车速等速行驶时单位时间内的燃油消耗量 Q_t（mL/s）为

$$Q_t = \frac{P_e b}{367.1 \rho g} \tag{3-3}$$

式中　b——燃油消耗率，单位为 g/（kW·h）；

ρ——燃油密度，单位为 kg/L；

g——重力加速度，单位为 m/s²；

汽车的 ρg 可取为 6.96 ~ 7.15N/L，柴油可取为 7.94 ~ 8.13N/L。

整个等速行驶 s（m）行程的燃油消耗量 Q（mL）为

$$Q = Q_t t \frac{3.6s}{u_a} = \frac{P_e b s}{102 u_a \rho g}$$

折算成等速百公里燃油消耗量 Q_s（L/100km）为

$$Q_s = \frac{P_e b \times 100}{102 u_a \rho g} = \frac{P_e b}{1.02 u_a \rho g} \tag{3-4}$$

2. 等加速行驶工况燃油消耗量

在汽车加速行驶时，发动机还要提供为克服加速阻力所消耗的功率。若加速度为 $\dfrac{\mathrm{d}u}{\mathrm{d}t}$，计算汽车由 u_{a1} 以等加速加速至 u_{a2} 的燃油消耗量，可通过图3-6来计算。

将加速过程按速度每增加 1km/h 分成若干个区间，每个区间的燃油消耗量可根据其平均的单位时间燃油消耗量与行驶时间之积来求得。各区间起始或终了车速所对应时刻的单位时间燃油消耗量 Q_t（mL/s），可根据相应的发动机发出的功率与燃油消耗率求得

$$Q_t = \frac{P_e b}{367.1 \rho g} \quad (3-5)$$

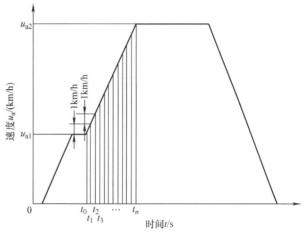

图3-6 等加速过程的燃油消耗量计算

汽车行驶速度 u_{a1} 加速至 $u_{a1}+1\mathrm{km/L}$ 所需时间 Δt（s）为

$$\Delta t = \frac{1}{3.6\dfrac{\mathrm{d}u}{\mathrm{d}t}} \quad (3-6)$$

而汽车初速度 u_{a1} 加速至 $u_{a1}+1\mathrm{km/L}$ 所需燃油量 Q_1（mL）为

$$Q_1 = \frac{1}{2}(Q_{t0} + Q_{t1})\Delta t \quad (3-7)$$

式中　Q_{t0}——当行驶初速度为 u_{a1} 时，即 t_0 时刻的单位时间燃油消耗量，单位为 mL/s；
　　　Q_{t1}——车速 $u_{a1}+1\mathrm{km/L}$ 时，即 t_1 时刻的单位时间燃油消耗量，单位为 mL/s。

当车速 $u_{a1}+1\mathrm{km/L}$ 再增加 1km/h 所需的燃油量 Q_2（mL）为

$$Q_2 = \frac{1}{2}(Q_{t1} + Q_{t2})\Delta t$$

式中　Q_{t2}——当车速为 $u_{a1}+2\mathrm{km/L}$ 时，即 t_2 时刻的单位时间燃油消耗量，单位为 mL/s。

依此类推，整个加速过程的燃油消耗量 Q（mL）

$$Q = \sum_{i=1}^{n} Q_i = Q_1 + Q_2 + \cdots + Q_n$$
$$Q = \frac{1}{2}(Q_{t0} + Q_{tn})\Delta t + \sum_{i=1}^{n-1} Q_{ti}\Delta t \quad (3-8)$$

注意　加速时，由于发动机处于瞬态工况，在急踩加速踏板使发动机急加速时，为使发动机顺畅工作，且在排放标准内发挥最大功率，需多喷一些油，此时汽车的燃油经济性比等速行驶时差。

3. 等减速行驶工况燃油消耗量

汽车减速行驶时，节气门关至最小位置，并进行适量制动，发动机处于强制怠速状况，此时油耗为正常怠速油耗。因此，减速工况燃油消耗量等于减速行驶时间与怠速油耗的乘积。设汽车的起始速度为 u_{a2}（km/h）、终了速度为 u_{a3}（km/h），减速度时间为

$$t = \frac{u_{a2} - u_{a3}}{3.6 \frac{du}{dt}} \tag{3-9}$$

怠速时汽车的燃油消耗率为 Q_i（mL/s），减速过程燃油消耗率 Q_d（mL）为

$$Q_d = \frac{u_{a2} - u_{a3}}{3.6 \frac{du}{dt}} Q_i \tag{3-10}$$

4. 怠速停车时的燃油消耗量

若汽车停车怠速时间为 t_s（s），怠速时汽车的燃油消耗率为 Q_i（mL/s），则怠速时燃油消耗量 Q_{id} 为

$$Q_{id} = Q_i t_s \tag{3-11}$$

5. 整个循环工况的百公里燃油消耗量

汽车行驶过程由等速、等加速、等减速、怠速等行驶工况组成，其燃油消耗为所有过程的燃油消耗量的总和。$\sum Q$ 为所有过程燃油消耗量的总和，单位为 mL；s 为整个循环工况的行驶距离，单位为 m；整个循环工况的百公里燃油消耗量 Q_s 的计算公式为

$$Q_s = \frac{\sum Q}{s} \times 100 \tag{3-12}$$

任务实施

维修技师陈生为客户李先生完成车辆燃料经济性能试验方案设计。在教师的引导下，以小组为单位学习相关技能，并填写下列表格。

1）检查试验仪器和道路条件是否符合要求。

检查项目	检查结果	检查项目	检查结果
车速测定仪器和汽车燃油消耗仪		计时器	
道路长		道路宽	
道路纵向坡度			

2）试验比较。

实验名称	布置测试道路	试验方法	实验结果
等速行驶工况 燃油消耗量试验			
等加速行驶工况 燃油消耗量试验			
等减速行驶工况 燃油消耗量试验			
怠速停车时 燃油消耗量试验			
整个循环工况 百公里燃油消耗量试验			

3）各组根据王先生车辆的故障现象搜集恰当的影响因素，并予以分析。

4）对案例进行评述（从学习后的角度进行评述）。

任务引入

万先生在 2017 年买了一部纳智捷，使用不久后发现汽车的油耗非常高，就平时使用一般都会达到 15L/100km 以上，有时甚至会超过 20L/100km。

问题 1：试分析为什么万先生的汽车油耗如此高？

问题 2：汽车的油耗与什么因素有关系？

3.2 影响汽车燃油经济性的因素

在汽车设计与开发工作中，常根据发动机台架试验对汽车等速、加速、减速和怠速停车等行驶工况进行经济性循环试验各工况，具体的计算公式如下所示：

$$Q_s = \frac{Pb}{1.02 u_a \rho g} = \frac{CFb}{\eta_T} \tag{3-13}$$

式中　C——常数；

　　　F——行驶阻力，$F = F_t + F_w$，单位为 N。

从式（3-13）可知，等速百公里燃油消耗量与等速行驶时的行驶阻力、发动机的燃油消耗率成正比，与传动效率成反比。而发动机的燃油消耗率与发动机的种类、设计制造水平，以及发动机行驶时的负荷相关。综上所述，影响汽车燃油经济性可归纳为两方面：结构因素及使用因素。

图 3-7 是某美国中型轿车在 EPA 城市、公路循环行驶工况的能量平衡图，由此图可以看出各种因素在汽车燃油消耗中所占的比重。

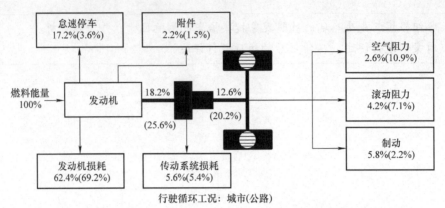

图 3-7　某美国中型轿车在 EPA 城市、公路循环行驶工况的能量平衡图

3.2.1　汽车结构因素

影响汽车燃油经济性的汽车结构因素包括发动机结构、传动系统、汽车总质量、汽车外形和轮胎。

1. 发动机

发动机的热效率是影响发动机的有效燃料消耗率的关键因素，也是影响汽车的燃料消耗量的主要因素之一。发动机的热效率取决于发动机的类型、设计、制造水平等。因此评价发动机的有效燃料消耗率，可从发动机技术配置及制造水平方面进行着手评价。例如是否配置有可提高发动机热效率和机械效率的新技术，例如缸内直喷技术、增压中冷技术、可变气正升程技术等；是否广泛采用电子计算机控制技术，例如是否配置了可变进气流量控制、可变配气相位控制。

2. 传动系统

汽车传动系统的挡位数、传动比以及传动效率对汽车燃油经济性都有很大影响。

在汽车传动系统挡位数的增加，可给驾驶人提供选用合适挡位，增加发动机处于经济工作状况的机会，有利于提高汽车的燃油经济性。当变速器的挡位数无限制，即采用无级变速器时，在任何条件下都能提供使发动机在最经济工况下工作的可能性。若无级变速器能维持较高的机械效率，则汽车的燃油经济性将显著提高。但现阶段的无级变速器，虽能一定程度上提高汽车的燃油经济性，但是在动力性方面较为欠缺。现代轿车手动变速器基本已采用 5 挡、6 挡，自动变速器基本已采用 5 挡、6 挡，不少高配置轿车甚至采用 7~9 挡，日系车不少车型采用无级变速器。大型货车也有采用更多挡位的趋势，如装载质量为 4t 的五十铃货车装用了 7 挡变速器，某些重型汽车和牵引车的传动系统挡位数可多达 10~12。

> **注意**　在一定的行驶条件下，传动比越小，汽车的燃油经济性越好，现代汽车常采用超速挡，因为可以减少传动系统的总传动比。在良好的道路条件下采用超速挡，可更好地利用发动机功率，提高汽车的燃油经济性。
>
> 汽车传动效率越高，传递动力能量损失越小，汽车的燃油消耗量就越低。机械齿轮变速器比液力自动变速器的传动效率高，虽然装载自动变速器的汽车驾驶操作简便，但燃油消耗量比较高。

3. 汽车外形与轮胎

空气阻力在汽车行驶阻力中占的比例很大。当汽车处于低速行驶时，空气阻力对汽车的燃料消耗影响不大，当车速超过 50km/h 时，空气阻力对汽车燃料经济性的影响逐步加大。因此，流线型设计的汽车车身可减少空气阻力，提高燃油经济性。

汽车轮胎是影响滚动阻力的关键因素，须既能兼顾汽车的动力性，又能提高汽车的燃油经济性。因此，汽车轮胎除高强度、耐磨性好、耐久满足要求外，还需对它的形状也提出要求。如图 3-8 所示，与斜交轮胎相比，子午线轮胎可以大幅度减小汽车的燃油消耗量，车速越高，差别越大。因此采用子午线轮胎、采用耗能少的车轮侧面设计、改善橡胶材料，可减少滚动阻力，提高汽车的燃油经济性。

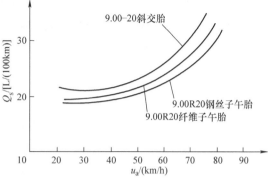

图 3-8 东风 5t 载货汽车 EQ-140 装用不同轮胎的等速百公里燃油消耗量曲线

4. 汽车总质量

汽车的滚动阻力、坡度阻力和加速阻力与汽车总质量成正比，随着汽车载质量或拖挂总质量增加，汽车单位行驶里程的燃油消耗量也增加。但装载质量增加，使发动机的负荷率提高，有效燃油消耗率减少，汽车单位运输工作量的燃油消耗量是减少的。汽车的装载质量与空车质量之比称为汽车的质量利用系数，该系数越大，汽车的燃油经济性越好。

> **注意** 因此，减轻汽车的自身质量和增大汽车的装载质量，都可以改善汽车的燃油经济性。为了降低汽车燃料消耗量，轿车向轻量化、小型化发展。采用前轮驱动，使用高强度钢、铝合金、树脂、塑料等轻质材料制造汽车零部件以减轻自身重量，是提高燃油经济性的重要措施。

3.2.2 使用因素

对于某个特定车型，除汽车的技术状况会影响汽车燃油经济性外，驾驶人的操作技术水平与日常养护都起着重要的影响作用。

1. 驾驶与操作技术水平

驾驶人正确地使用和操作可大大降低汽车的燃料消耗量，汽车以接近于低速的中等车速行驶时燃油消耗量最低，高速时随车速增加，燃油消耗量迅速增加。这是因为低速时，虽然汽车的行驶阻力小，但汽车的负荷率低，有效燃油消耗率上升，所以百公里油耗也会增加；高速时，虽发动机的负荷率较高，但汽车的行驶阻力增大，故百公里油耗也将增加。因此汽车中速行驶时，燃油经济性好。

在一定道路条件下，汽车使用不同挡位行驶，燃油消耗量也不同。在相同的行驶条件下，发动机发出的功率相同，挡位越低，汽车的后备功率越大，发动机的负荷率越低，有效燃油消耗率越高，汽车的百公里油耗就越大。而使用高挡时，情况相反。

因此，在一定道路条件下，应尽可能使用高速挡，做到高挡位小节气门开度，提高发动机的负荷率。对于手动变速器汽车，可合理利用加速—滑行的行驶方法来降低油耗。在相同的平均速度下，加速—滑行比等速行驶省油，加速时提高了汽车的动能，在空挡滑行时，这部分动能可释放出来用以克服行驶阻力。同时，尽量避免急加速、急减速，在保证安全驾驶的前提下，适当提高平均车速和尽量采用预见性制动，做到"脚轻手快、换挡敏捷、缓慢加速、合理制动"十六字操作要领。

2. 汽车保养与调整

汽车的日常养护以及定时保养都会影响到发动机的性能以及汽车的行驶阻力，汽车养护不当，会使汽车百公里油耗增加。因此，正确的维护保养与调整，可提高汽车的燃油经济性。

发动机和底盘要保持良好的技术状况，需定期进行保养与调整。例如对于发动机，需定期对润滑系统、燃油系统、冷却系统、点火系统等进行系统清洗或者更换相关易损零部件；对于底盘，也同样需要对各总成进行定期保养与调整，以便减少燃油消耗量。当汽车的前轮定位正确、制动器摩擦片与制动鼓的间隙正常，其他相对运动的零部件表面光洁、间隙恰当、润滑油充分以及轮胎气压正常时，底盘的行驶阻力减小，燃油消耗量也减小。

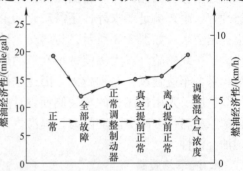

图 3-9 Vauxhall Victor 轿车燃油经济性试验

美国佐尔顿研究中心曾对保养对汽车油耗的影响进行试验研究，研究结果如图 3-9 所示。技术状况不正常时，燃油经济性由 19.3mile/gal（1mile = 1609.344m，1usgal = 3.78541dm³）下降到 11.9mile/gal。

任务实施

> 对案例进行评述（从学习后的角度进行评述）。

任务引入

> 随着时代的发展以及国家政策的鼓励，新能源汽车成为众多汽车厂商以及民众关注的热点。关于新能源汽车，人们最关注的除了环保问题便是新能源汽车的经济性。
>
> **问题**：新能源汽车的经济性是如何评价的？

3.3　电动汽车经济性的评价

电动汽车是以电池为动力源，全部或部分由电机驱动，集中了机、电、化学等各学科领域的高新科技，是汽车、电力拖动、功率电子、自动化控制、化学能源、计算机、新能源、新材料等工程技术中最新成果的集成产物。从环境保护角度上，电动汽车可使空气污染大幅度减少；从能源角度上，电动汽车将使能源利用多元化和高效化，达到能源可靠、均衡和无污染利用的目的。近十年来，电动汽车在各国政府的大力倡导下，各大车企加速了电动汽车的研发，图 3-10 为电动汽车的发展趋势。

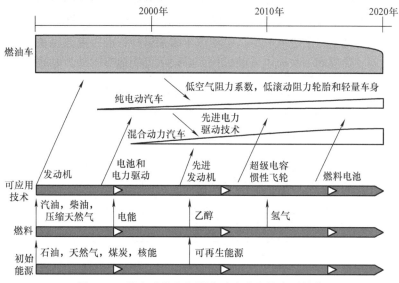

图 3-10　纯电动汽车与混合动力汽车的发展趋势

电动汽车分为纯电动汽车、燃油电池电动汽车、混合动力汽车。纯电动汽车是完全由二次电池（如铅酸蓄电池、镍镉蓄电池、镍氢蓄电池或锂离子电池等）提供动力的汽车，在使用中可实现零排放，被公认为目前最理想的交通工具。但关键部件动力电池在能量密度、使用寿命、价格方面还有很大的突破空间；燃料电池电动汽车采用的燃料电池是一种将燃料的化学能用电化学方法直接转换成电能的电化学发电器，它的效率是汽油机的 2~3 倍，无污染无噪声，排出的废弃物为水。存在的问题是价格贵、体积大以及可靠性、环境适应性均不高，且许多关键技术还处于研发试验阶段；混合动力电动汽车将电力驱动与传统的内燃机驱动相结合，充分发挥了两者的优势，可以从根本上解决现在纯电动汽车动力性能差和续驶里程短的问题，但是混合动力汽车并未从根本上摆脱交通运输对石油的依赖。

> **注意**　目前混合动力汽车与纯电动汽车相比，具有以下主要优势：第一，电池容量大为减少，可降低整车重量，提高汽车动力性；第二，由于采用辅助动力驱动，打破了纯电动汽车续驶里程的限制，其长途行驶能力可与传统汽车相媲美；第三，在混合动力汽车采用高度实时和动态的优化控制策略，优化控制的结果尽量使动力系统各部件工作在最佳状态和最高效率区域，大大限制了内燃机在恶劣工况下的高燃油消耗和大量的尾

气排放，在特定情况下，还可以关闭辅助动力，以纯电动方式工作，大大提高混合动力汽车的燃油经济性；第四，空调系统等附件由内燃机直接驱动，既有充分的能源供应，又能保证汽车的舒适性；第五，在控制策略的作用下，辅助动力可以向电池组提供能量，从而保证混合动力汽车不需要专用充电设施进行停车充电；第六，混合动力汽车的电池组在使用过程中是浅充浅放，可延长电池的使用寿命。

1. 纯电动汽车的结构原理

燃油汽车主要由发动机、底盘、车身和电气四大部分组成，纯电动汽车的结构与燃油汽车相比，主要是将电力驱动控制系统取代了发动机，电力驱动控制系统的组成与工作原理如图3-11所示。当汽车行驶时，由动力电池输出电能（电流）通过控制器驱动电机运转，电机输出的转矩经传动系统带动车轮前进或后退。电动汽车续驶里程与动力电池容量有关，动力电池容量受诸多因素限制。要提高一次充电续驶里程，必须尽可能地节省动力电池的能量。

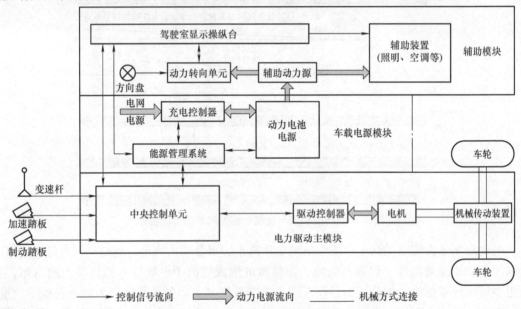

图3-11 电力驱动控制系统的组成与工作原理

电力驱动控制系统由电力驱动主模块、车载电源模块、辅助模块组成。

电力驱动主模块主要包括中央控制单元、驱动控制器、电机、机械传动装置和车轮等。它的功用是将存储在动力电池中的电能高效地转化为车轮的动能，并能够在汽车减速制动时，将车轮的动能转化为电能充入动力电池。

车载电源模块主要包括动力电池电源、能源管理系统和充电控制器等。它的功用是向电机提供驱动电能、监测电源使用情况以及控制充电机向动力电池充电。

辅助系统主要包括辅助动力源、动力转向系统、驾驶室显示操纵台和各种辅助装置等。辅助系统除辅助动力源外，其他因车型不同而有差异。

2. 纯电动汽车经济性的评价指标

汽车的能耗经济性评价指标均是以一定车速或循环行驶工况为基础，以汽车行驶一定里程能量消耗或一定能量使汽车可行驶的里程进行衡量。目前评价电动汽车能耗经济性的指标因纯电动汽车的类型不同而不同。但为使电动汽车能耗经济性评价指标具有普遍性，其评价指标应满足以下条件：第一，可以不同类型的电动汽车经济性进行比较；第二，指标参数需与整车储存能量总量无关；第三，可以直接从参数指标进行能耗经济性判断。因此，目前纯电动汽车的能耗经济性多采用单位里程的能耗。

相关文献中，用于评价纯电动车能耗经济性的指标包括续驶里程、单位里程容量消耗、单位里程能量消耗、单位容量消耗行驶里程和单位能量消耗行驶里程等。其中单位里程能量消耗最为直接准确，最为学者所认同。

单位里程的能耗是指单位里程所消耗的电动汽车动力电池组的电能，研发阶段可采用等速法或工况法进行计算，单位里程的能耗如式（3-14）所示。

$$\eta_E = \frac{\int_0^T \left(Gfu + \frac{C_D A u^3}{21.15} + \delta \frac{Gu}{g} \frac{du}{dt} \right) dt}{3.6 \eta_t \int_0^T u dt} \tag{3-14}$$

式中　u——汽车的车速，单位为 km/h；

　　　G——车辆重量，单位为 N；

　　　f——滚动阻力系数；

　　　C_D——空气阻力系数；

　　　A——迎风面积，单位为 m^2；

　　　δ——旋转质量换算系数；

　　　η_t——传动系统效率；

　　　T——驱动循环时间，单位为 s。

此指标综合考虑了电动汽车的整车质量、驱动系统效率、造型以及轮胎等结构因素对能耗的影响。

在评定纯电动汽车的经济性能指标时，一个关键性能参数就是单次充电所能实现的最大行驶里程或者其实际的能量消耗，在我国的相关标准中，对此也作了相应的规定。在国标中的规定如下：对于单次充电的续驶里程而言，主要是指基于标准的要求，在实现充电至满后，基于一定的运动工况需求进行行驶，其所能实现的最大的行驶里程。对于以上所提及的运动工况主要有 NEDC 循环工况和 60km/h 工况，其中，在图 3-12 中列出了 NEDC 工况的车速和时间历程。

在 NEDC 循环工况中主要涉及一个市郊循环和四个市区循环，将其时间设定为 19min40s，将其理论距离设定为 11.022km，如果所试验的车辆实际车速无法跟随所设定的车速一定值后，则表示试验结束。在完成了标准中所规定的试验循环后，对电池进行重新充电后，保证实现试验前的电池容量，用所得到的电网的电能去除行驶里程，则得到能量消耗率，其单位为 W·h/km，表示为

$$C = E/D \tag{3-15}$$

式中　E——电池在充电期间来自电网的能量，单位为 W·h；

　　　D——在试验期间电动汽车所能行驶的总距离，也就是通常所说的续驶里程，单位为 km。

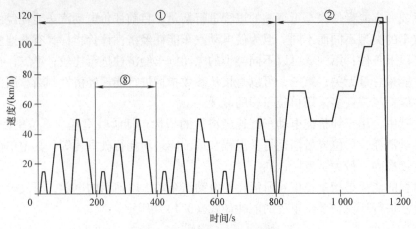

图 3-12　NEDC 工况示意图

经济性测量结果的准确程度要受到测试环境的影响，在国标中对室外的环境温度规定是要介于 5～32℃ 之间，而对室内环境的温度规定是要介于 20～30℃ 之间。

任务实施

> 对案例进行评述（从学习后的角度进行评述）。

 课后拓展

汽车的理论油耗是指汽车按照一定的测量条件和方法在实验室中测量出来的油耗，一般单位为 L/100km，也就是行驶 100km 所消耗的燃油量。

最为常见的理论油耗都是指 90km/h 等速行驶状态下的油耗。这也决定了用户自己测得的实际油耗与理论油耗值肯定会有不小的差别，因为不可能一直用这个速度匀速行驶。在行驶中要不断地起步、加速、制动、怠速。因此，理论油耗与实际油耗有较大的差别。虽然如此，理论油耗也是衡量汽车燃油经济性的最重要的指标。

　　汽车的实际油耗是指在实际使用中汽车的油耗大小。但实际油耗指标是不存在的。实际油耗总是在不断变化的，即使同一个人驾驶同一辆车，行驶同样的路段，其每次油耗也可能会不一样。可以说，每次行驶的实际油耗都是唯一的不可能完全重复；驾驶人多踩一次或少踩一次加速踏板，多载一个人或少载一个人，都会造成油耗的差异。

　　汽车的实际油耗与个人驾驶习惯和行车条件的关系重大，如果在实际使用当中发现与理论数据不相符，不要大惊小怪，费了油别闷气，省了油也别忘乎所以。汽车的耗油量，不仅仅与汽车本身性能有关，也被驾驶习惯以及自然环境所左右。正常情况下，实际油耗一般比理论油耗高出 20% ~ 40% 左右。如果低于这个比例，说明你的驾驶技术或行驶条件比较好，如果高于这个比例，则说明你的驾驶习惯不好或行驶条件较差。

 # 本章小结

　　1. 汽车燃油经济性是整车对燃油消耗量的综合反应，其评价指标有三类：单位行驶里程消耗燃油升数、单位燃油升数的行驶里程、运输企业用运送单位质量的货物至单位里程所消耗的燃油量。

　　2. 中国规定以等速 100km 燃油消耗量和最高挡节气门全开加速行驶 500m 的加速油耗作为单项评价指标，以循环工况燃油消耗作为综合性评价指标。

　　3. 可通过等速、加速、减速和怠速、停车工况的燃油消耗量计算方法来客观评价汽车燃油经济性。

　　4. 等速百公里燃油消耗量与等速行驶时的行驶阻力、发动机的燃油消耗率成正比，与传动效率成反比。

　　5. $\sum Q$ 为所有过程燃油消耗量的总和，单位为 mL；s 为整个循环工况的行驶距离，整个循环工况的百公里燃油消耗量 Q_s 的计算公式为 $Q_s = \dfrac{\sum Q}{s} \times 100$。

　　6. 影响汽车燃油经济性可归纳为两方面：结构因素及使用因素。

　　7. 评价纯电动汽车能耗经济性的指标包括续驶里程、单位里程容量消耗、单位里程能量消耗、单位容量消耗行驶里程和单位能量消耗行驶里程等。其中单位里程能量消耗最为直接准确，最为学者所认同。

【复习思考题】

　　1. 分析超速挡对汽车经济性的影响。

　　2. 用高速挡行驶时与采用低速挡行驶相比哪种方式更省油？为什么？

　　3. 分析说明发动机油耗与汽车油耗之间的关系。

　　4. 汽车的后备功率与汽车燃油经济性有何关系？

　　5. 汽车在行驶过程中，使用不同车速和使用不同挡位，对汽车的燃油消耗量有何影响？为什么？

　　6. 你认为新能源汽车经济性更佳吗？为什么？

第4章 Chapter 4

汽车动力总成与评价

 学习目标

◎ 掌握汽车动力总成的含义；
◎ 掌握汽车动力总成的评价指标。

 技能要求

◎ 能运用汽车动力总成相关理论确定汽车的相关参数；
◎ 能描述汽车动力总成对整车性能的影响。

 知识点阐述

汽车发动机的功率和传动系统传动比对汽车的动力性与燃油经济性有很大影响。在确定这些参数时，必须充分考虑到满足这两个基本性能的要求。此外，还要注意到满足驾驶性的要求。

发动机功率，根据预期的最高车速和比功率选取；传动系统最小传动比，主要依据对动力性和经济性的要求，以及驾驶性能选取；传动系统最大传动比，根据最大爬坡度、最低稳定车速和附着条件三方面的限制来确定。

任务引入

进行汽车设计的时候，往往根据汽车的动力性选择合适的发动机。已知某汽车厂需要生产某整车，该整车的总质量 $m = 43000\text{kg}$，当满载时最高车速 $u_{amax} = 50\text{km/h}$，汽车迎风面积 $A = 9.90\text{m}^2$，$P_{emax} = 214\text{kW}$，现根据设计要求，从国产的发动机厂中选择匹配的发动机。现由市场部收集到目前可以找到的供应商及产品的相关参数，如表4-1所示。

表4-1 供应商及产品的相关参数

车型	载重/kg	发动机功率/kW	车总重/比功率/[kg/(kW/t)]
沃尔沃 425C	22.5（沃尔沃 ro121c）	203	39.6/5.13
卡特 0250	22.8（卡特 3306）	194	42.3/4.59
佩尔利尼 0P255	30（底特律 6V－92TA）	225	47.8/4.7
小松 HD－200	20（康明斯 NTC－T43）	209	38.5/5.43
尤克里里 R－25	25（康明斯 N－855C）	164	42/3.8
别卡拉 540	27（亚姆斯－240）	265	49/5.6

> 问题1：发动机功率、比功率对汽车性能有何影响？
>
> 问题2：如何根据设计任务要求选择合适的发动机？有何依据？

4.1 汽车动力总成的客观评价参数

通常，设计中常先从保证汽车预期的最高车速来初步选择发动机的功率或者比功率，传动系统的传动比也是影响动力性的一个重要因素，因此，汽车动力总成的评价指标主要包括发动机功率和传动系统的传动比。

值得注意的是，本书所述汽车动力总成的评价指标指的是发动机最大功率（即额定功率，有文献认为额定功率为发动机最大功率—附件消耗功率，本书不作区分）。

4.1.1 发动机功率

发动机的功率和比功率可以根据最高车速初步确定。

1. 根据最高车速确定

最高车速虽然只是动力性中的一个指标，但它实质上也反映了汽车的加速能力和爬坡能力。因为最高车速越高，要求的发动机功率越大，汽车后备功率大，加速与爬坡能力必然较好。如果给出了期望的最高车速，则选择的发动机功率应不小于以最高车速行驶时阻力功率之和，即

$$P_e = \frac{1}{\eta_T}\left(\frac{Gf}{3600}u_{max} + \frac{C_D A}{76140}u_{amax}^3\right) \tag{4-1}$$

在给定 m、C_D、A、f、η_T 这些值后，便能求出应有功率 P_e 的数值。即，确定整车参数和预期的最高车速 u_{max} 后，可选定发动机功率约等于（但不能小于）上述 P_e 计算值。当最高车速达到 u_{max} 时，必然需要 P_e；但若发动机最大功率刚好为 P_e，未必能在最高车速下发挥出来，就是说不一定能达到 u_{max}。

2. 根据比功率来确定

在实际工作中，还利用现有汽车统计数据初步估计汽车比功率来确定发动机应有功率。比功率指单位汽车总质量具有的发动机功率，单位为 kW/t。汽车总质量不等于整备质量，总质量为坐满乘客的客车、满载货车、满载轿车的质量。

汽车比功率可由式（4-2）求得：

$$汽车比功率 = \frac{1000P_e}{m} = \frac{fg}{3.6}u_{max} + \frac{C_D A}{76.14\eta_T}u_{amax}^3 \tag{4-2}$$

如某轿车，发动机的应有功率为75kW，该车满载质量为1.5t，则比功率为50kW/t。

各种货车的 f、η_T 及 C_D 值大致相等且最高车速也相差不多，但总质量变化范围很大。

进行汽车设计和部件选型时，可以根据类型、整车参数和使用环境较近似的成熟车型，参照其比功率数值，选取发动机功率。

（1）货车的比功率分析　若整车最高车速为100km/h 时，一辆中型货车的比功率约为10kW/t，其中用以克服滚动阻力功率的为式（4-2）中的第一项，约占2/5。对于各类货车，式（4-2）第一项的数值大体相同。式（4-2）中第二项是克服空气阻力功率的部分，它随

A/m 而变化，货车总质量增大时，迎风面积增加有限，故第二项将随着总质量的增加而逐步减少。因此不同货车的比功率将随着其总质量的增大而逐步减小，如图 4-1 所示。货车比功率一般在 7. 35kW/t 以上。小于 3t 的轻型货车大多是轿车的"变型车"，动力性能较好，比功率很大。重型自卸车最高车速低，比功率较小。因此，货车可以根据同样总质量与同样类型车辆的比功率统计数据，初步选择发动机功率。

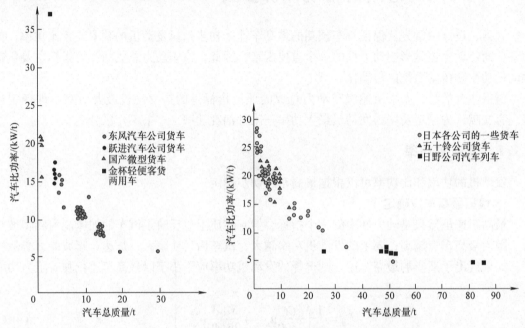

图 4-1　货车的比功率

（2）轿车的比功率分析　轿车行驶车速高，且不同轿车动力性能相差可以很大，现代轿车的最高车速一般在 140 ~ 200km/h 之间；比功率相差也比较大，一般轿车比功率在 15 ~ 90 kW/t 之间。在德国，高速公路不限制车速，因此其轿车最高车速较高，为 140 ~ 230km/h 之间。图 4-2 所示为轿车比功率曲线。

轿车的车速高，不同档次轿车的最高车速变化范围大。

比功率主要与 u_{amax} 有关，轿车档次也可以依照车速划分。

比功率还与 $\dfrac{C_D}{m\eta_T}$ 有关（因为不同轿车，总质量和车身几何参数也较大）。

如图 4-2 所示，根据式（4-2）在图中绘制了 $\dfrac{f}{\eta_T} = 0. 02$，$\dfrac{C_D A}{m\eta_T} = 4 \times 10^{-4} ~ 10^{-3}\,\mathrm{m^2/kg}$ 时的比功率曲线。在进行汽车动力总成匹配时，利用这些数值点形成的区域（总质量、预期最高车速等），可以大致确定发动机功率。如奥迪 A61.8，若整备质量为 1525kg，预期最高车速为 198km/h，则根据其参数 $\dfrac{f}{\eta_T}$、$\dfrac{C_D A}{m\eta_T}$ 的情况选择 $6 \times 10^{-4}\,\mathrm{m^2/kg}$ 曲线，在该曲线上查找纵横坐标的值即可查到比功率的大致范围。文献［7］还给出了奥迪 A6 轿车通过预期目标所选取的比功率，见表 4-2 所示，并将奥迪 A6 与宝来对应排量的车型通过图 4-2 所选择的比功率进行对比，见表 4-3 所示。结果表明，对应同级别排量的两种车型，比功率的差距可以显示出最高车速的差距，从而反映动力性能的对比。但两车轴距相差 337mm，质量相差 170kg，是其动力性差异的原因。

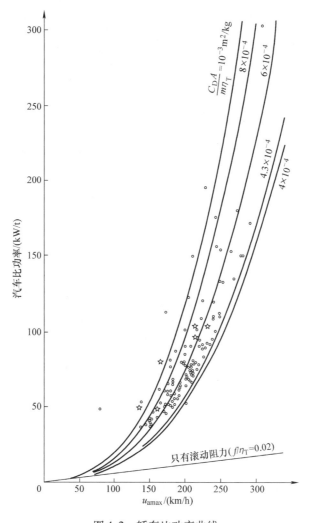

图4-2　轿车比功率曲线

> **注意**　很多国家对车辆应有的最小比功率作出规定，以保证路上行驶车辆的动力性不低于一定水平，防止某些性能差的车辆阻碍车流。

表4-2　奥迪 A6 的比功率

车型	功率/kW	整备质量/kg	比功率/(kW/t)	最高车速/(km/h)
A6 1.8	92	1525	60	198
A6 1.8T	110	1525	72	206
A6 2.4	121	1560	78	214
A6 2.8	140	1560	90	226

表 4-3　奥迪 A6 与宝来比功率的比较

车型	功率/kW	整备质量/kg	比功率/(kW/t)	最高车速/(km/h)
奥迪 A6 1.8	92	1520	60	198
宝来 1.8	92	1350	68	202
奥迪 A61.8T	110	1520	72	206
宝来 1.8T	110	1350	81	211

4.1.2　最小传动比

　　汽车大部分时间以最高挡行驶，也就是用最小传动比的挡位行驶的，因此最小传动比的选定是很重要的。

　　传动系统的总传动比是传动系统中各部件传动比的乘积，即

$$i_t = i_g i_0 i_c \tag{4-3}$$

式中　i_g——变速器的传动比；

　　　　i_0——主减速器的传动比；

　　　　i_c——分动器或副变速器的传动比。

　　普通的汽车没有分动器或副变速器，而变速器的最小传动比为直接挡或超速挡。当变速器的最小传动比为直接挡时，传动系统的最小传动比就是主减速器的传动比 i_0；当变速器的最小传动比为超速挡时，则传动系统的最小传动比应为变速器最高挡传动比与主减速器的传动比的乘积。

4.1.3　最大传动比

　　传动系统最大传动比 i_{tmax}，对普通汽车来说，为变速器 I 挡传动比 i_{g1} 与主减速器传动比 i_0 之乘积。确定传动系统最大传动比就是确定变速器 I 挡传动比 i_{g1} 与主减速器传动比 i_0。

任务实施

　　（1）根据设计要求，在市场部提供的各厂家的发动机中进行筛选，选择传动比最接近的发动机。

　　（2）在可选的发动机中对比性能的优劣，还要考虑到排放的要求。

　　（3）对案例进行评述（从学习后的角度进行评述）。

任务引入

　　某汽车品牌轿车发动机 2XX - FE 匹配了 C666 自动变速器驱动桥，其各挡传动比如下表所示。

发动机型号		2XX – FE
自动变速器驱动桥型号		C666
传动比	1 挡	3. 166
	2 挡	1. 904
	3 挡	1. 310
	4 挡	0. 969
	5 挡	0. 815
	6 挡	0. 725
	倒挡	3. 250
最终齿轮比		4. 529

问题1：该车的动力性及经济性与传动比的设置有何关系？

问题2：C666 自动变速器驱动桥的各挡传动比有何规律？

4.2　汽车动力总成参数对整车性能的影响

4.2.1　最小传动比对整车性能的影响

最小传动比（假设该车无分动器，直接挡为最高挡，则最小传动比为主减速器传动比i_0）对汽车的动力性、经济性、舒适性等均有影响，汽车选择最小传动比时应考虑最高车速以及后备功率。

1. 最高车速

主减速器的传动比i_0不同，汽车功率平衡图上发动机功率曲线的位置不同，如图4-3所示，与水平路面行驶阻力功率曲线的交点所确定的最高车速不同。当阻力功率曲线正好与发动机功率曲线相交在其最大功率点上，此时所得的最高车速最大，$u_{amax} = u_P$，u_P为发动机最大功率时的车速。因此，主减速器的传动比i_0应选择汽车的最高车速相当于发动机最大功率时的车速，这时最高车速最大。

2. 后备功率

主减速器的传动比i_0不同，汽车的后备功率也不同。i_0增大，发动机功率曲线左移，汽车的后备功率增大，动力性加强，但燃油经济性较差。i_0减小，发动机功率曲线右移，汽车的后备功率较小，但发动机功率利用率高，燃油经济性较好。

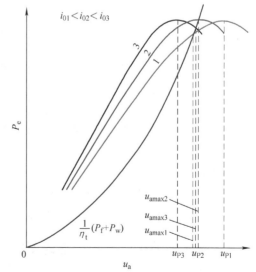

图4-3　不同i_0时汽车的功率平衡图

当 $u_a = u_{amax}$ 时，$F_t = 0$，$F_j = 0$，此时所需的发动机功率：

$$P_e = \frac{1}{\eta_t}\left(\frac{Gf}{3600}u_{max} + \frac{C_D A}{76140}u_{amax}^3\right) \tag{4-4}$$

即，确定整车参数和预期的最高车速 u_{amax} 后，可根据动力性与经济性的综合需求，通过 $\frac{u_{amax}}{u_P}$ 的值来设计汽车，不同 u_{amax}/u_P 的取值在轿车中所占的比例如表 4-4 所示。

表 4-4　不同 u_{amax}/u_P 的取值在轿车中所占的比例

u_{amax}/u_P	轿车所占比例
0.5 ~ 0.7	3%
0.7 ~ 0.9	17.5%
0.9 ~ 1.10	74%
1.10 ~ 1.39	5.5%

可见，u_{amax}/u_P 基本围绕 1 且小于 1 的比例远高于大于 1 的比例。即，现代汽车设计更重视燃油经济性。

根据每千克车质量的发动机排量毫升值，查出允许的最小 n/u_a 值，对于选择轿车最小传动比有参考价值，如图 4-4 所示。

> **注意**　现代汽车设计为了提高车辆的燃油经济性，往往将最小传动比设计得比较小。理论上，这意味着后备功率减小，动力性下降，而这并不意味着汽车的加速、爬坡能力一定会下降。因为这里讨论的是"最小传动比"。即，在水平良好路面上，用最小传动比（最高挡）匀速行驶，可以节约燃油；而遇到全力加速、爬坡工况，或者需要满足驾驶性能时，可以通过增大传动比（变速器降挡）的办法来提高后备功率。某些车辆的次高挡的最高车速比最高挡更高，就是这个道理。

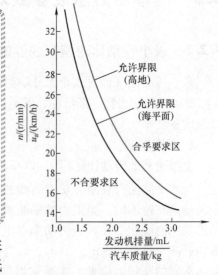

图 4-4　轿车允许的 n/u_a 值

在汽车变速器设计中，为了降低最小传动比，往往不是采用降低所有挡位的传动比数值（这样会降低动力性），而是采用"加一挡"的办法。即，保留低挡数值大体不变，使最小传动比"向低端延伸"。反之，如果最小传动比过大，那么就无法通过"变速"来提高燃油经济性了。

一般来说：

1）最小传动比过小，汽车在重负荷下工作，加速性不好，出现噪声和振动。

2）最小传动比过大，燃油经济性差，发动机高速运转的噪声大。

4.2.2　最大传动比对整车性能的影响

一般来说，汽车在起步、爬坡时会使用最大传动比，确定最大传动比时，主要考虑三方面的因素，即最大爬坡度、附着条件和汽车的最低稳定车速。

1. 最大爬坡度

汽车爬坡时车速低，可不计空气阻力，汽车的最大驱动力应能克服最大爬坡度，为

$$F_{tmax} = F_f + F_{imax}$$

即

$$\frac{T_{tqmax} i_g i_0 \eta_T}{r} = Gf\cos\alpha_{max} + G\sin\alpha_{max} \tag{4-5}$$

I 挡传动比 i_{g1} 应为

$$i_{g1} \geq \frac{G(f\cos\alpha_{max} + \sin\alpha_{max})r}{T_{tqmax} i_0 \eta_T} \tag{4-6}$$

一般，货车的最大爬坡度约为 30% ，即 $\alpha_{max} \approx 16.7°$ 。轿车应具有爬上 30% 以上坡道的能力。

2. 附着条件

确定最大传动比后，应验证是否满足附着条件，即

$$F_{tmax} = \frac{T_{tqmax} i_{g1} i_0 \eta_T}{r} \leq F_\varphi \tag{4-7}$$

验算时，可取附着系数 $\varphi = 0.5 \sim 0.6$ 。

3. 最低稳定车速

对于越野汽车传动系统，最大传动比 i_{tmax} 应保证汽车能在极低车速下稳定行驶。这样可以避免在松软地面上行驶时土壤受冲击剪切破坏而损害地面附着力。最大传动比 i_{tmax} 应为

$$i_{tmax} = 0.377 \frac{n_{min} r}{u_{amin}} \tag{4-8}$$

式中 u_{amin}——最低稳定车速，单位为 km/h。

此外，轿车的最大传动比是根据加速能力的要求来确定的，可参考同等级的轿车来选择。

4. 满足加速时间的要求

增大传动系统的最大传动比，可以提高驱动力，有提升加速能力的趋势；但过分增大最大传动比（变速器 I 挡传动比 i_{gI} ），不一定能提高汽车的加速能力。

因为汽车旋转质量换算系数 δ 随传动比的平方增大而增大，当 I 挡传动比很大时，其 δ 值也大，加速阻力增加得比驱动力还快，可能导致 I 挡的加速度反而降低。

$$\frac{du}{dt} = \frac{1}{\delta m}\left[F_t - (F_t + F_w)\right]$$

$$\delta = 1 + \left(\frac{1}{m}\right)\frac{\sum I_w}{r^2} + \left(\frac{1}{m}\right)\frac{i_f i_g^2 i_0^2 \eta_T}{r^2} \tag{4-9}$$

4.2.3 传动系挡数与各挡传动比的选择对汽车性能的影响

对于一般汽车来说，传动比数目指的就是变速器的前进挡数目。汽车的动力性、燃油经济性和汽车传动系统的挡位数有着密切的关系。挡位数多，使发动机发挥最大功率的机会增多，提高了汽车的加速能力和爬坡能力。同时，挡位数多，使发动机在低燃油消耗区工作的

可能性增加，降低了油耗。因此，传动系统挡位数的增加会改善汽车的动力性和燃油经济性。

挡位数还取决于最大传动比与最小传动比之间的比值，因为挡与挡之间的传动比比值不能过大，比值过大会造成换挡困难。一般，比值不大于 1.7～1.8。因此，最大传动比与最小传动比的比值增大，挡位数也应增多。

汽车类型不同，挡位数也不同。轿车车速高、比功率大，高挡的后备功率大，原常采用三或四个挡位。近年来，为进一步节省燃油，装用手动变速器的轿车多已采用 5 挡变速器。中小型货车比功率小，一般采用四或五个挡位。重型货车的比功率更小，使用条件也很复杂，所以一般采用六到十几个挡位，以适应复杂的使用条件，使汽车有足够的动力性和良好的燃油经济性。越野汽车的使用条件最复杂，其传动系的挡位数比同吨位的普通货车要多一倍。

挡位数增多，会使变速器结构复杂。有的挡位数多的汽车，常在变速器后面接上一个副变速器，使挡位数倍增。越野汽车在变速器后面采用分动器，达到多轴驱动的要求，同时使挡位数倍增。

1）轿车等中小型车辆：结构紧凑，比功率大→挡位数少（阻力靠后备功率克服）。一般，只有中高级轿车才采用六挡或以上挡数变速器。

2）货车和大客车：比功率小，挡位数多（阻力靠变换挡位克服）。

3）重型货车和越野汽车：使用中，装载质量变化大（满载与空车差别很大），路面条件复杂，挡位数非常多。常采用一个主变速器加一个副变速器的组合形式来实现多挡位。

1. 各挡传动比的确定

在确定汽车的最小传动比、最大传动比和传动系统的挡位数后，还要确定中间各挡的传动比。

汽车变速器各挡的传动比应该按等比级数分配。

$$\frac{i_{g1}}{i_{g2}} = \frac{i_{g2}}{i_{g3}} = \cdots = q$$

式中　q——常数，各挡之间的公比。

各挡的传动比为

$$i_{g1} = q i_{g2}，\ i_{g2} = q i_{g3}，\ i_{g3} = q i_{g4}，\ \cdots i_{gn} = q i_{gn}$$

对于一个四挡变速器，$i_{g4} = 1$，各挡传动比和 q 有如下关系

$$i_{g3} = q，\ i_{g2} = q^2，\ i_{g1} = q^3$$

则

$$q = \sqrt[3]{i_{g1}}$$

所以

$$i_{g3} = \sqrt[3]{i_{g1}}，\ i_{g2} = \sqrt[3]{i_{g1}^2}$$

由此可以推出，n 个挡位的变速器，各挡传动比应该是 $i_{g2} = \sqrt[n-1]{i_{g1}^{n-2}}$，$i_{g3} = \sqrt[n-1]{i_{g1}^{n-3}}$，$i_{g4} = \sqrt[n-1]{i_{g1}^{n-4}}$，$\cdots$，$i_{gm} = \sqrt[n-1]{i_{g1}^{n-m}}$

在确定了各挡传动比后，还要校验相邻挡位传动比的比值 q，q 应小于 1.7～1.8，如 q 值过大，则应增加传动系统的挡位数。按等比级数分配传动比的主要目的在于充分利用发动机提供功率，提高汽车的加速和爬坡能力，提高汽车的动力性。同时，换挡时也能无冲击地平稳结合离合器，驾驶员在起步和加速时操作方便。

实际上，各挡传动比之间的比值不会正好相等，这主要考虑到各挡的利用率不同，汽车主要用高挡行驶，因此高挡位相邻两挡之间的传动比的间隔应小一些，特别是最高挡与次高挡之间的间隔更应小一些。所以，实际上各挡传动比分布关系应为：$\dfrac{i_{g1}}{i_{g2}} \geqslant \dfrac{i_{g2}}{i_{g3}} \geqslant \cdots \geqslant \dfrac{i_{gn-1}}{i_{gn}}$

2. 不同传动比分配方式的对比分析

传动比按等比级数分配的方式好处在于提高发动机功率利用率（提高发动机的动力性），如图4-5所示。当汽车需要大功率（如全负荷加速、爬坡等）时，若挡位选择恰当，按照等比级数分配传动比的变速器能够使发动机经常在接近外特性最大功率 P_{emax} 处的大功率范围内运转，增加了后备功率，提高了汽车的加速或上坡能力。为了研究方便，现假设已经充分利用了发动机的功率，加速过程中节气门全开，各挡均用到发动机的最大转速 n_{emax} 才进入换挡，以此来比较三种不同的变速器传动比分配方案对汽车性能的影响。如图4-5所示，第一个方案是按等比级数分配传动比的变速器，即为：$\dfrac{i_1}{i_2} = \dfrac{i_2}{i_3}$，第二、第三种分别是按 $\dfrac{i_1}{i_2} < \dfrac{i_2}{i_3}$ 与 $\dfrac{i_1}{i_2} > \dfrac{i_2}{i_3}$ 分配。三种方案在Ⅰ挡时，发动机工作区域相同，但在Ⅱ挡进Ⅲ挡时，由于发动机在换挡时的起始转速不同，其功率曲线覆盖的面积也不同。第二种方案，即 $\dfrac{i_1}{i_2} < \dfrac{i_2}{i_3}$ 对应方案，在使用Ⅱ挡时，利用发动机功率的范围少掉了转速 $n_1 \sim n_1'$ 间的区域，如图4-5所示，虽然在Ⅲ挡时与第一个方案相比较，多得了 $n_1'' \sim n_1$ 间的利用功率区域，但对比失去的功率区域而言，显然得不偿失。同理，第三种方案也有相同的情况，只是失去功率对应的挡位不同。若变速器的各挡传动比按第一种方案进行分配，可以在汽车需要较大功率时较好地利用发动机的功率特性曲线功率比较大的一段来增加后备功率，以此提高汽车的动力性。

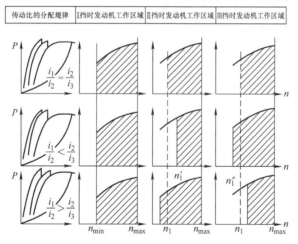

图4-5　不同传动比分配方式对发动机工况的影响

另外，还有一种叫偏置等比级数的传动比分配方案。所谓偏置等比级数的传动比分配是所选择的变速器传动比分配与等比级数相比，高速相邻挡速比的比值与要比低速两相邻挡的小，像国内外的 KM130、R4W63L、KM135、TJ6481 等变速器都采用。表4-5 给出了一些常见车型传动比的比值。变速器速比的设计需要考虑诸多目标函数，如原地起步加速时间、汽车驱动力损失率、多工况油耗和等速工况油耗、汽车各挡位使用率等，综合平衡汽车的各种性能。

表4-5　一些常见车型传动比的比值

车型	i_{g1}/i_{g2}	i_{g2}/i_{g3}	i_{g3}/i_{g4}	i_{g4}/i_{g5}	i_{g5}/i_{g6}
奥迪3.0	1.719	1.429	1.357	1.368	1.395
现代XG	1.770	1.463	1.392	1.159	
马自达6	1.788	1.505	1.286	1.278	
奥迪TT	1.820	1.57	1.343	1.276	

任务实施

（1）分析某汽车品牌轿车发动机2XX–FE匹配了C666自动变速器驱动桥各挡传动比属于哪种分配规律。

（2）各组说明各挡的动力性、经济性的情况，并给出必要的理论依据。

（3）对案例进行评述（从学习后的角度进行评述）。

课后拓展

Ward年度十佳发动机奖项是由名为《Ward's Autoworld》（沃德的汽车世界）这本杂志评选出来的。该杂志创于1924年，在全世界范围内都颇具影响力。

沃德（Ward's）是美国一家涉足汽车行业长达80多年的媒体机构。沃德每年会评选出市面上十大最佳发动机，虽然大部分参选的产品均来自北美市场，但不少上榜的发动机在国内也有销售，对国内消费者具有一定的参考价值。

2018年沃德十佳发动机如表4-8所示。

表4-6　2018年沃德十佳发动机获奖车型/发动机

2018年沃德十佳发动机获奖车型/发动机	
车型	动力系统
雪佛兰Bolt	纯电动系统
克莱斯勒Pacifica混动版	3.6L自然吸气V6发动机+电机混动系统
福特F–150	2.7T双涡轮增压V6发动机
福特Mustang GT	5.0L自然吸气V8发动机
本田思域Type R	2.0T涡轮增压发动机
本田CLARITY	130kW燃料电池动力系统
英菲尼迪Q50	3.0T双涡轮增压V6高功率版发动机
捷豹XF	2.0T涡轮增压发动机
起亚斯汀格	3.3T双涡轮增压V6发动机
丰田凯美瑞混动版	2.5自然吸气+电机混动系统

 本章小结

1. 发动机功率的初步选择：$P_e = \dfrac{1}{\eta_T}\left(\dfrac{Gf}{3600}u_{max} + \dfrac{C_D A}{76140}u_{amax}^3\right)$

2. 汽车比功率：单位汽车总质量具有的发动机功率，单位为 kW/t。

3. 汽车比功率 $= \dfrac{1000P_e}{m} = \dfrac{fg}{3.6\eta_T}u_{max} + \dfrac{C_D A}{76.14\, m\eta_T}u_{amax}^3$

4. 主减速器传动比 i_0 的选择应考虑：最高车速、汽车的后备功率、驾驶性能、燃油经济性。

5. 确定最大传动比时应主要考虑最大爬坡度、附着条件和汽车的最低稳定车速。

6. 传动系统挡位数的选择：汽车的动力性、燃油经济性和汽车传动系统的挡位数有着密切的关系。传动系统挡位数的增加会改善汽车的动力性和燃油经济性，但挡位数增多，会使变速器结构复杂。

7. 理论上，汽车变速器各挡的传动比应该按等比级数分配。实际上，各挡传动比分布关系应为 $\dfrac{i_{g1}}{i_{g2}} \geqslant \dfrac{i_{g2}}{i_{g3}} \geqslant \cdots \geqslant \dfrac{i_{gn}-1}{i_{gn}}$。

【复习思考题】

1. 什么叫汽车比功率？如何利用比功率来确定发动机功率？

2. 选择主减速器传动比 i_0 时，应考虑哪些问题？

3. 如何选取汽车变速器最大传动比？

4. 汽车变速器挡位数取决于哪些因素？

5. 汽车变速器各挡传动比是如何分配的？

6. 已知某汽车总质量为 1200kg，滚动阻力系数 $f = 0.013$，传动系统机械效率为 $\eta_T = 0.85$，$C_D A = 0.70\text{m}^2$，现要求最高车速 $u_{amax} = 140\text{km/h}$。试求应有功率数值。

第5章 Chapter 5

汽车制动性与评价

学习目标

◎ 掌握汽车制动性的评价指标；

◎ 掌握影响汽车制动性的因素（理论分析）；

◎ 掌握汽车制动辅助装置对汽车制动性能的影响。

技能要求

◎ 能运用汽车制动性相关理论对汽车的制动性能进行计算分析；

◎ 能描述相关因素对汽车制动性的影响；

◎ 能运用主观评价法对汽车的制动性进行评价。

知识点阐述

汽车行驶时能在短距离内停车且维持行驶方向稳定性和在下长坡时能维持一定车速的能力（不要因为制动器过热丧失了制动的能力），称为汽车的制动性。

制动性是汽车主动安全性的重要评价指标。

任务引入

客户李先生驾驶他的卡罗拉轿车来到××汽车销售服务有限公司，向维修主管讲述自己的轿车最近制动效果不太好，制动时有跑偏的现象，要求检修。

问题1：假设你是该汽车销售服务有限公司的维修技师，维修主管打算让你承接此项工作。根据车主的要求，制订汽车制动性能检测实践的计划方案，并完成该车制动性能的检修工作。你准备如何完成此次任务？

问题2：汽车制动性能的评价指标包括哪些？

5.1 汽车制动性的客观评价

制动性主要用以下三方面指标来评价：制动效能（包括制动减速度、制动距离、制动时间及制动力等）、制动效能的恒定性以及制动时的方向稳定性。

5.1.1 制动效能

制动效能是指在良好路面上，汽车以一定初速制动到停车的制动距离或制动时汽车的减速度。汽车制动效能的评价指标是制动距离 s（单位为 m）和制动减速度 a（单位为m/s^2），它是制动性能最基本的指标。表 5-1 所示为乘用车制动规范对行车制动器制动性的部分要求。制动过程如图 5-1 所示。

表 5-1 乘用车（座位数≤9）制动规范对行车制动器制动性的部分要求

项目	中国 ZBT24007—1989	欧洲共同体 (EEC) 71/320	中国 GB7258—2017	美国 联邦 135
试验路面	干水泥路面	附着良好	$\varphi \geqslant 0.7$	Skid no81
载重	满载	一个驾驶人或满载	任何载荷	轻、满载
制动初速度	80km/h	80km/h	50km/h	96.5km/h（60mile/h）
制动时的稳定性	不许偏出 3.7m 通道	不抱死跑偏	不许偏出 2.5m 通道	不抱死偏出 3.66m（12ft）
制动距离或制动减速度	≤50.7m	≤50.7m，≥5.8m/s²	≤20m，≥5.9m/s²	≤65.8m（216ft）
踏板力	≤500N	≤490N	≤500N	66.7~667N（15~150lbf）

制动距离有时也用在良好路面条件下，汽车以 100km/h 的初速度制动到停车的最短距离来表示。表 5-2 所示为几种车型由 100km/h 的初速度制动至停车的制动距离。

表 5-2 几种车型 100km/h→0 的制动距离

车型	制动距离/m
捷达	48.8
别克 GL8	45.8
桑塔纳 2000	45.0
帕萨特	43.9
奥迪 A6 1.8T	42.3
宝来 1.8T	40.0
宝马 745i	37.1

制动效能最直观的评价指标就是制动距离：从驾驶人接触制动操纵装置（制动踏板）到车辆停止为止汽车驶过的距离。有时候也用制动时汽车的减速度来评价制动效能，通常记作 a_b（m/s²），有时也用符号 j 或 $\ddot{x}$（对位移的二阶导数）来表示。如图 5-1 所示，一次制动的过程可分成 4 个阶段。

（1）驾驶人反应时间 τ_1：驾驶人接到紧急停车信号时，并没有立即行动，而要经过 τ_1' 以后才意识到应进行紧急制动，并开始移动右脚，再经过 τ_1'' 以后到达 b 点才开始踩到制动踏板。这一段时间记作 τ_1，称为驾驶员反应时间，$\tau_1 = \tau_1' + \tau_1''$，$\tau_1$ 一般为 $0.3 \sim 1s$，它与制动系统的性能无关。

（2）制动器起作用时间 τ_2：在 b 点以后，随着驾驶人踩踏板的动作，踏板力迅速增加到 d 点时达到最大值。由于制动系统中有一定残余压力，且制动摩擦副之间存在着间隙，所以要经过 τ_2'（协调时间）后才起作用，汽车才开始产生减速度。由 c 点到 e 点是制动力的增加过程所需要的时间 τ''_2，称为制动器的作用时间或滞后时间，$\tau_2 = \tau_2' + \tau_2''$。$\tau_2$ 一方面取决于驾驶人踩踏板的速度，更重要的是受制动器结构形式与维修质量的影响。

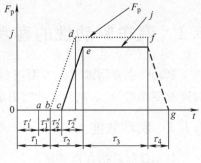

图 5-1　制动过程示意图

（3）持续制动时间 τ_3：由 e 到 f 为持续制动时间 τ_3，这一阶段车辆的减速度稳定，基本不变。

（4）放松制动器时间 τ_4：到 f 点，驾驶人松开制动踏板，但制动力的消除仍需要一定时间，这段时间称为制动释放时间。按规定，图 5-1 中 e 时刻汽车的速度制动释放时间不得大于 $0.8\mathrm{s}$。从制动全过程来看，包括驾驶人看到信号的反应、制动器起作用、持续制动和放松制动四个阶段。一般，制动距离是指从驾驶人踏制动踏板开始到车辆完全停住的距离。它包括制动器起作用和持续制动两个阶段。

在 τ_1 和 τ_2' 时间内，汽车速度 u_0 不变，所经过的距离 s_1 和 s_2' 分别为

$$s_1 = u_0 \tau_1$$
$$s_2' = u_0 \tau_2'$$

τ_2'' 时间内，汽车的速度 j 为

$$j = \frac{\mathrm{d}u}{\mathrm{d}\tau} = k\tau \tag{5-1}$$

其中，$k = -\dfrac{j_{\max}}{\tau_2''}$。

τ_2'' 时间内汽车的速度 u 为

$$\int \mathrm{d}u = \int k\tau \mathrm{d}\tau$$
$$u = u_0 + \frac{1}{2}k\tau^2$$

图中 e 时刻汽车的速度 u_e 为

$$u_e = u_0 + \frac{1}{2}k\tau_2''$$

τ_2'' 时间内，汽车行驶距离 s_2'' 为

$$\frac{\mathrm{d}s}{\mathrm{d}\tau} = u_0 + \frac{1}{2}k\tau^2$$

$$\int \mathrm{d}s = \int \left(u_0 + \frac{1}{2}k\tau^2\right)\mathrm{d}\tau$$

而 $\tau = 0$ 时，（图 5-1 中的 C 点），$s = 0$，故

$$s = u_0 \tau - \frac{1}{6}\frac{j_{\max}}{\tau_2''}\tau^3$$

或 $\tau = \tau_2$ 时的距离为

$$s_2'' = u_0 \tau_2'' - \frac{1}{6} j_{max} \tau_2''^2$$

得到 τ_2 的行驶距离 s_2 为

$$s_2 = s_2' + s_2'' = u_0 \tau_2' + u_0 \tau_2'' - \frac{1}{6} \ddot{x}_{max} \tau_2''^2 \qquad (5-2)$$

在持续制动阶段，其初速度 u_e，减速度为 j_{max}，则持续制动距离 s_3 为

$$s_3 = \frac{u_e^2}{2 j_{max}} = \frac{u_0^2}{2 j_{max}} - \frac{u_0 \tau_2''}{2} + \frac{j_{max} \tau_2''^2}{8} \qquad (5-3)$$

由式（5-2）和式（5-3），可得到制动距离为

$$s = \left[\tau_2' + \frac{\tau_2''}{2} \right] u_0 + \frac{u_0^2}{2 j_{max}} - \frac{j_{max} \tau_2''^2}{24} \qquad (5-4)$$

由于 $\tau_2''^2 \to 0$，可忽略，将 u_0 用 u_{a0} 替代，则

$$s = \frac{1}{3.6} \left[\tau_2' + \frac{\tau_2''}{2} \right] u_{a0} + \frac{u_{a0}^2}{25.92 j_{max}} \qquad (5-5)$$

式（5-5）较为完整地描述了影响汽车制动距离的因素。它们包括汽车制动初速度 u_{a0}、汽车的最大减速度 j_{max}、制动系统协调时间 τ_2'，以及制动力增长时间 τ_2''。附着力越大，起始车速越低，则制动距离就越短。

各种车型制动距离的试验公式见表5-3。

表 5-3　各种车型制动距离的经验公式

机动车类型	制动距离/m		相当减速度/ (m/s^2)
	气压制动系统：气压为 $6 \times 98kPa$ 液压制动系统的踏板力：有增压、加压器的为 $35 \times 9.8N$；无增压、加力器的为 $60 \times 9.8N$ 车辆空载	气压制动系统：气压为 $7 \times 98kPa$ 液压制动系统的踏板力：有增压、加压器的为 $40 \times 9.8N$；无增压、加力器的为 $70 \times 9.8N$ 车辆满载	
小型汽车	$S = 0.05 u_0 + \dfrac{u_0^2}{190}$	$S = 0.055 u_0 + \dfrac{u_0^2}{190}$	7.4
中型汽车	$S = 0.055 u_0 + \dfrac{u_0^2}{160}$	$S = 0.06 u_0 + \dfrac{u_0^2}{160}$	6.2
大型汽车	$S = 0.6 u_0 + \dfrac{u_0^2}{142}$	$S = 0.07 u_0 + \dfrac{u_0^2}{142}$	5.5
转向盘式拖拉机	$S = 0.08 u_0 + \dfrac{u_0^2}{105}$	$S = 0.11 u_0 + \dfrac{u_0^2}{105}$	4.0

制动距离有时也用良好路面条件下，汽车以 100km/h 的初速度制动到停车的最短距离来表示。表5-4 为几种车型由初速度 100km/h 减速到 0 的制动距离。

表 5-4　几种车型由初速度 100km/h 减速到 0 的制动距离

车型	捷达	别克 GL8	桑塔纳 2000	帕萨特	奥迪 A6 1.8T	宝来 1.8T	宝马 745i
制动距离/m	48.8	45.8	45	43.9	42.3	40	37.1

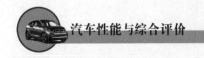

5.1.2 制动效能的恒定性

制动效能的恒定性是指汽车抗制动效能下降的能力，包括抗热衰退和水衰退的能力。

汽车高速行驶或下长坡连续制动时制动效能保持的程度，称为抗热衰退性能。因为制动过程实际上是把汽车行驶的动能通过制动器吸收转换为热能，所以制动器温度升高后，能否保持在冷状态时的制动效能已成为设计制动器时要考虑的一个重要问题。此外，涉水行驶后，制动器还存在水衰退问题。

（1）热衰退 制动器的摩擦力矩是由其摩擦副产生的摩擦力形成的，摩擦衬片对摩擦性能起着决定性作用。汽车在高速下制动或短时间内连续制动，尤其是在下长坡连续制动时，可能由于制动器温度过高、摩擦系数下降而导致制动效能降低，这种现象称为制动效能的热衰退。这是因为制动时，当摩擦衬片温度超过压制时的温度后，衬片中的有机物会分解出一些气体和液体，它们覆盖在摩擦表面起润滑作用，导致摩擦系数下降。新使用的摩擦衬片在使用的初期，产生的气体较多，摩擦系数也会大幅下降。

用来评价制动器热衰退程度的指标是热衰退率。热衰退率是指在产生相同制动效能的条件下，制动器冷状态所需的操纵力（制动系统压力）与热状态下所需的操纵力之比。

注意 热衰退对制动效能的影响程度与制动器的结构类型有关。鼓式制动器和盘式制动器结构如图5-2所示，不同结构类型的制动器在不同摩擦系数下，其制动效能因数的变化如图5-3所示。由图看出，自行增力作用大的鼓式制动器热衰退现象严重；而盘式制动器变化相对较小，即热稳定性较好。

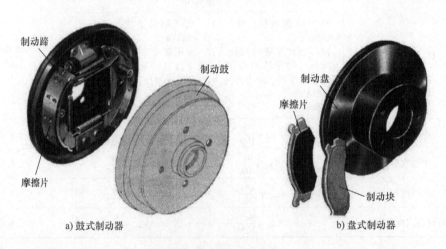

制动蹄 　制动鼓 　制动盘 　摩擦片

摩擦片 　制动块

a) 鼓式制动器 　　　　b) 盘式制动器

图5-2 鼓式制动器和盘式制动器结构

制动器发生热衰退后，汽车经过一定时间的行驶和一定次数的和缓制动使用，由于散热作用，制动器的温度下降，摩擦材料表面得到磨合，制动器的制动力可以重新提高，称为热恢复力。试验表明，鼓式制动器的热衰退程度比盘式制动器严重，在热恢复时，盘式制动器的散热效果好，热恢复也较快，如图5-4所示。

摩擦副的材料是影响热衰退的另一个重要原因，为提高制动器的热稳定性，除了对摩擦材料的成分和制造工艺进行改进外，对于高性能轿车或行驶条件恶劣的载货汽车，最好使用热稳定性好的金属摩擦材料。

（2）水衰退　制动器摩擦表面浸水后，将会因水的润滑作用使其摩擦系数下降，并使制动效能降低，称为制动效能水衰退。若水衰退发生在汽车一侧车轮的制动器上，则会造成左、右车轮制动力不等，使汽车制动时的方向稳定性变差。

汽车制动时产生的热量可使摩擦片干燥，因而制动器浸水后，经过若干次（一般为5～15次）制动后，制动器可逐渐恢复浸水前的性能，称为水恢复。水衰退程度可用浸水后的制动效能与浸水前的制动效能的比值（%）来反映。

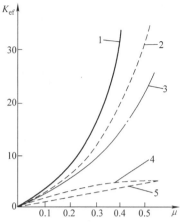

图 5-3　制动效能因数曲线
1—双向自动增力蹄制动器　2—双增力蹄制动器　3—增、减力蹄制动器
4—双减力制动器　5—盘式制动器

> **注意**　不同的制动器在浸水后制动效能的下降程度及经过若干制动后制动效能的恢复情况各有不同，其水衰退及恢复曲线如图5-5所示。由图可见，盘式制动器的水衰退影响比鼓式制动器小，制动效能的恢复也比较快。其原因是盘式制动器的制动效能因数受摩擦系数下降影响较小；另一方面，盘式制动器的制动盘在旋转时，易于将所附着的水甩出，并且制动块的压力较高，也易于将摩擦衬片上的水分挤出。

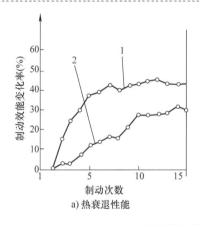

a) 热衰退性能

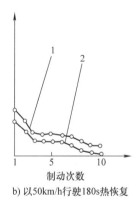

b) 以50km/h行驶180s热恢复

图 5-4　制动器的热衰退和热恢复
1—鼓式制动器　2—盘式制动器

（3）制动初速度的影响　试验表明，汽车的制动效能受到制动初速度的影响。制动初速度提高后，在相同的制动踏板力（制动系统压力）操纵下，制动减速度有所降低，这是在制动过程中摩擦衬片的热衰退效应造成的。分别采用鼓式制动器和盘式制动器的汽车以不同的车速和不同的制动踏板力（液压力）制动时，其减速度的变化情况如图5-6所示。由图可见，采用鼓式制动器时，制动初速度对减速度的影响较为明显；采用盘式制动器时，汽车减速度受到制动初速度的影响较小，制动效能恒定性好。

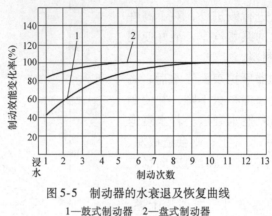

图 5-5　制动器的水衰退及恢复曲线
1—鼓式制动器　2—盘式制动器

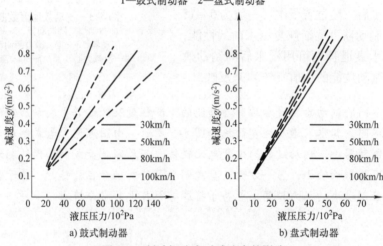

图 5-6　制动初速度对减速度的影响

除上述对制动效能恒定性的影响因素外，在液压制动系统中，制动液在高温下会汽化并在制动管路中形成气泡，影响液压能的传递，使汽车的制动效能降低，甚至造成制动失效，这种现象成为气阻。气阻现象在汽车下长坡多次连续制动时容易发生。

5.1.3　制动时的方向稳定性

制动时的方向稳定性指制动时汽车按照驾驶人给定方向行驶的能力，即是否会发生制动跑偏、侧滑和失去转向能力等。汽车制动时的方向稳定性，常用制动时汽车按给定路径行驶的能力来评价。若制动器发生跑偏、侧滑或失去转向能力，则汽车将偏离原来的路径。

制动过程中有时会出现制动跑偏、侧滑，使汽车失去控制而离开规定行驶方向。汽车在制动过程中维持直线行驶能力，或按预定弯道行驶的能力，称为制动时汽车的方向稳定性。

制动时原期望汽车按直线方向减速停车，但有时汽车却自动向左或向右偏驶，这种现象称为制动跑偏；侧滑是指汽车制动时某一轴的车轮或两轴的车轮发生横向滑动的现象。最危险的情况是在高速制动时，后轴发生侧滑，这时汽车常发生不规则的急剧回转运动，使之部分或完全失去操纵，如图 5-7 所示。

跑偏现象多数是由于技术状况不正常造成的，经过维修调整是可以消除的。产生制动跑偏的主要原因是在制动过程中左、右轮地面制动力增大的快慢不一致，左、右轮地面制动力不等。特别是前轴左、右轮制动力不等，是产生制动跑偏的主要原因，如图 5-8 所示，设前左轮的制动器制动力大于前右轮，故地面制动力 $F_{XLL} > F_{XLR}$，此时，前、后轴分别受到地面侧向反作用力为 F_{Y1} 和 F_{Y2}。显然，F_{XLL} 绕主销的力矩大于 F_{XLR} 绕主销的力矩。此时转向盘不动，由于转向系统各处的间隙及零部件的弹性变形，转向轮仍产生一向左转动的角度而使汽车又轻微地转弯行驶，即跑偏。同理，由于主销后倾，也使 F_{Y1} 对转向轮产生同一方向的偏转力矩，这样也增大了左转的角度。

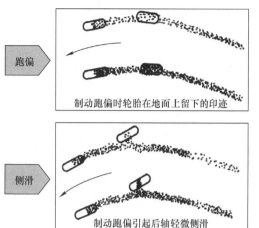

图 5-7 跑偏与侧滑

如图 5-9 所示，用一辆试验车（采用液压制动系统，前后轴的左、右车轮制动泵装有可以调节液压的限压阀，以产生不同的制动力）通过转向盘锁止和不锁止两种情况进行试验，测试制动力不等与制动跑偏的关系。左、右车轮制动力之差用不等度表示，即

$$\Delta F_{\mu r} = \frac{F_{\mu b} - F_{\mu l}}{F_{\mu b}} \times 100\%$$

式中　$F_{\mu b}$——大的制动器制动力，单位为 kN；

　　　$F_{\mu l}$——小的制动器制动力，单位为 kN。

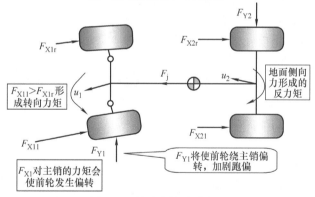

图 5-8　制动跑偏时受力图

试验证明，若前轴左、右制动力之差超过 5% ，后轴左、右制动轮之差超过 10% ，将引起制动跑偏。因此，在制动规范中对测试左、右车轮制动力之差进行了相应的规定，路试要求在紧急制动和点制动过程中均不得出现跑偏现象。试验结果用车身横向位移 ΔS 和航向角 α（制动时汽车纵轴线与原定行驶方向的夹角，单位为 °）来表示。如图 5-9 所示，汽车跑偏程度随着左、右车轮制动力之差的增大而增大。

侧滑产生的原因是在制动过程中，地面制动力达到附着极限后，继续增加制动力车轮将处于抱死拖滑状态，此时，侧向附着系数为零，即该轮抵抗侧向干扰的能力为零，这时，即使车轮受到任何一点侧向力，都会引起沿侧向力方向的滑动。

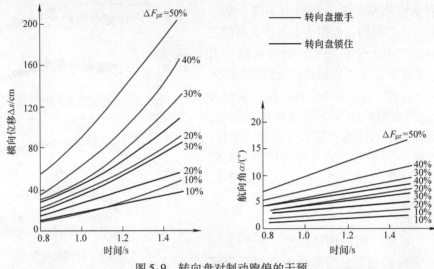

图5-9 转向盘对制动跑偏的干预

> **注意** 紧急制动过程中，常出现一根轴的侧滑。实践证明，后轴侧滑具有很大的危险性，可以使汽车掉头；前轴侧滑对汽车行驶方向改变不大，但是已不能用转向盘来控制汽车的行驶方向。

图5-10a 是前轮抱死拖滑而后轮滚动，并使转向盘固定不动。前轴如受侧向力作用将发生侧滑，因此前轴中点 A 的前进速度 u_A，与汽车纵轴线的夹角为 α，后轴的前进速度 u_B，因后轴未发生侧滑而仍沿汽车纵轴线方向。此时，汽车将发生类似转弯的运动，其瞬时回转中心为速度 u_A、u_B 两垂线的交点 O，汽车做圆周运动时，产生了作用于重心 C 的惯性力 F_j。显然，F_j 的方向与前轴侧滑的方向相反，即 F_j 能起减少或阻止前轴侧滑的作用，从而使汽车处于一种稳定状态。

图5-10b 是前轴滚动、后轴制动到抱死拖滑，如有侧向力作用，后轴将发生侧滑，u_B 与汽车纵轴线夹角为 α，u_A 的方向仍按汽车纵轴线方向。此时汽车也发生回转运动，作用于重心 C 的圆周运动惯性力 F_j，此时却与后轴侧滑方向一致。惯性力加剧后轴侧滑；后轴侧滑又加剧惯性力 F_j，汽车将急剧转动，因

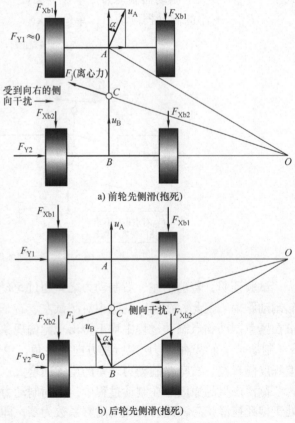

a) 前轮先侧滑(抱死)

b) 后轮先侧滑(抱死)

图5-10 汽车侧滑时的运动状况

此后轴侧滑是一种不稳定状态。

转向能力的丧失是指弯道制动时，汽车不再按原来的弯道行驶而是沿弯道切线方向驶出，以及直线行驶时转动转向盘汽车仍按直线方向行驶的现象。转向能力的丧失和后轴侧滑也是有联系的，一般汽车后轴不会侧滑，前轮就可能丧失转向能力；后轴侧滑，前轮常仍保持转向能力。只有前轮抱死和前轮先抱死时，因侧向力系数为零，不能产生任何地面侧向反作用力，汽车才完全丧失转向能力。

注意 从保证汽车方向稳定性的角度出发，首先，不能出现只有后轴车轮抱死或后轴车轮比前轴车轮先抱死的情况，以防止危险的后轴侧滑。其次，尽量少出现只有前轴车轮抱死或前、后车轮都抱死的情况，以维持汽车的转向能力。最理想的情况就是防止任何车轮抱死，前、后车轮都处于滚动状态，这样就可以确保制动时的方向稳定性。

如何更有效地利用汽车前、后轴制动器制动力，即提高汽车制动系的制动效率，以及如何保证汽车制动时有较好的方向稳定性，这涉及总制动器制动力在前、后轴间分配的问题。

注意 综合考虑制动效能和制动时汽车的方向稳定性，将制动工况划分成如下四种（不考虑跑偏）：

1）最好是具有 ABS，能确保最高的制动效能和最好的方向稳定性，不发生侧滑、不失去转向。

2）前、后轮同时抱死，能实现很高的制动效能和较好的方向稳定性，不发生侧滑（后轮先抱死）、但失去转向。

3）在无法确前、后轮同时抱死时，力争前轮先抱死，这样制动效能较差（后轮抱死慢，地面附着力发挥晚），会失去转向，但不会发生侧滑。

4）最不利的情况就是后轮先抱死，制动效能较差，虽然不会失去转向，但会发生非常危险的侧滑（最危险）。

任务实施

维修技师为客户完成车辆制动性能试验方案设计。在教师的引导下，以小组为单位学习相关技能，并填写下列表格。

1）制动距离和制动稳定性要求。

车辆类型	制动初速度 /（km/h）	满载检验制动距离要求	空载检验制动距离要求	制动稳定性要求,车辆任何部位不得超出试车道宽度/m
座位数≤9 的载客汽车				

2）制动减速度和制动稳定性要求。

车辆类型	制动初速度 /(km/h)	满载检验充分发出的平均减速度/(m·s⁻²)	空载检验充分发出的平均减速度/(m·s⁻²)	制动稳定性要求，车辆任何部位不得超出试车道宽度/m
座位数≤9 的载客汽车				

3）制动性能检验时制动踏板力或制动气压要求。

项目	空载	满载
气压制动系气压表指示气压/kPa		
液压制动系踏板力		

4）各组根据李先生车辆的故障现象搜集恰当的影响因素，并予以分析。

5）对案例进行评述（从学习后的角度进行评述）。

任务引入

陶瓷制动片是从金属陶瓷的原理出发，制动片由于高速大力制动时，在摩擦表面产生高温，据测定，温度可达到 800~900℃，有的甚至更高。在此高温下，制动片表面会发生金属陶瓷烧结类似反应，使制动片在此温度下有良好的稳定性。而传统的制动片在此温度下不会产生烧结反应，由于表面温度急剧升高会使表面物质熔化甚至产生气垫，这就有可能造成连续制动后制动性能急剧降低或者制动效果全失的情况。

问题：汽车的制动性除了与汽车制动片的材料有关，还与什么因素有关？

5.2 影响汽车制动性的因素

5.2.1 汽车结构

1. 摩擦副材料

一般制动器制动鼓为铸铁，摩擦片为无石棉金属合成材料。在制动鼓的合金成分、金相组织、硬度、工艺等要求合格的条件下，摩擦片对摩擦性能起决定作用。在连续强烈制动及高速制动的情况下，摩擦片温度过高，其内含的有机物发生分解，产生了一些气体和液体。它们在两接触面间形成有润滑作用的薄膜，使摩擦系数下降，而出现了热衰退现象。如图5-11所示为温度对摩擦副的影响。无石棉摩擦材料（如粉末冶金材料）制成的摩擦片具有热稳定性高、寿命长、重量轻等优点，已成为摩擦片的主流材料。

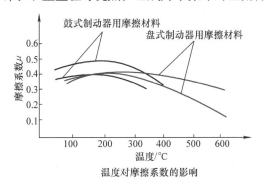

温度对摩擦系数的影响

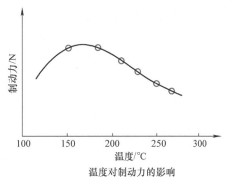

温度对制动力的影响

图 5-11　温度对摩擦副的影响

2. 制动器结构

制动器的结构对抗热衰退的能力有较大的影响。常用制动器效能因数与摩擦系数的关系曲线来说明各种制动器的效能及其稳定程度。制动器效能因数 K_{ef} 是单位制动泵推力 F_P 所产生的制动器摩擦力 F，即 $K_{ef} = \dfrac{F}{F_P} = \dfrac{T_u}{F_p r}$。

图 5-12 是具有典型尺寸的各种型式制动器制动效能因数与摩擦系数的关系曲线。由图可知：双向自动增力蹄及双增力蹄式制动器，由于其结构上的几何力学关系产生增力作用，具有较大的制动效能因数。摩擦系数变大时，制动效能按非线性关系迅速增加。故摩擦系数的微小变化，能引起制动效能的大幅度改变，即制动器工作的稳定性差。双减力蹄式制动器因为有减力作用，制动效能因数低，但制动效能因数随摩擦系

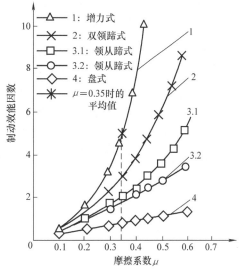

图 5-12　各种型式制动器制动效能
因数与摩擦系数的关系曲线

数变化而改变的量很小，即稳定性较好。增减力蹄式介于两者之间。

> **注意**　这里特别要指出的是盘式制动器。盘式制动器的制动效能没有鼓式制动器的大，但其稳定性最好。高强度制动时摩擦系数虽因热衰退而有所下降，但对制动效能的影响却不大。

3. 轮胎

（1）轮胎结构　子午线轮胎接地面积大、单位压力小、滑移小、胎面不易损耗，制动力系数较高。轿车普遍采用宽断面、低气压的子午线轮胎。

（2）胎面花纹　如图5-13、图5-14所示，在良好平整的沥青路面上，对于有胎面花纹

的轮胎，其附着性能比无胎面花纹光整的轮胎要好得多。另外，车速对附着系数的影响较大，附着系数的数值主要取决于道路的材料、路面的状况与轮胎的结构、胎面的花纹、材料及汽车的车速等因素。通常，附着系数的最大值称为峰值附着系数 φ_p，而汽车抱死滑动时所对应的附着系数称为滑动附着系数 φ_s。图 5-13、5-14 是三种轮胎面花纹的轮胎在四种潮

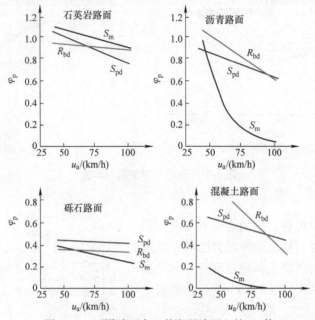

图 5-13　不同胎面在四种潮湿路面上的 φ_p 值

S_m—无花纹的光面胎；R_{bd}—有沟槽的胎面；S_{pd}—有沟槽且有小切缝的胎面

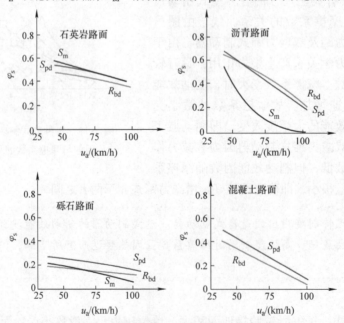

图 5-14　不同胎面在四处潮湿路面上的 φ_s 值

S_m—无花纹的光面胎；R_{bd}—有沟槽的胎面；S_{pd}—有沟槽且有小切缝的胎面

湿路面上测得的 φ_p 和 φ_s 值。可以看出来，在良好平整的沥青路面上，有花纹的轮胎，其附着性能比无花纹的轮胎要好得多；在排水能力强的石英岩路面上，不同胎面的差别很小。

> **注意** 轮胎的磨损会影响它的附着能力，随着胎面花纹深度的减小，它的附着系数将有显著下降。路面的结构排水能力对附着系数也有很大影响。为了增加路面潮湿时的附着能力，路面的宏观结构应具有一定的自动排水能力，路面的微观结构应是粗糙且有一定的尖锐棱角，以穿透水膜让路面与胎面直接接触，增大轮胎与地面的接触面会提高附着能力。因此，低气压、宽断面和子午线轮胎的附着系数要比一般轮胎高。

5.2.2 驾驶因素与路面条件

1. 制动器起作用的时间

由图 5-1 可知，制动器起作用的时间一方面取决于驾驶人踩制动踏板的速度，更重要的是受制动器结构形式与维修质量的影响。当以初速度 $u_{a0} = 110\text{km/h}$ 制动时，1s 时间汽车行驶的距离 $S = 30\text{m}$；如果驾驶人踩制动踏板的速度及消除制动器间隙的时间减少 0.2s，制动距离可缩短 6m，制动性能将大大提高。表 5-5 给出了助力装置对制动性能的影响，通过助力装置缩短制动器起作用的时间，从而提升制动性能。

表 5-5 装用不同助力装置时 CA770 轿车的制动距离

性能指示 制动系形式	制动时间/s	制动距离/s	最大制动减速度 /(m/s)
真空助力制动系统	2.12	12.25	7.25
压缩空气—液压制动系统	1.45	8.25	7.65

2. 起始制动车速 u_{a0}

如图 5-15 所示，起始制动车速 u_{a0} 越大，制动距离越长。图 5-16 是关于车速对制动力系数曲线的影响的示意图，车速越大，附着系数越小。

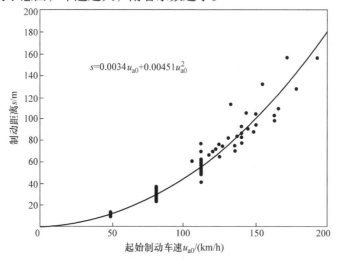

$$s = 0.0034 u_{a0} + 0.00451 u_{a0}^2$$

图 5-15 起始制动车速对制动性能的影响统计

3. 汽车制动时的受力

（1）汽车制动的产生　汽车受到与行驶方向相反的外力时，才能从一定的速度制动到较小的车速或直至停车。这个外力只能由地面和空气提供。但空气阻力相对较小，实际上外力主要是由地面提供的，称为地面制动力（F_{xb}）。地面制动力（F_{xb}）越大，制动减速度（a_b）越大，制动距离（s）也越短，因此地面制动力对汽车制动性具有决定性影响。图 5-17 为在良好的硬路面上制动时，车轮的受力情况。

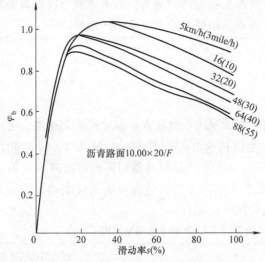

图 5-16　车速对制动力系数曲线的影响　　　　图 5-17　车轮在制动时的受力

图中滚动阻力矩和减速时的惯性力、惯性力矩均忽略不计。F_{xb} 为地面制动力，W 为车轮垂直载荷，F_P 为车轴对车轮的推力，F_z 为地面对车轮的法向反作用力，它们的单位均为 N。从力矩平衡得

$$F_{xb} = \frac{T_\mu}{r} \tag{5-6}$$

式中　r——车轮半径（m）。

地面制动力是使汽车制动而减速行驶的外力，但是，地面制动力取决于两个摩擦副的摩擦力：一个是制动器摩擦副间的摩擦力；另一个是轮胎与地面间的附着力。

（2）制动器制动力　在轮胎周缘为了克服制动器摩擦力矩所需的力称为制动器制动力，以符号 F_μ 表示。它相当于把汽车架离地面，并踩住制动踏板，在轮胎周缘沿切线方向推动车轮直至它能转动所需的力，显然

$$F_\mu = \frac{T_\mu}{r} \tag{5-7}$$

式中　T_μ——制动器的摩擦力矩，单位为 N·m。

> **注意**　由此可知，制动器制动力是由制动系统的设计参数所决定的，即取决于制动器型式、尺寸、摩擦系数、车轮半径。它与制动系统的油压或气压成正比。也可以这样说，在制动系统一定的情况下，制动踏板力越大，获得的制动器制动力越大。

某四座轿车的试验测试，如图 5-18 所示，在制动系统一定的情况下，制动器的制动力随着踏板力的增大而增大。

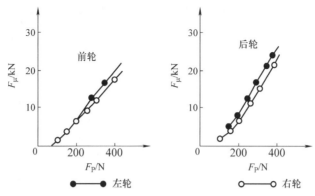

图 5-18　某四座轿车的制动器制动力与踏板力的关系曲线

（3）地面制动力（F_{xb}）、制动器制动力（F_μ）与附着力（F_φ）之间的关系　制动器制动力（F_μ）、地面制动力（F_{xb}）及附着力（F_φ）三者的关系如图 5-19 所示。由图可见，当制动踏板力 F_P 或制动系液压力 P 上升时，地面制动力（F_{xb}）等于制动器作用力（F_μ）并正比例增大。而当地面制动力（F_{xb}）达到附着力 F_φ 值后，就不再增加了，车轮即抱死不转而出现拖滑现象。制动液压力 $p > p_\alpha$ 时，制动器制动力 F_μ 可以继续按线性增长（取决于制动系统的情况）。此时若想提高地面制动力，以使汽车具有更大的制动效能，只有提高附着系数（ABS 调节）。

由此可见，汽车的地面制动力，首先取决于制动器制动力，但同时又受到地面附着条件的限制。因此，只有汽车具有足够的制动器制动力，同时，地面又能提供高的附着力时，才能获得足够的地面制动力。

4. 路面条件

路面状况主要通过附着系数进行描述，制动时若能使滑动率保持在较低值便可获得较大的附着系数与较高的侧向力系数，如图 5-20 所示。这样，制动性能最好，侧向稳定性也很好。附着系数的数值主要取决于道路的材料、路面的状况与轮胎结构、胎面花纹、材料以及汽车运动速度。表 5-6 罗列了不同路面中附着系数。

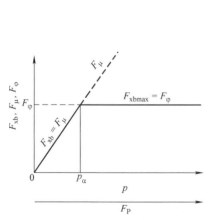

图 5-19　地面制动力、制动器制动力
与附着力之间的关系

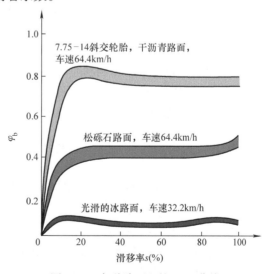

图 5-20　各种路面上的 $\varphi - s$ 曲线

表 5-6　各种路面的平均附着系数

路面	峰值附着系数（φ_P）	滑动附着系数（φ_s）
沥青或混凝土路面	0.8 ~ 0.9	0.75
沥青（湿）	0.5 ~ 0.7	0.45 ~ 0.6
混凝土（湿）	0.7	0.7
砾石	0.6	0.55
土路（干）	0.68	0.65
土路（湿）	0.55	0.4 ~ 0.5
雪（压紧）	0.2	0.15
冰	0.1	0.07

5.2.3　制动力分配

1. 抱死对汽车制动性能的影响

汽车前后制动器制动力分配的比例要考虑载荷情况及道路附着系数和坡度等因素。当制动器制动力足够时，制动过程中可能出现以下三种情况：

1）前轮先抱死拖滑，然后后轮抱死拖滑。

2）后轮先抱死拖滑，然后前轮抱死拖滑。

3）前、后轮同时抱死拖滑。

由上分析可知，第一种情况是稳定工况，但

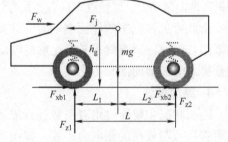

图 5-21　制动时汽车受力图

在弯道上行驶时，汽车失去转向能力；第二种情况是不稳定工况，使后轴产生侧滑；第三种情况可以避免后轴侧滑，同时前转向轮只有在最大制动强度下，才使汽车丧失转向能力。因此，前、后制动器制动力分配的比例，将影响到汽车制动时的方向稳定性。

图 5-21 是汽车在水平路面制动时的受力情况分析。图中忽略了汽车的滚动阻力矩、空气阻力，以及旋转质量减速时产生的惯性力矩。

对图 5-21 中后轮接地点取力矩，得

$$F_{z1}L = Gb + F_j h_g \tag{5-8}$$

式中　F_{z1}——地面对前轮的法向反作用力，单位为 N；

　　　L——汽车轴距，单位为 mm；

　　　G——汽车重力，单位为 N；

　　　b——汽车重心至后轴线的距离，单位为 mm；

　　　F_j——汽车的惯性力，单位为 N；

　　　h_g——汽车重心高度，单位为 mm。

而

$$F_{xb} = F_{xb1} + F_{xb2}$$

故

$$F_{z1} = \frac{Gb + F_{xb}h_g}{L} \tag{5-9}$$

同理

$$F_{z2} = \frac{Ga - F_{xb}h_g}{L} \tag{5-10}$$

式中　F_{xb}——地面总制动力，单位为 N；

　　F_{xb1}——前轮地面制动力，单位为 N；

　　F_{xb2}——后轮地面制动力，单位为 N；

　　a——重心至前轴线的距离，单位为 mm；

　　F_{z2}——地面对后轮的法向反作用力，单位为 N。

因为

$$F_j = \frac{G}{g}\frac{du}{dt}$$

令 $z = \frac{1}{g}\frac{du}{dt}$，称为制动强度且

$$F_{xb} = F_j$$

代入式（5-9）、式（5-10），得

$$\begin{cases} F_{z1} = \dfrac{G}{L}\left(b + \dfrac{h_g}{g}\dfrac{du}{dt}\right) \\ F_{z2} = \dfrac{G}{L}\left(a - \dfrac{h_g}{g}\dfrac{du}{dt}\right) \end{cases} \tag{5-11}$$

若在不同附着系数路面上制动，前、后车轮同时抱死拖滑，此时，$F_{xb} = F_\varphi = \varphi G$ 或 $\dfrac{du}{dt} = \varphi g$。前、后轮的地面法向反作用力为

$$\begin{cases} F_{z1} = \dfrac{G}{L}(b + \varphi h_g) \\ F_{z2} = \dfrac{G}{L}(a - \varphi h_g) \end{cases} \tag{5-12}$$

从式（5-11）和式（5-12）可见，当制动强度或附着系数改变时，前、后车轮的法向反作用力变化是很大的。即地面法向反作用力取决于静态轴荷分配以及制动强度 z（或附着系数）和质心高度 h_g。对于给定的汽车，制动强度 z 越大，轴荷转移越多。

2. 理想的前、后轮制动器制动力分配曲线

所谓理想的前、后轮制动器制动力分配曲线，是指前、后车轮同时抱死拖滑时，前、后制动器制动力 $F_{\mu1}$ 和 $F_{\mu2}$ 的关系曲线，如图 5-22 所示。在任意附着系数值 φ 的路面上，前、后车轮同时抱死的条件是：前、后车轮制动器制动力之和等于附着力，并且前、后车轮制动器制动力分别等于各自的附着力。即

$$F_{\mu1} + F_{\mu2} = \varphi G$$
$$F_{\mu1} = \varphi F_{z1}$$
$$F_{\mu2} = \varphi F_{z2}$$

或

$$F_{\mu1} + F_{\mu2} = \varphi G$$
$$\frac{F_{\mu1}}{F_{\mu2}} = \frac{F_{z1}}{F_{z2}}$$

将式（5-12）代入上式，得

$$F_{\mu1} + F_{\mu2} = \varphi G \tag{5-13}$$

$$\frac{F_{\mu1}}{F_{\mu2}} = \frac{b + \varphi h_g}{a - \varphi h_g} \tag{5-14}$$

由式（5-13）中消去参变量 φ，即得

$$F_{\mu2} = \frac{1}{2}\left[\frac{G}{h_g}\sqrt{b^2 + \frac{4h_g L}{G}F_{\mu1}} - \left(\frac{Gb}{h_g} + 2F_{\mu1}\right)\right] \tag{5-15}$$

将式（5-14）画成曲线，即前、后车轮同时抱死时，前、后制动器制动力的关系曲线——理想的前、后制动器制动力分配曲线，简称 I 曲线，如图 5-22 所示。

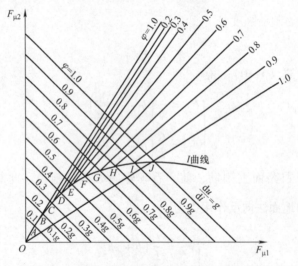

图 5-22　理想的前、后制动器制动力分配曲线

I 曲线可采用作图法直接获得。方法如下：

1）在已建立如图 5-22 所示的 $F_{\mu2}$ - $F_{\mu1}$ 坐标系上，将式（5-13）取不同 φ 值（$\varphi = 0.1，0.2，0.3，\cdots，1.0$）作图，得到一组与坐标轴成 45° 的平行线。每根直线上任意一点的纵坐标与横坐标读数之和——总制动力为一常数，因此总制动力产生的减速度也是常数。故此线组称为等制动力线组或等减速度线组。直线与纵坐标（或横坐标）的交点，即为在该附着系路面上，汽车的最大制动器制动力 $F_{\mu\max}$。

2）将式（5-14）取不同 φ 值（$\varphi = 0.1，0.2，0.3，\cdots，1.0$）代入，作图画在图 5-22上，得到一组通过坐标原点但斜率不同的射线束。

3）分别在上述两组直线中，找出对应于某一 φ 值的两条直线。这两条直线的交点，便是满足式（5-13）和式（5-14）两式的 $F_{\mu1}$ 和 $F_{\mu2}$ 值。把这两组直线对应于不同 φ 值的交点 A、B、C……连接起来，便得理想的前、后制动器制动力分配曲线。

可见，曲线上任意一点，代表在该附着系数路面上前、后制动器制动力应有的数据。因此，只要给定汽车总重力 G，以及汽车重心的位置（a、b、h_g），就能作出该车的制动器制动力理想分配曲线。

3. 具有固定比值的前、后制动器制动力及同步附着系数

一般两轴汽车的前、后制动器制动力之比为一固定常值。常用前制动器制动力与汽车总制动器制动力之比——制动器制动力分配系数 β 来表明分配的比例。即

$$\left.\begin{array}{l} \beta = \dfrac{F_{\mu1}}{F_\mu} \\[2mm] F_\mu = F_{\mu1} + F_{\mu2} \end{array}\right\} \tag{5-16}$$

式中　$F_{\mu1}$——前制动器制动力，单位为 N；

　　　F_μ——汽车总制动器制动力，单位为 N；

　　　$F_{\mu2}$——后制动器制动力，单位为 N。

$$\frac{F_{\mu1}}{F_{\mu2}} = \frac{\beta}{1-\beta} \tag{5-17}$$

则 $F_{\mu2} = \beta(F_{\mu1})$ 为一直线，此直线通过坐标原点，且其斜率为

$$\tan\theta = \frac{1-\beta}{\beta} \tag{5-18}$$

这条直线称为实际前、后制动器制动力分配线，简称 β 线。

图5-23 为某车的 β 线与 I 曲线，两线交点对应的附着系数值为 0.39。将 β 线与 I 曲线交点处的附着系数，称为同步附着系数 φ_0。

同步附着系数说明：前后制动器制动力分配为固定比值的汽车，只有在同步附着系数的路面上制动时，才能使前后车轮同时抱死。

设汽车在同步附着系数为 φ_0 的路面上制动，此时前、后轮同时抱死拖滑，则由式（5-14）和式（5-17），得

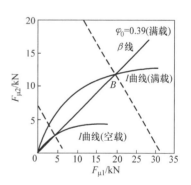

图5-23　某车的 β 线与 I 曲线

$$\frac{F_{\mu1}}{F_{\mu2}} = \frac{b + \varphi_0 h_g}{a - \varphi_0 h_g} = \frac{\beta}{1-\beta}$$

经整理，得

$$\varphi_0 = \frac{L\beta - b}{h_g}$$

或

$$\beta = \frac{\varphi_0 h_g + b}{L} \tag{5-19}$$

式中　L——轴距，$L = a + b$。

可见，确定了制动器制动力分配系数 β，就能确定同步附着系数 φ_0；反过来如给出同步

附着系数 φ_0，就能得到制动器制动力在前、后轴上的分配。

5.2.4 制动辅助装置

1. 防抱死制动系统

防抱死制动系统（Anti - lock Braking System，ABS）通过安装在车轮上的传感器发出车轮将被抱死的信号，控制器指令调节器降低该车轮制动缸的油压，减小制动力矩，经一定时间后，再恢复原有的油压，不断地这样循环（每秒可达 $5 \sim 10$ 次），始终使车轮处于转动状态而又有最大的制动力矩。没有安装 ABS 的汽车，在行驶中如果用力踩下制动踏板，车轮转速会急速降低，当制动力超过车轮与地面的摩擦力时，车轮就会被抱死，完全抱死的车轮会使轮胎与地面的摩擦力下降。如果前轮先抱死，驾驶人就无法控制车辆的行驶方向；如果后轮先抱死，就极容易出现侧滑现象。需要注意的是，在遇到紧急情况时，制动踏板一定要踩到底才能激活 ABS，这时制动踏板会有一些抖动，有时还会有一些声音，但此时不能松开制动踏板，这表明 ABS 开始起作用了。

（1）ABS 分类　可以按生产厂家分类或按控制通道分类，一般按通道分类。

在 ABS 中，对能够独立进行制动压力调节的制动管路称为控制通道。ABS 装置的控制通道分为四通道式、三通道式、二通道式和一通道式。

1）四通道 ABS 有四个轮速传感器，在通往四个车轮制动分泵的管路中，各设一个制动压力调节器装置，进行独立控制，构成四通道控制形式。但是如果汽车左右两个车轮的附着系数相差较大（如路面部分积水或结冰），制动时两个车轮的地面制动力就相差较大，因此会产生横摆力矩，使车身向制动力较大的一侧跑偏，不能保持汽车按预定方向行驶，会影响汽车的制动方向稳定性。因此，在部分结冰或积水等湿滑的路面行车时，应降低车速，不可盲目迷信 ABS 装置。

2）三通道 ABS 是对两前轮进行独立控制，两后轮按低选原则进行一同控制（即两个车轮由一个通道控制，以保证附着力较小的车轮不抱死为原则），也称混合控制。桑塔纳 2000GSi 就是用的这种 ABS 装置。

性能特点：两后轮按低选原则进行一同控制时，可以保证汽车在各种条件下左右两后轮的制动力相等，即使两侧车轮的附着系数相差较大，两个车轮的制动力都限制在附着力较小的水平，使两个后轮的制动力始终保持平衡，保证汽车在各种条件下制动时都具有良好的方向稳定性。

对两前轮进行独立控制，主要考虑小轿车，特别是前轮驱动的汽车，前轮的制动力在汽车总制动中所占的比例较大（可达70%左右），可以充分利用两前轮的附着力。但由于两前轮制动力不平衡对汽车行驶方向稳定性影响相对较小，而且可以通过驾驶人的转向操纵对由此产生的影响进行修正。因此，三通道 ABS 在小轿车上被普遍采用。

3）二通道 ABS 难以在方向稳定性、转向控制性和制动效能各方面得到兼顾，目前采用很少。

4）一通道 ABS 也称单通道 ABS，它是在后轮制动器总成中设置一个制动压力调节器，在后桥主减速器上安装一个轮速传感器（也有在后轮上各安装一个）。

（2）工作原理　图 5-24 所示为 ABS 工作原理示意图，在制动时，ABS 根据每个轮速传感器传来的速度信号，可迅速判断出车轮的抱死状态，关闭开始抱死车轮上面的常开输入电磁阀，让制动力不变，如果车轮继续抱死，则打开常闭输出电磁阀，这个车轮上的制动压力由于出现直通制动液储液罐的管路而迅速下移，防止了因制动力过大而将车轮完全抱死。让制动状态始终处于最佳点（滑移率 s 为 20%），制动效果最好，行车最安全。

汽车减速后，一旦 ABS 控制单元 ECU 检测到车轮抱死状态消失，它就会让主控制阀关闭从而使系统转入普通的制动状态下进行工作。如果蓄能器的压力下降到安全极限以下，红色制动故障指示灯和琥珀色 ABS 故障指示灯亮。在这种情况下，驾驶人要用较大的力进行深踩踏板式的制动方式才能对前后轮进行有效的制动。

ABS 通过使趋于抱死车轮的制动压力循环往复地经历保持—减小—增大过程，而将趋于抱死车轮的滑移率控制在峰值附着系数滑移率的附近范围内。在该 ABS 中对应于每一个制动轮缸各有一对进液和出液电磁阀，可由 ABS 控制单元分别进行控制，因此，各制动轮缸的制动压力能够被独立地调节，从而使四个车轮都不发生制动抱死现象。

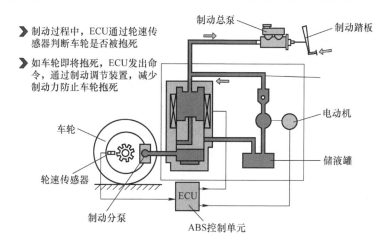

图 5-24　ABS 工作原理示意图

2. 电子制动力分配（Electric Brake – force Distribution，EBD）

（1）EBD 工作原理　在汽车制动时，如果四个车轮附着地面的条件不同，比如，左侧车轮附着在湿滑路面，而右侧车轮附着在干燥路面，四个车轮与地面的摩擦力不同，在制动时（四个车轮的制动力相同）就容易产生打滑、倾斜或侧翻等现象。

EBD 的功能就是在汽车制动的瞬间迅速计算出四个车轮由于附着地面的条件不同而导致的摩擦力数值不同，然后调整制动装置，使其按照设定的程序在运动中高速调整，达到制动力与摩擦力（牵引力）的匹配，以保证车辆的平稳和安全。如果制动系统安装了电子制动力分配系统，其制动力调节后的分配曲线在各种载荷下均能与理想制动力分配曲线靠近，获得较高的制动效能。在紧急制动的时候，如果车轮快要抱死了，那么 EBD 在 ABS 开始介入控制之前就已经平衡了每一个车轮的有效地面抓地力，可以防止出现甩尾和侧移，并缩短汽车制动距离。因此 EBD 实际上是 ABS 的辅助功能，有它才能够明显提高 ABS 的效率。

EBD 用高速计算机在汽车制动瞬间，分别对四个车轮附着的不同地面进行感应、计算，得出不同的摩擦力数值，使四个车轮的制动装置在不同的情况用不同的方式和制动力进行制动，并在运动中不断地快速调整，从而保证汽车行驶平稳、安全。EBD 的控制原理如

图 5-25 所示。

（2）EBD 与 ABS 的区别　EBD 相比 ABS 并没有任何硬件上的附加，而只是控制程序、功能上的优化与增强，甚至可以说 EBD 是 ABS 衍生出的辅助功能，在一些汽车的产品说明书上就是以 ABS + EBD 来标明的。除了汽车工程师们在编著电脑运算程式时需耗费一些心血外，是无须过多的硬件投入的。

目前奥迪 A6、奥德赛、毕加索、派力奥、西耶那、马自达、福美来、伊兰特、威

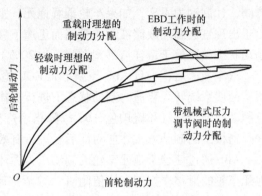

图 5-25　EBD 的控制原理

驰等都已经采用了 EBD 作为标准安全配置以提高产品性能，EBD 装备并不需要太大投入，现在大部分国产低中档轿车也大多配置了这一功能。

3. 电子控制制动辅助

电子控制制动辅助（Electronic Brake Assist，EBA），通过计算机感应驾驶人对制动踏板踩踏的力度与速度。对于正常情况的制动，EBA 判断后不会起作用，当 EBA 发现驾驶人迅速、大力踩踏板时，计算机如果认为是一个突发的紧急事件，便会极快地反应和计算紧急程度，然后立刻自动提供给制动踏板更大的压力，增大制动效果。不仅如此，其施压的速度也远远快于驾驶人，能大大缩短制动距离，增强汽车的安全性。

4. 线控制系统

线控制系统（Brake – by – Wire，BBW），是一种全新的制动模式，一种先进的智能化制动系统。它采用嵌入式总线技术，可以与制动防抱死系统（ABS）、牵引力控制系统（TCS）、电子稳定性控制程序（ES）、主动防撞系统（ACC）等汽车主动安全系统更加方便地协同工作，通过优化微处理中的控制算法精确地调控制动系统的工作过程，提高车辆的制动效果和安全性能。

任务实施

对案例进行评述（从学习后的角度进行评述）。

任务引入

　　汽车在上市前需要专业的测试人员进行汽车性能的测试。在测试时，除了用相关数据表征汽车制动性的好与不好，人的主观感受也是评价汽车制动性好与不好的依据。

　　问题：在进行主观评价时，哪些指标可以作为评判汽车制动性好与不好的依据？

5.3　汽车制动性的主观评价

5.3.1　主观评价指标

　　制动性能是汽车基本性能之一，其重要性体现在它是汽车安全性能的体验。制动性能主观评价指标主要包含了制动效能、制动效能恒定性和制动时汽车的方向稳定性在内的制动基本评价项目，还包含了制动操纵性和制动舒适性这两个方面。

　　（1）直线制动方向稳定性　该指标主要评价汽车在进行直线制动过程中，在不施加转向修正的条件下汽车行驶路线的偏移量，或者为保持行驶路线不变所需要施加的转向盘转角修正量。

　　试验方法：驾驶人需感受汽车在附着系数均一或者有所变化的平坦路面（干燥的沥青路面；潮湿的沥青路面和结冰/积雪路面；预制的沥青—冰层或沥青—塑料膜对开路面；从沥青路面到冰面的对接路面）上进行高速行驶时，以不同的减速度进行直线制动的过程中，行驶路线的偏移程度和转向修正量是否合适；制动过程中车轮不允许抱死，车辆不能出现甩尾现象。

　　（2）对开路面方向稳定性　该评价指标用于评价在制动过程中，在不施加转向修正条件下汽车行驶路线的偏移量和横摆角速度，或者为了保持行驶路线不变所需要施加的转向盘转角修正量。

　　试验方法：在对开路面上汽车以不同的初始速度进行行驶，以不同的减速度进行直线制动过程中，路线偏移和横摆角速度是否适量，汽车横摆响应是否突然。

　　（3）弯道制动方向稳定性　该评价指标用于评价汽车在弯道行驶工况下，不同阶段（入弯、出弯、移线）汽车的制动方向稳定性；横摆响应的建立过程（横摆角、横摆角速度、横摆角加速度）；校正路线偏差所需的转向操纵。

　　试验方法：该试验需在操纵稳定性试验道路、滑移测试道路、高速公路的长弯处和出口等路面进行，要求操纵稳定性试验道路应当平坦、具有均一的附着系数，且带有不同弧度的弯道。在转弯制动过程中，驾驶人需判断由制动引起的路线偏移在一定程度上对驾驶人的驾驶操纵是否有所帮助；在中等制动强度下，汽车是否表现出一定的过度转向趋势；在较大制动强度下，是否出现不足转向趋势。

　　（4）制动踏板力需求　该评价指标用于评价制动踏板力和制动减速度的关系。

　　试验方法：在平坦且附着条件良好的路面上不同减速度下直线制动，判断制动踏板力与

汽车的行驶状态是否相适应。

（5）制动踏板感觉　该评价指标用于评价不同制动减速度以及不同的制动方式（快踩或慢踩）下制动踏板力和踏板行程的关系。

试验方法：在不同的初始速度条件下，车辆分别在平坦且附着条件良好的路面、潮湿路面以及结冰或积雪路面上以不同的减速度进行直线制动，驾驶人对制动踏板感觉是否明显且精确。

（6）ABS 的踏板反馈　该评价指标用于评价装有 ABS 的汽车在制动时踏板力的变化情况以及随之出现的振动和噪声。

试验方法：汽车在不同初始速度下，分别在附着系数均匀或者有所变化的平坦路面（干燥的沥青路面；潮湿的沥青路面和结冰/积雪路面；预制的沥青—冰层或沥青—塑料膜对开路面；从沥青路面到冰面的对接路面）上，以不同减速度直线制动，驾驶人感受制动防滑系统起作用时，是否会产生不舒适的感觉。

（7）踏板运动　该评价指标仅适用于配有 ABS/ESP 的汽车，用于评价配备有 ABS/ESP 的汽车在附着系数有所变化的路面上制动时，制动踏板可能产生的低频振动。

试验方法：汽车在附着系数变化的平坦路面（预制的沥青—冰层或沥青—塑料膜对开路面，以及从沥青路面到冰面的对接路面）上以不同初始速度进行行驶，并以不同减速度进行直线制动时，当 ABS/ESP 起作用时，低频、较大振幅的踏板反作用是否对驾驶人产生不舒适的感觉。

（8）制动俯仰　该评价指标用于评价汽车在制动过程中产生的俯仰角及其随时间的变化情况。这一指标影响制动过程中的舒适性。

试验方法：在不同的初始速度条件下，在平坦且附着条件良好的路面上车辆以不同的减速度进行直线制动时，制动过程中的舒适感觉是否良好。

（9）制动振颤　该评价指标用于评价汽车在制动过程中，因制动力的不均匀性产生的转向盘、座椅和地板组件的振动。

试验方法：汽车在平坦且附着条件良好的路面上以不同制动压力或加速度下的高速直线制动时，驾驶人感受转向盘的扭转振动、垂直振动以及座椅和地板组件的振动是否明显。进行本项指标试验时可进行多次重复试验，充分感觉汽车是否会出现振动现象。另外，由于振动特性会受到制动部件的温度影响，试验应在不同的制动温度下多次进行。

（10）制动噪声　该评价指标用于评价制动过程中，汽车在一定车速范围内发出不同频率的制动噪声。

试验方法：在平坦且附着条件良好的路面上进行高速直线或转弯行驶时，以尽可能大的减速度进行制动，感受制动过程中噪声的大小是否能够被接受。试验时，要求后轴载荷应尽可能小。

（11）制动减速度　该评价指标用于评价汽车制动时能到达的最大制动减速度。进行这一评价需要客观测量工作的配合。

试验方法：试验时在附着系数均一或者有所变化的平坦路面（如干燥的沥青路面；潮湿的沥青路面和结冰/积雪路面；预制的沥青—冰层或沥青—塑料膜对开路面；从沥青路面到冰面的对接路面等）上进行，对于无制动防抱死系统的车辆，在不抱死车轮的前提下以不同初始车速全力制动；对于有制动防抱死系统的车辆，在汽车的可控范围内以最大踏板力全力制动，试验时主要通过对制动初始车速、制动距离、制动减速度的参数进行感受，判断在不同制动条件下，制动减速度是否良好。

（12）制动热稳定性　该评价指标用于评价汽车在连续制动过程中，制动能力和制动踏板感觉的变化情况。

试验方法：在平坦且附着条件良好的路面或下坡路段上在车轮不抱死或有 ABS 作用的情况下，以不同初始车速全力制动，直至停止。试验过程中需要连续并反复地对车辆施加制动。试验可以在平坦的路面以预先设定的初始速度进行，也可以在赛车跑道或下坡山路上进行。测试在驾驶人进行连续制动过程中，车辆的制动能力、踏板行程和踏板感觉的保持程度。此外，试验需要在不同载荷状态下进行。为了更好地描述试验结果，往往需要测量汽车的制动减速度和制动盘的温度。

（13）制动操纵性　该评价指标用于评价汽车制动过程中对驾驶人转向操作的运动响应。对于配备有 ABS 的车辆，汽车能否响应驾驶人的转向操作，以及在低附着路面上全力制动时是否能够控制住汽车。

试验方法：汽车在附着系数均一或者有所变化的平坦路面（干燥的沥青路面；潮湿的沥青路面和结冰/积雪路面；预制的沥青—冰层或沥青—塑料膜对开路面；从沥青路面到冰面的对接路面）上以不同的初始速度进行制动，制动过程中驾驶人对车辆进行转向操纵（如避障或简单的变线行驶），试验过程不允许车轮抱死。驾驶人主要判断在制动过程中对于转向操作的响应与非制动工况下的响应接近程度。

5.3.2　主观评价指标分析

与动力性主观评价指标权重的方法确定相似，文献［15］通过层次分析法所确定的评价项目及指标确定包含目标层、准则层和方案层在内的结构模型，如图 5-26 所示，并且对各层建立恰当的判断矩阵，得到相应的权重，最终得到关于制动性的指标权重见表 5-7。

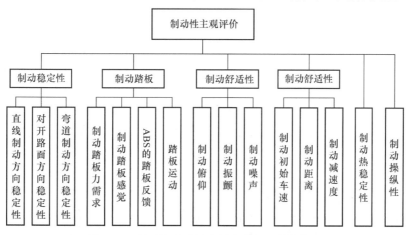

图 5-26　制动性主观评价层次分析法结构模型

5.3.3　实例分析

文献［15］对两辆车 A、B 进行制动性能主观评价测试，得分见表 5-8，蜘蛛图表达如图 5-27 所示。

表 5-7　制动性主观评价权重

目标层	准则层	对目标层权重	方案层	对目标层权重
制动性主观评价	制动稳定性	0.1877	直线制动方向稳定性	0.0775
			对开路面方向稳定性	0.0615
			弯道制动方向稳定性	0.0488
	制动踏板	0.0718	制动踏板需求	0.0248
			制动踏板感觉	0.0147
			ABS 系统的踏板反馈	0.0175
			踏板运动	0.0147
	制动舒适性	0.3333	制动俯仰	0.0121
			制动振颤	0.0362
			制动噪声	0.0362
	制动减速度	0.4491	制动初始车速	0.0898
			制动距离	0.1796
			制动减速度	0.1796
	制动热稳定性	0.1015	制动热稳定性	0.1015
	制动操纵性	0.1054	制动操纵性	0.1054

表 5-8　制动性试验得分表

试验指标	行驶路面/行驶工况	权重	车辆 A 评分	得分	车辆 B 评分	得分
直线制动方向稳定性	潮湿的沥青路面	0.0775	7	0.5425	6.75	0.1236
对开路面方向稳定性	—	0.0615	—	0	—	0
弯道制动方向稳定性	平坦具有均一附着系数且带有不同弧度的弯道	0.0488	7	0.3416	5.75	0.0438
制动踏板力需求	不同减速度下直线制动	0.0248	7	0.1736	6.75	0.1446
制动踏板感觉	湿玄武岩路面	0.0147	7	0.1029	6	0.0606
ABS 的踏板反馈	湿玄武岩路面	0.0175	7	0.1225	6.75	0.1347
踏板运动	直线制动	0.0147	7	0.1029	6.75	0.1589
制动俯仰	高速时制动	0.0121	6.75	0.081675	5.75	0.6825
制动振颤	高速直线制动	0.0362	7.25	0.2625	5	0.2606
制动噪声	高速直线行驶时最大减速度制动	0.0362	7.25	0.2625	5	0.4137
制动初始车速	—	0.0898	—	0	—	0.3910
制动距离	沥青 - 玄武岩对开	0.1796	6.75	1.2123	6.5	0.5291
制动减速度	沥青 - 玄武岩对开	0.1796	6.75	1.2123	6.5	0.6652
制动热稳定性	平坦且附着条件良好的路面	0.1015	6.75	0.6851	6.25	0.0789
制动操纵性	湿玄武岩路面	0.1054	6.75	0.7115	5.75	0.1189
	试验对项目评分		A 车	6.5	B 车	6
	层次分析法得分		A 车	5.8138	B 车	5.2835

注："—"标记为未做试验。

通过制动性权重可知，评价员更为看中制动热稳定性，其次为制动振颤、制动噪声和制

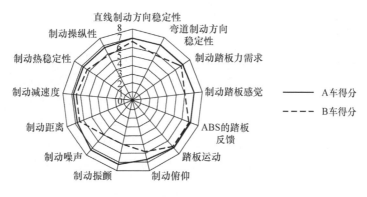

图 5-27 制动性得分蜘蛛图

动减速度。说明对于车辆制动性的评价过程中，主观评价更加侧重于从车辆制动安全方面进行评价。

从蜘蛛图上可以看到，A、B 两车的制动性能接近，踏板感受程度皆偏低，但两车的制动减速度指标都很好。

A 车制动性能总体表现一般，在干燥道路上制动性能良好，稳定性良好，操作性略有迟缓，低速时制动俯仰较小，无不适感，但高速时有较强不适感，制动踏板感受较强，ABS 小有噪声；在潮湿的玄武岩及对接、对开路面上制动稳定性降低，方向稳定性一般，制动踏板感觉略降低。

B 车制动性能总体表现一般偏下，在干燥道路上制动性能一般偏弱，稳定性一般偏弱，响应较为迟缓，低速时制动俯仰较小，中高速时较强，具有不适感，ABS 制动振颤很强烈，地板抖动，噪声大，制动力踏板表现一般偏弱，精确程度不足；在潮湿的玄武岩及对接、对开路面上制动稳定性急剧减弱，制动距离远大于 A 车，在弯道制动过程中，不稳定性极强。

在试验过程中能够明显感受到 A 车制动时的舒适感要强于 B 车，且稳定性也更良好，在长距离多次制动后，A 车的制动热衰退性也强于 B 车。

任务实施

对案例进行评述（从学习后的角度进行评述）。

课后拓展

Brembo（布雷博）公司是一家意大利从事高性能制动器系统和部件的工程设计、开发和制造的厂商，它所推出的产品在全球市场上占有率高达 60%。意大利 Brembo 公司以独有的先进技术生产高性能的制动系统而享誉全球，并为世上著名高级汽车生产商所采用。1975年，法拉利开始在它的 Fl 赛车上装备 Brembo 的制动系统，之后阿斯顿·马丁、雪佛兰、玛莎拉蒂和保时捷都开始装备 Brembo 制动系统。自 20 世纪 80 年代起，Brembo 的创新铝合金制动盘（Calipers 俗称"鲍鱼"）已为保时捷、奥迪、奔驰、宝马、日产、大众等欧日名车采用。

Brembo 出品的制动系统有一个很大的特点，就是较为渐进的制动反应，不会像其他品牌的特性，对悬架要求过分强硬，即使一些稍微改装过套装避振系统的车型也不会在制动时出现太大点头状况。当然前提是要选择好适合自己车辆的型号，例如不超过 200 马力的车辆，选择 LOTUS 小型四活塞卡钳，再搭配上相应的制动盘便可以了；不超过 400 马力的中大型跑车或者改装车，F50 大型四活塞卡钳就基本可以满足大部分车主的要求；对于那些动则 500~600 马力的重度改装车型或者车身较重的 SUV 之类，六活塞制动肯定是不二之选；最后是怪兽机机器，例如那些 800 马力的 SUPRA、1000 匹的 GT-R，没有八个活塞的制动卡钳也难按捺得住。

本章小结

1. 制动性的评价指标：制动效能（制动距离和制动减速度）、制动效能的恒定性（包括抗热衰退和水衰退的能力）、制动时的方向稳定性（是否会发生制动跑偏、侧滑和失去转向能力）。

2. 制动器制动力 F_μ、地面制动力 F_{xb} 及附着力 F_φ 之间的关系：制动器制动力 F_μ 可以随制动系。油压的增大而增大，而地面制动力 F_{xb} 在达到附着力 F_φ 的值后，就不再增加了。即汽车的地面制动力 F_{xb}，首先取决于制动器制动力 F_μ，但同时又受到地面附着条件的限制。

3. 汽车制动过程分析：驾驶人反应时间 τ_1、制动器起作用时间 τ_2、协调时间 τ'_2、制动力增长时间 τ''_2、持续制动时间 τ_3。

4. 制动距离 $S = \dfrac{1}{3.6}\left[\tau''_2 + \dfrac{\tau''_2}{2}\right]u_{ao} + \dfrac{u_{ao}^2}{25.92 j_{max}}$

5. 制动效能的恒定性：抵抗热衰退的能力，常用一系列连续制动后，制动效能与冷制动时相比较下降的程度来表示。制动器的热衰退和制动器摩擦副材料以及制动器结构有关。汽车涉水后，由于制动器被水浸湿，制动效能也会降低，这种现象称为制动效能的水衰退现象。

6. 制动跑偏：制动时原期望汽车按直线方向减速停车，但有时汽车却自动向左或向右偏驶的现象。产生制动跑偏的主要原因是在制动过程中，左、右车轮地面制动力增大的快慢不一致，左、右车轮地面制动力不等。特别是前轴左、右车轮制动力不等，是产生制动跑偏的主要原因。

7. 制动侧滑：侧滑是指汽车制动时，某一轴的车轮或两轴的车轮发生横向滑动的现象。侧滑产生的原因，是在制动过程中，地面制动力达到附着极限后，继续增加制动力，车轮将处于抱死拖滑状态，此时，侧向附着系数为零，即该车轮抵抗侧向干扰的能力为零，这时，即使车轮受到任何一点侧向力，都会引起沿侧向力方向的滑动。实践证明，后轴侧滑具有很大的危险性；前轴侧滑对汽车行驶方向改变不大，但是已不能用转向盘来控制汽车的行驶方向。

8. 制动时，前、后车轮的地面法向反作用力：$\begin{cases} F_{z1} = \dfrac{G}{L}(b + \varphi h_g) \\ F_{z2} = \dfrac{G}{L}(a - \varphi h_g) \end{cases}$

9. 理想的前、后车轮制动器制动力分配曲线（I 曲线）：指前、后车轮同时抱死拖滑时，前、后制动器制动力 $F_{\mu 1}$ 和 $F_{\mu 2}$ 的关系曲线。只要给定汽车总重力 G 以及汽车重心的位置 $(a$、b、$h_g)$，就能作出该车的制动器制动力理想分配曲线。

10. 制动器制动力分配系数 β：前制动器制动力与汽车总制动器制动力之比 $\beta = \dfrac{F_{\mu 1}}{F_\mu}$。

11. 实际前、后制动器制动力分配线（β 线），$\dfrac{F_{\mu 1}}{F_{\mu 2}} = \dfrac{\beta}{1 - \beta}$，则 $F_{u2} = \beta(F_{\mu 1})$ 为一直线，此直线通过坐标原点，且其斜率为 $\tan\theta = \dfrac{1 - \beta}{\beta}$。

12. 同步附着系数 φ_0：β 线与 I 曲线交点处的附着系数，$\varphi_0 = \dfrac{L\beta - b}{h_g}$。同步附着系数说明：前后制动器制动力分配为固定比值的汽车，只有在同步附着系数的路面上制动时，才能使前后车轮同时抱死。

13. 同步附着系数 φ_0 的选择：同步附着系数是根据车型和使用条件来选择的。轿车的行驶车速较高，高速下后轴侧滑是十分危险的，因此一般采用较高的同步附着系数；对货车而言，由于车速较低，制动时后轴侧滑的危险性较少，但在较滑的路面上制动时，汽车可能丧失转向能力，同步附着系数可能很低，但由于道路条件的改善和汽车行驶速度的提高，货车同步附着系数呈现提高的趋势；轻型越野汽车常选择较高的同步附着系数。

14. 制动辅助技术有 ABS、EBD、EBA 和 BBW 等。

15. 制动性能主观评价指标主要包含了制动效能、制动效能恒定性和制动方向稳定性在内的制动性能基本评价项目之外，还包含制动操纵性和制动舒适性这两个方面的评价。

16. 对于汽车制动性能的主观评价，更加侧重于从车辆制动安全方面进行评价。

【复习思考题】

1. 在非常光滑的路面上紧急制动，车轮会如何运动？

2. 下表为 CA700 轿车的制动系统由真空助力改为压缩空气液压助力后的制动试验结果。试由表中所列数据估算 $\tau'_2 + \dfrac{1}{2}\tau''_2$ 的数值，说明制动器作用时间的重要性。提示：用简化的制动距离公式进行计算。

性能指标	制动时间/s	制动距离/m	最大减速度/(m/s²)
真空助力制动系统	2.12	12.25	7.25
压缩空气-液压制动系统	1.45	8.25	7.65

注：起始制动速度均为30km/h。

3. 简要叙述 ABS 的作用。

4. 轿车多采用盘式制动器，盘式制动器与鼓式制动器相比，有哪些优点？

5. 制动时前轮先抱死和后轮先抱死对方向稳定性分别有何影响？

第6章 Chapter 6

汽车操控稳定性与评价

学习目标

◎ 掌握汽车操控稳定性的基本内容及评价所用的物理量；
◎ 掌握影响汽车操控稳定性的因素（理论分析）；
◎ 掌握提高汽车操控稳定性的各种配置。

技能要求

◎ 能运用汽车操控稳定性的相关理论分析汽车的稳定性；
◎ 能描述汽车的各参数及配置对汽车操控稳定性的影响；
◎ 能运用主观评价法对汽车的操控稳定性进行评价。

知识点阐述

汽车在行驶过程中，会碰到各种复杂的情况，有时沿直线行驶，有时沿曲线行驶。在出现意外情况时，驾驶人还要做出紧急的转向操作，以求避免事故。此外，汽车还要经受来自地面不平、坡道、大风等各种外部因素的干扰。一辆操控性能良好的汽车必须具备以下的能力：

根据道路、地形和交通情况的限制，汽车能够正确地遵循驾驶人通过操纵机构所给定的方向行驶的能力——汽车的操控性。

汽车在行驶过程中具有抵抗力图改变其行驶方向的各种干扰，并保持稳定行驶的能力——汽车的稳定性。

操控性和稳定性有紧密的关系：操控性差，导致汽车侧滑、倾覆，汽车的稳定性就破坏了。如稳定性差，则会失去操控性，因此，通常将两者统称为汽车的操控稳定性。

汽车的操控稳定性是汽车的主要使用性能之一，随着汽车平均速度的提高，操控稳定性显得越来越重要。它不仅影响着汽车的行驶安全，而且与运输生产率与驾驶人的疲劳强度有关。

任务引入

客户李先生驾驶他的卡罗拉轿车在高速公路直线行驶时发现有车辆跑偏现象，影响驾驶安全，随后来到××汽车销售服务有限公司要求检查。

问题1：假设你是该汽车销售服务有限公司的维修技师，售后经理打算让你承接此项工作，制订汽车操控稳定性检测实践的计划方案，并完成该车操纵稳定性的检修工作。你准备如何完成此次任务？

问题2：汽车操控稳定性的评价指标有哪些？

6.1 汽车操控稳定性的客观评价

汽车在转向盘输入或外界干扰输入下的侧向运动响应随时间而变化的特性称为时域（以时间为自变量）响应特性。

转向盘输入有角位移输入和力矩输入。

外界干扰输入主要是指侧向风和路面不平产生的侧向力。

汽车系统的特点：多自由度、动力学（牛顿定律）、非线性系统。

6.1.1 轮胎坐标系与转向盘角阶跃输入下的时域响应

1. 轮胎的坐标系与术语

如图6-1所示，标出车轮的坐标系，其中车轮前进方向为x轴的正方向，向下为z轴的正方向，在x轴的正方向的右侧为y轴的正方向。

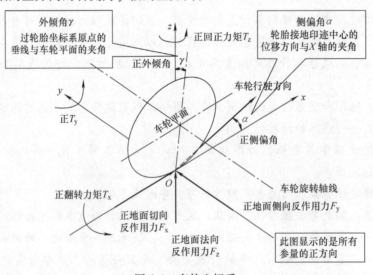

图6-1 车轮坐标系

1）车轮平面：垂直于车轮旋转轴线的轮胎中分平面。

2）车轮中心：车轮旋转轴线与车轮平面的交点。

3）轮胎接地中心：车轮旋转轴线在地平面（xOy 平面）上的投影（y 轴），与车轮平面的交点，也就是坐标原点。

4）翻转力矩 T_x：地面作用于轮胎上的力，绕 x 轴的力矩。图示方向为正。

5）滚动阻力矩 T_y：地面作用于轮胎上的力，绕 y 轴的力矩。图示方向为正。

6）回正力矩 T_z：地面作用于轮胎上的力，绕 z 轴的力矩。图示方向为正。

7）侧偏角 α：轮胎接地中心位移方向（车轮行驶方向）与 x 轴的夹角。图示方向为正。

8）外倾角 γ：xOz 平面与车轮平面的夹角。图示方向为正。

2. 稳态响应特性

汽车直线行驶时，急速转动转向盘至某一转角时，停止转动转向盘并维持此转角不变，即给汽车以转向盘角阶跃输入。转向盘角阶跃输入经短暂时间后（瞬态响应），汽车进入等速圆周行驶，称为转向盘角阶跃输入下进入的稳态响应，如图 6-2 所示。

图 6-2　稳态响应

汽车的等速圆周行驶，即汽车转向盘角阶跃输入下进入的稳态响应，虽然在实际行驶中不常出现，却是表征汽车操控稳定性的一个重要的时域响应，一般也称它为汽车的稳态转向特性。

汽车的稳态转向特性分为三种类型：不足转向、中性转向和过多转向。这三种不同转向特性的汽车具有如下行驶特点，如图 6-3 所示：在转向盘保持一固定转角下，缓慢加速或以不同车速等速行驶时，随着车速的增加，不足转向汽车的转向半径 R 增大；中性转向汽车的转向半径维持不变；而过多转向汽车的转向半径则越来越小。操控稳定性良好的汽车应具有适度的不足转向特性。一般，汽车不应具有过多转向特性，也不应具有中性转向特性，因为中性转向汽车在使用条件变动时，有可能转变为过多转向特性。

3. 瞬态响应特性

转向盘角阶跃输入前后，直线行驶与等速圆周行驶这两个稳态运动之间的过渡过程是一种瞬态，相应的瞬态运动响应称为转向盘角阶跃输入下的瞬态响应。瞬态响应特性的评价指标如图 6-4 所示。个别汽车可能会出现汽车横摆角速度 ω_r 不能收敛的情况，即 ω_r 越来越大，转型半径越来越小，而导致汽车产生侧向滑动或翻车的危险。由此可知，瞬态响应包括两方面的问题：一是行驶方向稳定性，即输入转向盘角阶跃后，汽车能否达到新的稳定状况；二是响应品质问题，即达到新的稳态之前，汽车瞬态响应的特性如何。

瞬态响应的评价指标：

（1）反应时间 τ 或滞后时间 ε　汽车横摆角速度不能立刻达到稳定横摆角速度 ω_{r0}，需要经过时间 τ 后才能第一次到达 ω_{r0}。如果反应时间 τ 较小，驾驶人会感到转向灵敏、迅速；如果反应时间较大，则会感到比较迟钝。可以用反应时间 τ 对瞬态响应特性进行评价，也有时候用达到第一次峰值的时间 ε 来评价。

（2）超调量　最大横摆角速度 ω_{r1} 常大于稳态值 ω_{r0}。$\dfrac{\omega_{r1}}{\omega_{r0}} \times 100\%$ 称为超调量，它表示执行指令误差的大小。

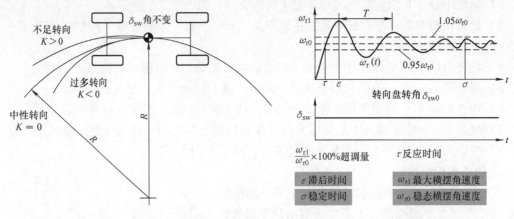

图 6-3　汽车的稳态响应特性　　　　　图 6-4　转向盘阶跃状态下的瞬态响应特性

（3）波动的频率 ω　横摆角速度 ω_r 以频率 ω 在 ω_{r0} 值上下波动。波动的频率 ω 取决于汽车的结构参数。波动频率大，则反应灵敏，但波动频率太大往往会导致汽车失控。

（4）稳定时间 σ　横摆角速度增益达到稳态值 95%～105% 之间的时间 σ 称为稳定时间，它表明进入稳态响应所经历的时间。

6.1.2　横摆角速度增益

横摆角速度增益的定义：令稳态时单位前轮转角所引起的横摆角速度为"稳态横摆角速度增益"，用 $\dfrac{\omega_r}{\delta}\bigg)_S$ 表示。

对汽车曲线运动进行初步分析时，把汽车看作平行于路面的平面运动。即汽车没有垂直运动，沿 z 轴的位移为零，绕 y 轴的俯仰角、绕 x 轴的侧倾角均为零。另外假设汽车前进速度不变，即沿 x 轴的汽车（绝对）速度 u 不变。因此汽车只有沿 y 轴的侧向运动与绕 z 轴的横摆运动这样两个自由度。

图 6-5 是一个由前后两个具有侧向弹性的弹簧（轮胎）支承于地面、具有侧向及横摆的二自由度汽车模型。

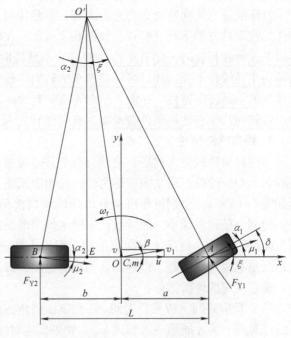

图 6-5　二自由度汽车模型

下面分析中令固结于汽车上的动坐标系原点与汽车重心重合。由于汽车高速行驶时，转向角一般不大，故近似认为转向半径 $R \approx O'E$，$\angle AO'C \approx \angle AO'E$。

从运动关系可以求得：

$$\tan(\delta - \alpha_1) \approx \frac{AE}{O'E} = \frac{AE}{R}$$

$$\tan\alpha_2 = \frac{BE}{O'E} \approx \frac{BE}{R}$$

则

$$\tan(\delta - \alpha_1) + \tan\alpha_2 = \frac{AE + BE}{R} = \frac{L}{R} \tag{6-1}$$

汽车高速行驶时，侧偏角一般不超过 $6° \sim 8°$，故可以近似认为

$$\delta - \alpha_1 + \alpha_2 = \frac{L}{R}$$

或

$$\delta = \frac{L}{R} + (\alpha_1 - \alpha_2)$$

令稳态时单位前轮转角所引起的横摆角速度为"稳态横摆角速度增益"，用 $\left.\dfrac{\omega_r}{\delta}\right)_S$ 表示。

则

$$\left.\frac{\omega_r}{\delta}\right)_S = \frac{\dfrac{u}{R}}{\dfrac{L}{R} + (\alpha_1 - \alpha_2)} = \frac{\dfrac{u}{L}}{1 + (\alpha_1 - \alpha_2)\dfrac{L}{R}} \tag{6-2}$$

假定汽车在水平道路上作等速圆周运动，则作用在汽车上的侧向力，仅为离心力 F_c 之侧向分力 F_{cy}，其值为

$$F_{cy} = \frac{G}{g}\frac{u^2}{R}$$

当转角不大时，前轮侧偏力 F_{y1} 沿 y 轴的分力 $F_{y1}\cos\delta \approx F_{y1}$，故前后轮的侧偏力 F_{y1}、F_{y2} 可用下式计算：

$$\begin{cases} F_{y1} = \dfrac{b}{L}F_{cy} = M\dfrac{u^2}{R}\cdot\dfrac{b}{L} \\ F_{y2} = \dfrac{a}{L}F_{cy} = M\dfrac{u^2}{R}\cdot\dfrac{a}{L} \end{cases} \tag{6-3}$$

由侧偏特性 $F_y = ka$ 知 ［见式 (6-8)］，$\alpha_1 = \dfrac{F_{y1}}{k_1}$，$\alpha_2 = \dfrac{F_{y2}}{k_2}$，连同式 (6-3) 代入式 (6-2)，得

$$\left.\frac{\omega_r}{\delta}\right)_S = \frac{\dfrac{u}{R}}{1 + \dfrac{M}{L^2}\left(\dfrac{b}{k_1} - \dfrac{a}{k_2}\right)u^2} = \frac{\dfrac{u}{L}}{1 + Ku^2} \tag{6-4}$$

令

$$K = \frac{M}{L^2}\left(\frac{b}{k_1} - \frac{a}{k_2}\right) = \left(\frac{G_1}{k_1} - \frac{G_2}{k_2}\right)\frac{1}{gL} \tag{6-5}$$

式中　G_1，G_2——前后轴的垂直载荷，单位为 N/m²；

　　　　k_1，k_2——前后轮的侧偏刚度，单位 N/rad；

　　　　　K——稳定性因数，其单位为 s²/m²，是表征汽车稳态响应的一个重要参数。

从式 (6-5) 看出，不同的汽车重心位置和不同前后轮侧偏刚度匹配时，稳定性因数可

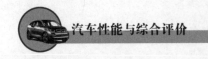

以等于零、大于零或小于零。

当 $K=0$ 时，$\left.\dfrac{\omega_r}{\delta}\right)_S=\dfrac{u}{L}$，即稳态横摆角速度增益与车速 u 呈线性关系如图 6-6 所示。具有这种特性的汽车，称为中性转向汽车。这个关系就是汽车轮胎无侧偏角时的转向关系。

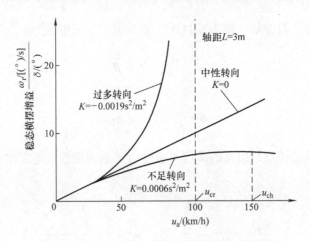

图 6-6　汽车的稳态横摆增益曲线

当 $K>0$ 时，式（6-5）中分母大于 1，横摆角速度增益比中性转向时小，即前轮转过相同的角度，汽车横摆角速度 ω 要小些，$\left.\dfrac{\omega_r}{\delta}\right)_S - u_a$ 是一条低于中性转向汽车稳态响应线，后来又向下弯曲的曲线。具有这样特性的汽车，称为不足转向汽车。K 值越大，不足转向量越大。

当 $K<0$ 时，式（6-5）分母小于 1，横摆角速度增益比中性转向时大，即前轮转过相同的角度，汽车横摆角速度 ω 要大。具有这样特性的汽车，称为过多转向汽车。随车速增加，$\left.\dfrac{\omega_r}{\delta}\right)_S - u_a$ 曲线向上弯曲。K 值越小，过多转向量越大。

6.1.3　转向半径

除了用稳定性因素 K 也可用转向半径比值表征汽车稳态转向特性。

当前轮转角 δ 一定的条件下，侧向加速度为零时，车轮无侧偏角，汽车转向半径假定为 R_0，有一定侧向加速度时的转向半径为 R，则可用 R/R_0 来表征汽车的稳态转向特性。汽车的稳态转向特性分成三种类型：不足转向、中性转向和过多转向。只有具有适度不足转向的汽车，才有良好的操控稳定性，如图 6-7 所示。

当前轴侧偏角 α_1 和后轴侧偏角 α_2 都为零时，所得汽车转向半径 R_0 为

$$R_0 = \frac{L}{\delta} \tag{6-6}$$

由式（6-4）可得

$$R = \frac{1+Ku^2}{\delta}L = (1+Ku^2)R_0 \tag{6-7}$$

$K=0$ 时，$R/R_0=1$，汽车为中性转向。转向半径不随车速变化，始终等于 R_0。中性转向虽然能较好地利用侧向力与车轮前进方向垂直的分量，达到最大的转向速度，但却削弱了驾驶人对汽车稳定性的主观感觉，无法预计汽车的制动甩尾。

$K<0$ 时，$R/R_0<1$，汽车为过多转向。转向半径总小于 R_0，且随车速的增加而减小。过多转向当车速达到某一极限时，转弯半径会急剧减少，汽车发生激转，致使操纵困难或失去操控，甚至导致事故。

$K>0$ 时，$R/R_0>1$，汽车为不足转向。转向半径总大于 R_0，且随车速的增加而加大。不足转向产生较大的转向半径，侧向力减弱，汽车具有自动恢复直线行驶的良好稳定性，操控容易。因此，绝大多数汽车制造厂家都将汽车做成具有轻微的不足转向，在这种情况下，制动甩偏的发生会使汽车回到原来直线行驶的路线。但是具体问题具体分析，赛车就要采用中性转向甚至是过多转向的设计，以求获得最短的转弯时间。

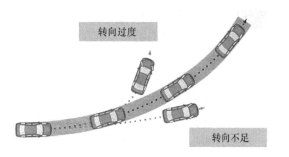

图 6-7　汽车转弯情况分析

6.1.4　其他指标

表 6-1 中的转向盘角阶跃输入下进入的稳态响应及转向盘角阶跃输入下的瞬态响应，就是表征汽车操纵稳定性的转向盘角位移输入下的时域响应。

表 6-1　汽车操控稳定性的基本内容及评价所用的物理量

序号	基本内容	主要评价参量
1	转向盘角阶跃输入下的进入稳态响应——转向特性 转向盘角阶跃输入下的瞬态响应	稳态横摆角速度增益 反应时间、横摆角速度波动的无阻尼圆频率
2	横摆角速度频率响应特性	共振翁频率、共振时的振幅比、相位滞后角、稳态
3	转向盘中间位置操纵稳定性	转向灵敏度、转向盘力特性——转向盘转矩梯度、转向灵敏度
4	回正性	回正后剩余横摆角速度剩余横摆角、达到剩余横摆角速度的时间
5	转向半径	最小转向半径
6	转向轻便性	转向力、转向功
7	直线行驶性能（直线行驶性、侧向风敏感度、路面不平敏感度）	转向盘转角和侧向偏移（累计值）
8	典型行驶工况性能（蛇行性能、移线性能、双移线性能——回避障碍性能）	转向盘转角、转向力、侧向加速度、横摆角速度、侧偏角、车速等
9	极限行驶能力（圆周行驶极限侧向加速度、抗侧翻能力、发生侧滑时的控制性能）	极限侧向加速度、极限车速、回至原来路径所需的时间

横摆角速度频率响应特性是指在转向盘转角正弦输入下，频率由 $0\sim\infty$ 时，汽车横摆角

速度与转向盘转角的振幅比及相位差的变化特征。

转向盘中间位置操控稳定性是指在转向盘小转角、低频正弦输入下，汽车高速行驶时的操纵稳定性。

回正性是一种转向盘输入下的时域响应。

转向半径是评价汽车机动性的物理量。

转向轻便性是评价转向盘轻便程度的物理量。

汽车直线行驶性能是从另一个重要角度来评价汽车的操控稳定性，其中侧向风稳定性与路面不平度稳定性是指汽车直线行驶时在外界侧向干扰输入下的时域响应；典型行驶工况性能是指模拟典型驾驶，操作汽车通过某种通道的性能。

极限行驶性能是指汽车介于正常行驶状态和异常危险驾驶状态之间的运动特征，它表明了汽车安全行驶的极限性能。

任务实施

维修技师为客户完成车辆操控稳定性试验方案设计。在教师的指导下，以小组为单位学习相关技能，并填写下列表格。

1）前轮定位标准值。

总前束		左轮外倾角最大允许公差	
车轮前倾角		主销后倾角	

2）各组根据李先生车辆的故障现象搜集恰当的影响因素，并予以分析。

3）对案例进行评述（从学习后的角度进行评述）。

任务引入

我们可以发现基本上所有超跑的驱动方式不是中置后驱就是后置后驱，而且车轮很宽很扁。

问题1：超跑的驱动方式以及车轮为什么这样选择？

问题2：影响汽车操控性的因素有哪些？

6.2　影响汽车操控稳定性的因素

　　汽车的操控稳定性包括相互关联的两个部分，即操控性和稳定性。操控性是指汽车的运动参数能否及时而准确地遵循驾驶人的主观意图而变化。稳定性是指汽车在外部因素作用下，汽车能够保持或者自行迅速恢复原来运动参数的能力。影响汽车操控稳定性的因素有轮胎、驱动方式、转向系统、悬架以及高新配置等。

6.2.1　车轮的影响

　　轮胎是影响汽车操控稳定性的一个重要因素，改变后轮胎的外倾角，可以改善汽车的操控稳定性，这是因为后轮胎的负外倾角可以增加后轮胎的侧偏刚度，从而减小过多转向度；增大轮胎的载荷能力，特别是后轮胎的载荷能力，例如加大轮胎尺寸或提高层级，或者后轮由单胎改为双胎，都会改善汽车的稳态转向特性。

1. 轮胎的侧偏现象

　　如果车轮是刚性的，在车轮中心垂直于车轮平面的方向上作用有侧向力 F_y。当侧向力 F_y 不超过车轮与地面的附着极限时，车轮与地面没有滑动，车轮仍沿着其本身行驶的方向行驶；当侧向力 F_y 达到车轮与地面间附着极限时，车轮与地面产生横向滑动，若滑动速度为 Δu，车轮便沿某一合成速度 u' 方向行驶，偏离了原行驶方向，如图6-8所示。

　　当车轮有侧向弹性时，即使 F_y 没有达到附着极限，车轮行驶方向也将偏离车轮平面的方向，这就是轮胎的侧偏现象。下面讨论具有侧向弹性车轮，在垂直载荷为 W 的条件下，受到侧向力 F_y 作用后的两种情况：

　　（1）车轮静止不动　由于车轮有侧向弹性，轮胎发生侧向变形，轮胎与地面接触印迹长轴线 aa 与车轮平面 cc 不重合，错开 Δh，但 aa 仍平行于 cc，如图6-9所示。

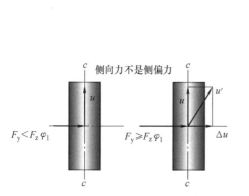

图6-8　有侧向力作用时刚性车轮的滚动

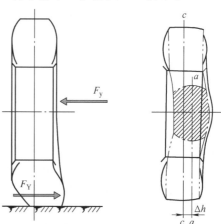

图6-9　轮胎的侧偏现象

　　（2）车轮滚动　接触印迹的长轴线 aa，不只是和车轮平面错开一定距离，而且不再与车轮平面 cc 平行。图6-10所示出车轮的滚动过程中，车轮平面上点 A_1、A_2、A_3……依次落在地面上，形成点 A'_1、A'_2、A'_3……，点 A'_1、A'_2、A'_3 的连线 aa 与 cc 的夹角 α，即侧偏角。车轮就是沿着 aa 方向滚动的。显然，侧偏角 α 的数值是与侧向力 F_y 有关的。

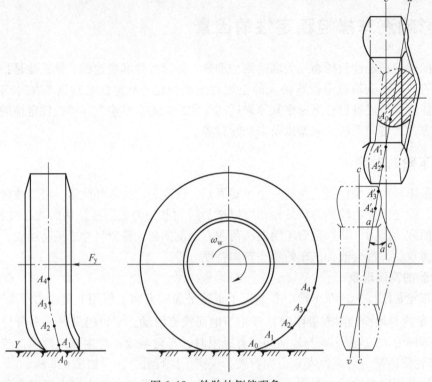

图 6-10　轮胎的侧偏现象

2. 轮胎的侧偏特性

（1）侧偏力与侧偏刚度　图 6-11 所示为一轮胎的侧偏特性曲线。

曲线表明，侧偏角不超过 3°～4°时，可认为 F_y 与 α 呈线性关系。随着 F_y 的增大，α 增大较快，轮胎产生滑移。汽车正常行驶时，侧向加速度一般不超过 $(0.3～0.4)g$，侧偏角不超过 4°～5°，故可认为侧偏力与侧偏角呈线性关系，可用下式表示：

$$F_y = k\alpha \qquad (6-8)$$

式中　k——侧偏刚度，单位为 N/rad。

k 在数值上等于侧偏角 1°或 1rad 时的侧偏力。由轮胎坐标系有关符号规定可知，负的侧偏力产生正的侧偏角，因此侧偏刚度为负值。

表 6-2 为汽车轮胎侧偏刚度的数值。

1）车轮载荷与侧偏刚度。车轮载荷与侧偏刚度的关系如图 6-12 所示。车轮载荷增加，k 值开始随之增加，达到最大值后，又有所下降。这是因为，轮胎的垂直载荷越大，附着力就越大，轮胎侧滑倾向就越小，最大侧偏力增大。但垂直载荷过大时，轮胎产生剧烈的径向变形，侧偏刚度反而有所下降。一般情况下，侧偏刚度最大时的垂直载荷为额定载荷的 150%。

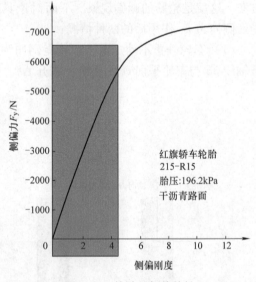

图 6-11　轮胎的侧偏特性

表 6-2   轮胎侧偏刚度数值

轮胎	车轮载荷/N	轮胎气压/kPa	侧偏刚度/(N/rad)	轮胎	车轮载荷/N	轮胎气压/kPa	侧偏刚度/(N/rad)
5.20-13	2452	160	-17893	155SR15	3924	210	-29049
6.00-13	2943	140	-17690	6.50-16	5886	250	-49310
6.40-13	3924	170	-20626	9.00-20	19620	550	-123678
165R14	3924	190	-31799	9.00R20	19620	550	-168205
175HR14	3433	200	-38382	11R22.5	16180	775	-112815
5.60-15	3943	180	-29332	12.00-20	29430	640	-187371

注：$\alpha = 0° \sim 3°$，干燥路面，无切向力。

2）轮胎气压与侧偏刚度。轮胎侧偏刚度随轮胎气压降低而减小。若前轴轮胎气压降低，则前轴轮胎侧偏刚度减小，前轴侧偏角 α_1 增大，不足转向趋势增加；若后轴轮胎气压降低，则后轮轮胎侧偏刚度减小，后轴侧偏角 α_2 增大，过多转向趋势增加。

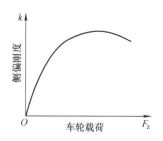

图 6-12   车轮载荷与侧偏刚度的关系

注意   在汽车使用中，应特别注意不使后轴轮胎气压过低，因为前轮轮胎气压低于规定值，仅使汽车不足转向趋势增加，转向灵敏度（横摆角速度增益）下降；而后轴轮胎气压过低，后轮的侧偏角加大，甚至使原来不足转向汽车变为过度转向汽车，对汽车的操控稳定性造成严重不良影响。

3）轮胎结构。子午线轮胎比斜交轮胎的侧偏刚度大。汽车仅前轴装子午线轮胎，后轴仍用原斜交轮胎，则前轴侧偏角会减小。如果前轴侧偏角减小至小于后轴侧偏角，则可以使原来不足转向汽车变为过多转向汽车。

扁平率小的轮胎，侧偏刚度大。若汽车仅前轴换装扁平率小的轮胎，则前轴侧偏角会减小，有使汽车变为过多转向的趋势。若仅后轴改用扁平率小的轮胎，则有使汽车增加不足转向的作用。

注意   使用中不应随意换装不同结构形式的轮胎，因为这有可能使汽车具有过多转向性，对汽车的操控稳定性造成不良影响，加剧安全隐患。

（2）回正力矩（绕 z 轴的力矩）   在轮胎发生侧偏时，还会产生图 6-13 所示的作用于轮胎绕 z 轴的力矩 T_z。圆周行驶时，T_z 是使转向车轮恢复到直线行驶位置的主要恢复力矩之一，称为回正力矩。

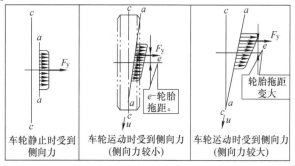

图 6-13   回正力矩的产生

回正力矩是由接地面内分布的微元侧向反力产生的。由图 6-13 可知，车轮在静止时受到侧向力后，印迹长轴线 aa 与车轮平面 cc 平行，错开 Δh，即印迹长轴线 aa 上各点的横向变形（相对于 cc 平面）均为 Δh，故可以认为地面侧向反作用力沿 aa 线是均匀分布的。车轮滚动时，印迹长轴线 aa 不仅与车轮平面错开一定距离，而且转动了 α 角，因而印迹前端离车轮平面近，侧向变形小；印迹后端离车轮平面远，侧向变形大。可以认为，地面微元侧向反作用力的分布与变形成正比，故地面微元侧向反作用力的分布情况如图 6-13 所示，其合力 F_y 的大小与侧向力 F_y 相等，但其作用点必然在接地印迹几何中心的后方，偏移某一距离 e，e 称为轮胎拖距，F_ye 就是回正力矩 T_z。

在 F_y 增加时，接地印迹内地面微元侧向反作用力的分布情况如图 6-14 所示。F_y 增大至一定程度时，接地印迹后部的某些部分便达到附着极限，随着 F_y 的进一步加大，将有更多部分达到附着极限，直到整个接地印迹发生侧滑，因而轮胎拖距会随着侧向力的增加而逐渐变小。

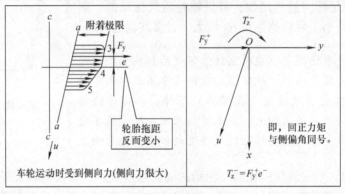

图 6-14 回正力矩的方向

6.2.2 驱动方式的影响

汽车的驱动方式是指发动机的布置方式以及驱动轮的数量、位置的形式，见表 6-3。

汽车发动机的布置方式不同使得汽车的驱动方式不同，从而改变车轮的驱动力分配，进一步影响汽车的操控性，图 6-15 所示为不同驱动形式汽车作加速弯道行驶时横摆角速度变化的比较。图 6-16 所示为不同前、后驱动力分配比例时汽车的行驶路径。

表 6-3 汽车的驱动方式

驱动方式	简介	代表车型
前置前驱	前置前驱即发动机前置、前轮驱动（Front - engine Front - wheel drive，FF），这是绝大多数轿车上比较盛行的驱动形式，但货车和大客车基本上不采用该形式	大众迈腾、丰田凯美瑞、奥迪 A3、奔驰 B 级等
前置后驱	前置后驱，即发动机前置、后轮驱动（Front - engine Rear—drive，FR），这是一种最传统的驱动形式。国内外大多数货车、部分轿车（尤其是高级轿车）和部分客车都采用这种驱动形式，但采用该形式的小型车则很少	丰田锐志、宝马 3 系、奔驰 C 级、法拉利 599 等
前置四驱	前置四驱是指汽车发动机前置，并且是四轮驱动，多用于高性能轿车或者 SUV，用在轿车上的优点就是操控性高，而用在越野车上则是通过性更强	日产 GTR、奥迪 A6L 3.0T、奥迪 Q7、奔驰 ML 级等
中置后驱	中置后驱即发动机中置、后轮驱动（Middle—engine Rear—drive，MR），发动机置于座椅之后、后轴之前，大多数高性能跑车和超级跑车都采用这种形式	法拉利 458、兰博基尼盖拉多 LP550 - 2、帕加尼 Zonda、保时捷 Carrera GT 等

（续）

驱动方式	简介	代表车型
中置四驱	中置四驱即发动机中置、四轮驱动，与中置后驱一样，高性能跑车和超级跑车都采用这种形式。不过相比中置后驱，中置四驱的操控性以及过弯极限要更强	兰博基尼 Muecielago、奥迪 R8、布嘉迪威航、兰博基尼盖拉多 LP560-4 等
后置后驱	后置后驱即发动机后置、后轮驱动（Rear—engine Rear—drive，RR），是目前大、中型客车流行的布置形式	保时捷 911 系列和 Smart fortwo
后置四驱	后置四驱即发动机后置、四轮驱动	保时捷 911 Carrera 4/4S

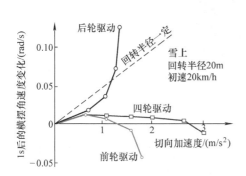

图 6-15　不同驱动形式汽车作加速弯道行驶时横摆角速度变化的比较

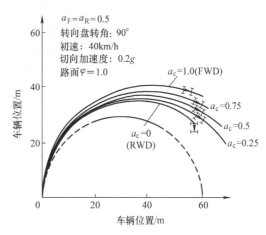

图 6-16　不同前、后驱动力分配比例时汽车的行驶路径

a_F、a_R—前轴、后轴的外侧车轮驱动力与该轴驱动力之比

a_c—前轴驱动力与整车驱动力之比

1. 前置前驱

前置前驱，即发动机前置、前轮驱动（Front – engine Front – wheel drive，FF），如图 6-17 所示。

发动机前置前驱对汽车操控稳定性影响如下：

1）由于前轮既负责驱动车辆又负责车辆转向，前轴负荷过大，<u>这使得前轮驱动的车辆在转弯时前部质心会因惯性而前移，容易突破前轮的地面附着力，而后轮又没有动力，致使会发生转向不足，即俗称的"推头"。</u>

2）前轮承担了驱动力、转向力和绝大部分的制动力，因此<u>在高速行驶时稳定性较差。</u>起步和爬坡时由于惯性和重心后

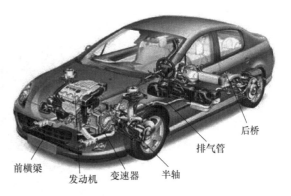

图 6-17　发动机前置前驱汽车构造

移，前轮正压力减小导致牵引力减小，并且<u>由于驱动轮在车体负重较轻的前端，上坡时驱动轮容易打滑，下坡时容易翻车。</u>

3）发动机前置前驱由于取消了贯穿前后的传动轴，有利于降低车身高度，利于行驶的稳定性。

2. 中置后驱

中置后驱，即发动机中置、后轮驱动（Middle – engine Rear – wheel drive，MR），如图6-18所示。

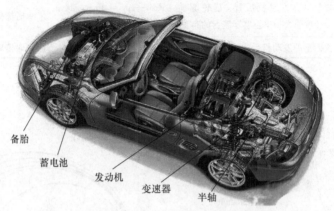

备胎

蓄电池

发动机

变速器

半轴

图 6-18　发动机中置后驱汽车构造

发动机中置后驱对汽车操控稳定性的影响如下：

1）中置发动机的最大优点是极为优异的转向特性。在转向时，一转动转向盘，汽车很快就跟着转向，二者间的时间差非常短，车身紧随转向动作的性能好。

2）中置后驱车的另外一个优点就是起步、加速性能和爬坡性能较好。因为当起步、加速或爬坡时，整车的重量向后移动，从而增加了后轮对地面的附着力，驱动力再大也很难使轮胎打滑。

3. 后置后驱

后置后驱，即发动机后置、后轮驱动（Rear – engine Rear – wheel drive，RR）。如图6-19所示。

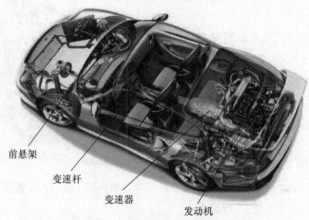

前悬架

变速杆

变速器

发动机

图 6-19　发动机后置后驱汽车构造

发动机后置后驱对汽车操控稳定性的影响如下：

1）因为发动机整个重量压在汽车后部，差速器和变速器也放在汽车尾部，所以汽车的重心是靠后的，因而后轮打滑的概率会下降，不过当后轮抓地力达到甩尾时，会产生甩尾现象。

2）因为重心靠后，汽车前轴的负荷会减小。在汽车转弯时横向加速度会减小。由于车头质量变轻，横摆力矩变小，汽车的操纵更加灵活，驾驶人在打转向盘时也会更容易得到回应。

6.2.3 转向系统的影响

转向系统包括无助力转向系统和助力转向系统。无助力转向系统即机械转向系统，助力转向系统包括液压转向系统和电子助力转向系统，其中液压转向系统又分为机械液压转向系统和电子液压转向系统。

1. 机械液压转向系统

机械式的液压动力转向系统是一种经济型助力转向系统，它一般由液压泵、油管、压力流量控制阀体、V带、储液罐等部件构成，如图6-20所示。

机械液压转向助力系统操控精确、路感直接、信息反馈丰富；液压泵由发动机驱动，转向动力充沛，大小车辆适用；技术成熟，可靠性高，平均制造成本低。但

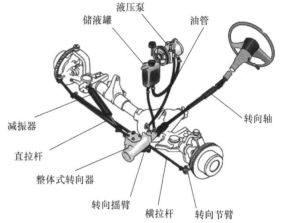

图6-20 机械液压转向系统结构示意图

是，机械液压转向助力系统能耗较高，消耗了一部分的汽车行驶动力；液压系统管路结构复杂，各种控制油液的阀门数量繁多，后期保养维修需要成本；无论汽车是否转向，这套系统都要工作，而且在大转向车速较低时，需要液压泵输出更大的功率以获得比较大的助力。也在一定程度上浪费了资源，又由于液压泵的压力很大，也比较容易损害助力系统。

2. 电子液压助力转向系统

由于机械液压助力需要大幅消耗发动机动力，人们在机械液压助力的基础上进行改进，开发出了更节省能耗的电子液压助力转向系统。这套系统的转向泵不再由发动机直接驱动，而是由电动机来驱动，并且在之前的基础上加装了电控系统，使得转向辅助力的大小不光与转向角度有关，还与车速相关。机械结构上增加了液压反应装置和液流分配阀，新增的电控系统包括车速传感器、电磁阀、动力转向ECU等，如图6-21所示。

电子液压助力的原理与机械液压助力基本相同，不同的是转向泵由电动机驱动，同

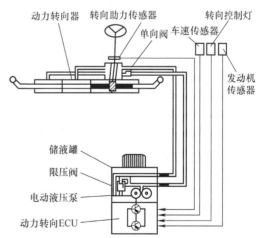

图6-21 电子液压助力转向系统结构

时助力力度可变。车速传感器监控车速，电控单元获取数据后通过控制转向控制阀的开启程度改变油液压力，从而实现转向助力力度的大小调节。

电子液压助力拥有机械液压助力的大部分优点，同时还降低了能耗，反应也更加灵敏，转向助力大小也能根据转角、车速等参数自行调节，更加人性化。不过引入了很多电子单元，其制造、维修成本也会相应增加，使用稳定性也不如机械液压式的牢靠，随着技术的不断成熟，这些缺点正在被逐渐克服，电子液压助力已经成为很多家用车型的选择。

3. 电动助力转向系统

电动助力转向系统（Electric Power Steering，EPS）是一种直接依靠电机提供辅助转矩的动力转向系统，与传统的液压助力转向系统（Hydraulic Power Steering，HPS）相比，EPS 具有很多优点。EPS 主要由转矩传感器、车速传感器、电动机、减速机构和电子控制单元（ECU）等组成，如图 6-22 所示。

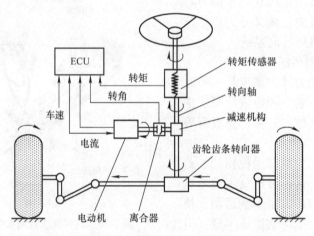

图 6-22　电动助力转向系统

传统的液压助力转向系统所提供的转向助力大小不能随车速的提高而改变。这样就使得车辆虽然在低速时具有良好的转向轻便性，但是在高速行驶时转向盘太轻，产生转向"发飘"的现象，驾驶人缺少显著的"路感"，降低了高速行驶时的车辆稳定性和驾驶人的安全感。

电动助力转向系统提供的助力大小可以通过软件方便地进行调整。在低速时，电动助力转向系统可以提供较大的转向助力，提供车辆的转向轻便性；随着车速的提高，电动助力转向系统提供的转向助力可以逐渐减小，转向时驾驶人所需提供的转向力将逐渐增大，这样驾驶人就感受到明显的"路感"，提高了车辆稳定性。

电动助力转向系统还可以施加一定的附加回正力矩或阻尼力矩，使得低速时转向盘能够精确地回到中间位置，而且可以抑制高速回正过程中转向盘的振荡和超调，兼顾了车辆高、低速时的回正性能。

6.2.4　悬架的影响

汽车沿曲线行驶时，前、后轴左右车轮的垂直载荷要发生变化；同时车轮常有外倾角，且由于悬架导向杆系的运动及变形，外倾角将随之变化。这些原因使得轮胎的侧偏刚度发生变化，从而影响汽车的操控稳定性。即使转向盘转角固定不动，由于路面的颠簸或高速转弯造成车厢侧倾时前悬架导向杆系转向杆系的运动变形，前轮平面也可能发生绕主销的小角度转动。这种车轮轮辋平面的转动称为侧倾转向或变形转向，它们与轮胎的弹性侧偏角叠加在一起，决定了汽车的转向运动。

1. 悬架与车轮外倾

前悬架导向机构的几何参数决定前轮定位参数的变化趋势和变化率。在车轮跳动时，外倾角的变化包括由车身侧倾产生的车轮外倾变化和由车轮相对车身的跳动而引起的外倾变化两个部分。在双横臂独立悬架中，前一种变化使车轮向车身侧倾的方向倾斜，即外倾角增大，结果使轮胎侧偏刚度变小，因而使整车不足转向效果加大；后一种变化取决于悬架上、下臂运动的几何关系，在双横臂结构中，往往是外倾角随弹簧压缩行程的增大而减小，这种变化与车身侧倾引起的外倾角变化相反，会产生过度转向趋势。

后悬架结构参数对汽车操控稳定性的影响，近似于前悬架的"干涉转向"。它是在汽车转向时，由于车身侧倾导致独立悬架的左右车轮相对车身的距离发生变化，外侧车轮上跳，与车身的距离缩短，内侧车轮下拉，与车身的距离加大。悬架的结构参数不同，车轮上下跳动时，车轮前束角的变化规律也必然会不同。

2. 悬架与转向轮摆振

汽车在不平路面上行驶时，有的汽车当车速达到一定时，前轴将在垂直平面内产生强烈的角振动，同时转向轮在水平平面内绕主销摆振，严重时驾驶人无法扶稳剧烈摆动的转向盘，这对安全行车影响很大。

（1）前轴角振动引起的转向轮摆振　这一现象是在一定车速范围内发生的。这时路面可能比较平，但当偶有外力（如汽车直线行驶时，车轮遇到单凸起或凹坑）作用于前轮时，前轴在横向垂直平面内发生转动，如图6-23a所示。由于陀螺效应，前轮将绕主销在水平面内偏转。其关系如下：如果左前轮升高（或右前轮下降），车轮将向右偏转；如果左前轮下降（或右前轮升高），车轮将向左偏转。由此发生了前轮绕主销的角振动，如图6-23b所示。

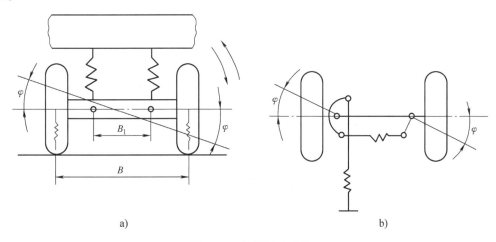

a)　　　　　　　　　　　　　　　　　b)

图6-23　前轮振动系统

要消除或至少是减轻这种现象，应减小悬架下前轴系统的转动惯量，提高角振动的固有频率；在采用独立悬架的汽车上用长双横杆独立悬挂，如图 6-24a 所示，可使车轮在上下跳动时，其旋转平面作平行移动而无偏转，这样就避免了前轴绕主销摆振。但这种结构的缺点是当车轮上下跳动时，轮距改变较大，这会加剧轮胎的磨损，所以目前采用不等长的双横臂结构，如图 6-24b 所示。

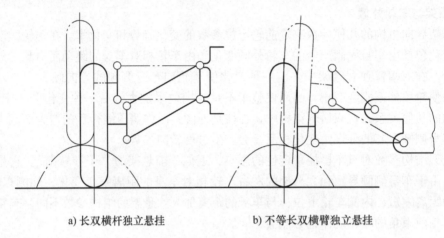

a) 长双横杆独立悬挂   b) 不等长双横臂独立悬挂

图 6-24　双横杆式独立悬挂运动

（2）前悬架与转向系统运动关系学不协调引起转向轮摆振　图 6-25 是一种纵置半椭圆钢板弹簧前悬架与转向系统布置简图。钢板弹簧固定吊耳在前轴前面，活动吊耳和转向器在前轴后面。板簧发生变形时，转向节上的球销 C 作为前轴上的一点绕 O_2 点摆动（试验研究结果表明，O_2 点的位置如图 6-25a 所示），由于 aa 和 bb 不重合，而 C 点只能沿 aa 运动，结果转向节将相对于注销发生转动。这样行驶在不平道路上时，由于车轮相对于车架的跳动，将同时引起转向轮的摆振。为减小这一振动，应将转向器与固定吊耳靠近，使 aa 和 bb 轨迹贴近，如图 6-25b 所示。

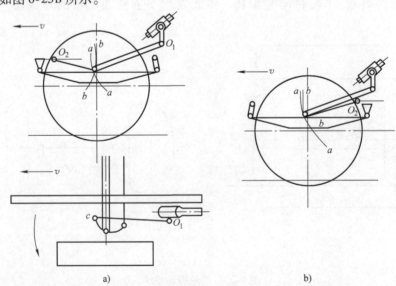

a)   b)

图 6-25　转向系与前悬架运动不协调引起转向车轮摆振

6.2.5 高新配置介入的影响

1. 四轮转向系统（4WS）

普通轿上一般使用两轮转向系统。操纵转向盘控制前轮轮胎的偏转，使汽车转向。随着高速公路和高架公路的增多，车速增大和车辆并行的机会有了大幅度的提高，轮胎侧偏角的影响愈显突出。为了使汽车具有良好的操控稳定性，一些汽车在后轮也采用了相位可变（转向）系统，形成四轮转向系统。

四轮转向是指前、后轮都能转向，实现低速转向行驶时进行逆相位操作（即后轮的偏转方向与前轮的偏转方向相反），以减小转弯半径，提高汽车的灵活性，以便于进出车库和停车场；而中高速时进行同相位操作（即后轮的偏转方向与前轮的偏转方向相同），以提高汽车转弯时的操控稳定性和安全性。同相位操作的实质是靠车轮的偏转来抵消轮胎的偏转角。图6-26所示为不同驱动系统汽车的行驶路径。

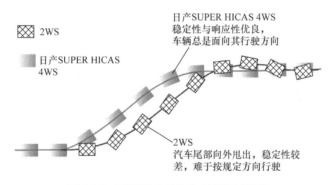

图6-26 不同驱动系统汽车的行驶路径

2. 稳定性控制系统（SCS）

防抱死制动系统（ABS）和驱动防滑系统（ASR/TCS）都是提高汽车操控稳定性的电子控制装置，汽车稳定性控制系统（SCS）也是在ABS基础上发展而成的，包含ABS和ASR等多个控制系统，主要由传感器、控制单元和控制执行机构三部分组成。控制单元接收传感器所测信号（轮速、横摆角速度、侧向和纵向加速度、转向角、制动油压、节气门开度等），经过控制单元分析处理，将指令传给执行机构而对车轮进行制动或控制节气门开度，使汽车的操控稳定性得到进一步改善。

稳定性控制系统主要在大侧向加速度，大偏角的极限工况下工作，利用左、右两侧制动力之差产生的横摆力矩来防止汽车出现难以控制的前、后轴侧滑现象。当后轴要侧滑而使汽车驶离弯道时，对汽车施加适当大小向内侧的横摆力矩；当后轴要侧滑发生激转时，对汽车施加向外侧的横摆力矩，防止汽车失去转向能力或严重甩尾，在任何行驶状况下更加稳定、灵活和安全。

至此我们可总结出：ASR在大驱动力附近的极限区域作用；ABS在大制动力附近的极限区域起作用；SCS则在大侧向力附近的区域起作用。图6-27所示为提高操控稳定性的各种电子控制系统的有效工作区域。此外，近几年在轿车上应用渐多的电子制动力分配系统（EBD）和主动车身控制系统（ABC）都会使汽车的操控稳定性得到更大程度的提高。

3. 巡航控制系统（CCS）

随着高速公路的发展和汽车运行速度的大幅度提高，控制加速踏板的腿部肌肉疲劳强度加大，长时间的疲劳驾驶对汽车的制动和操作都不利。对此，许多现代轿车都装配了巡航控制系统。当系统工作时，汽车可按照驾驶人选定的速度恒速度行驶，无须再控制加速踏板，从而减轻了疲劳，提高了汽车的行驶安全控制；当车辆遇障碍物需要减速行驶时，只要一踩制动踏板，巡航控制就会撤销。巡航分为定速巡航和定距巡航两种。

电子巡航控制系统主要由主控开关、车速传感器、巡航控制单元和执行器四大部分组成。主控开关实现车速设定、车速调节和巡航取消；车速传感器将车速信号送入控制单元；控制单元对指令车速和实际车速进行比较后，对执行器发出控制信号；执行器自动调节节气门开度，使其处于最佳状态，实现设定车速或者设定与前车等距离稳定行驶。

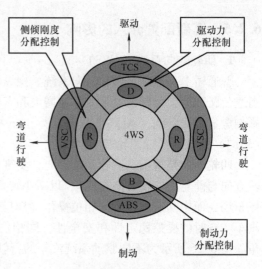

图 6-27　提高操控稳定性的各种
电子控制系统的有效工作区域

任务实施

对案例进行评述（从学习后的角度进行评述）。

任务引入

汽车在上市前需要专业的测试人员进行一个汽车性能的测试。在测试时，除了用相关数据表征汽车操控稳定性的好与不好，人的主观感受也是评价汽车操控稳定性好与不好的依据。

问题：在进行主观评价时，哪些指标可以作为评判汽车操控稳定性好与不好的依据？

6.3　汽车操控稳定性的主观评价

6.3.1　主观评价指标

汽车操控稳定性主观评价主要从转向性能、稳定性能两个方面来进行评价，并且分别在两个方面提出具体主观评价指标。

1. 转向性能的主观评价

转向性能描述的是汽车在转向操纵输入下所表现出的各种动力学响应，以及相应的转向感觉、转向盘力反馈、转向作用功等特性，是评价操控稳定性的重要内容。本小节将从转向盘力特性、转向响应和路感等方面来对转向性能进行详细阐述，图 6-28 所示为转向性能主观评价指标。

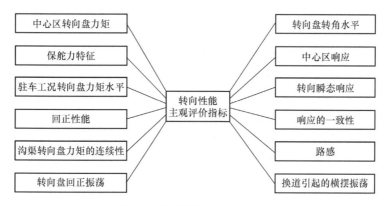

图 6-28　转向性能主观评价指标

（1）中心区转向盘力矩水平　该评价指标用于评价小侧向加速度条件下，转向盘力矩水平与车速的关系。

试验方法：汽车以某一特定车速（60km/h 至最高车速）分别在干燥和湿滑的双车道平直路面上保持直线稳定行驶状态，随后以较小的侧向加速度使车辆平滑地换道行驶，在此过程中驾驶人需判断转向盘力矩水平是否随着车速的增加而成比例地增大；转向系统对于外界的干扰是否有足够的抗干扰能力。

（2）保舵力特性　该评价指标用于评价在中、高侧向加速度条件下，转向盘力矩随行驶车速和侧向加速度的变化关系以及相应的转向感觉舒畅程度和转向作用功情况。

试验方法：当汽车在平坦、干燥且具有多种曲率半径的路面上以不同的车速和侧向加速度行驶，直至接近附着极限时，驾驶人判断汽车转向盘力矩是否随车速和侧向加速度的增加而成比例地增大；当轮胎接近附着极限时，转向盘力矩是否有所下降。

（3）驻车工况转向盘力矩水平　该评价指标用于评价汽车在驻车工况或缓慢行驶状态下，完成大转角转向动作所需的转向盘力矩和自动回正性能。

试验方法：车辆在平坦、干燥且附着条件良好的路面上原地驻车或缓慢行驶状态下，驾驶人分别向左、右转动转向盘至最大值，并感受转向力的大小及是否存在周期或非周期性的波动；极限位置是否清晰，转向力是否有大的变化。试验过程中，也需使用到不同宽度的接

近磨损极限的轮胎对汽车的转向盘力矩水平进行评价。

（4）回正性能　汽车的回正性能主要是评价在不同的车速下，汽车转向系统能够恢复到直线行驶位置的能力。

试验方法：试验选在平坦、干燥且宽阔的行驶路面上，当车辆静止时，驾驶人分别向左右两侧打满转向盘，松手后以较低加速度平稳加速至 20km/h；中高速时，转向输入后保持适当时间，松开转向盘进行回正性能评价，判断转向盘是否能够较为迅速、平滑、稳定地恢复到直线行驶工况，是否需要施加额外的转向校正。

（5）沟渠转向盘力矩的连续性（沟渠效应）　该评价指标用于评价转向盘从中心区域过渡到非中心区域的过程中，转向力矩的连续性。

试验方法：在长距离、宽阔的路面上汽车进行原地转向、定半径稳态回转（出现响胎时结束评价；左右两个方向都要进行评价）、不同车速下转向正弦输入动作。判断在这操作过程中，转向力矩是否连续、自然且协调。

（6）转向盘回正振荡　该评价指标用于评价汽车由弯道切入直道的行驶过程中转向盘转角的振荡稳定性。

试验方法：车辆在带有不同曲率半径的"弯道—直道"过渡路段（如两垂直车道的交汇处），以及具有不同附着条件的路面上进行行驶，当车辆从弯道切入直道时，驾驶人根据车辆状态松开转向盘，并观察转向盘转角的振荡情况，看转向盘转角的超调量是否能快速衰减，汽车运动轨迹是否超出路面的限定宽度。试验过程中，驾驶人可以完全松开转向盘，也可以轻扶。整个试验要求以不同的车速和侧向加速度进行试验。

（7）转向盘转角水平　该评价指标用于评价中低速时，操控车辆所需转向盘转角是否过多或引起疲劳。

试验方法：在具有不同转弯半径的宽阔平坦路面上，驾驶人将车速保持在中低速范围内，并尽量地减少修正转向盘，当驾驶人按此操作通过不同的转弯半径时，判断转向盘的转角是否适中。

（8）中心区响应　该评价指标用于评价在直线行驶状态下，以不同车速行驶时，驾驶人输入幅值较小转向量的响应品质。

试验方法：车辆在干燥及湿滑的平直路面或有纵向沟槽的路面上以不同车速行驶（30km/h 至最高车速），驾驶人在车辆进入稳定的直线行驶状态下施加正弦输入，对在中心区域内施加转向输入时汽车的响应量、与转向角关系、转向响应盲区进行判断。

（9）转向瞬态响应　该评价指标用于评价在阶跃输入下，汽车行驶轨迹的改变情况和响应品质。

试验方法：车辆在干燥和湿滑的平直路面上以中高速行驶（60km/h 至最高车速）时，驾驶人对转向盘施加一个转角阶跃输入，并且维持一定的时间后释放转向盘，观察车辆的响应是否稍有滞后；转向效果与转向盘转角是否具有线性。转角输入要由小到大，左右两侧都应评价。

（10）响应的一致性　一致性指标用来评价当位于中心区和非中心区间时，转角与车辆侧倾/横摆之间的响应关系。

试验方法：汽车在平坦宽阔的长路面上以车速由低到高，转角由小到大的方式进行行驶时，分别进行正弦转角输入操作，驾驶人需分别判断在中心区域和非中心区域中的相似输入情况下，车辆的响应风格是否相似。

（11）路感　该评价指标用于评价汽车将自身的行驶状态以及路面信息反馈给驾驶人的能力。

试验方法：汽车以不同的行驶车速沿具备不同平整度及附着特性（干燥、潮湿）的直道及带有不同曲率半径的弯道行驶时，驾驶人能够通过路感反馈感知当前路面的附着状态、车辆的侧向加速度水平及轮胎侧向力储备等信息；路感反馈的强度是否对驾驶行为产生干扰，过弯行驶时的汽车的侧向加速度应在附着极限范围之内。

（12）换道引起的横摆振荡　该评价指标用于评价当车辆在直线行驶过程中，驾驶人施以猛烈转向（类似紧急避障工况）时的横摆响应情况及驾驶人撒手后汽车的横摆衰减情况。

试验方法：汽车在附着系数均一的平直路面上以某一较高车速（80km/h 至最高车速）保持直线稳定行驶状态，随后驾驶人对其施以猛烈的正弦激励（转向输入的频率应小于汽车的侧倾固有频率），输入完成后，松开转向盘，观察车辆的横摆运动是否迅速衰减并消失。

2. 稳定性能主观评价

稳定性能既影响着乘坐舒适性，又影响着行驶安全性，其对车辆的重要性不言而喻。本小节从固有转向特性、直线行驶特性、弯道行驶特性和气流敏感性等方面进行具体阐述，其主观评价指标为图 6-29 所示。

固有转向特性	侧向极限性能
直线行驶稳定性	侧倾性能
不平整路面直线行驶	出/入弯稳定性
驱动力突变	弯道加速稳定性
车辙敏感性	弯道松加速踏板稳定性
气流敏感性	

图 6-29　稳定性能主观评价指标

（1）固有转向特性　该评价指标用于评价在稳态圆周行驶工况下，车辆的转向盘转角与侧向加速度的变化关系，即考察车辆的不足/过多转向特性。

试验方法：在平整的、具有不同的曲率半径弯道以及不同表面特性（潮湿、干燥的路面；冰雪、冰面等）的道路（如操稳性试验道路）上，以恒定的牵引力，在附着条件允许的车速范围内行驶，汽车在中、低速侧向加速度范围内，是否具有中性转向或者轻微的不足转向特性；在大侧向加速度工况下，汽车的不足转向程度是否随着侧向加速度而非线性地增大。

（2）直线行驶稳定性　该评价指标用于评价车辆在高速直线行驶过程中，当遇到各种干扰因素时车辆保持方向稳定性和自回正的能力。

试验方法：在无风或微风天气下，汽车沿均质的、具有不同表面特性的直线路段，如干燥/潮湿路面、冰雪路面、带有不同幅值及波长的波浪路面、碎石路面及其他特殊路面（带有缓冲带、下水道顶盖等局部突起/凹陷的路面），以 80km/h、100km/h、150km/h 或最高车速匀速直线行驶，判断汽车在小转角输入后是否能够迅速自动回正，并保持直线行驶状态。

（3）不平整路面直线行驶性能　该评价指标用于评价在驾驶人松开转向盘的情况下，车辆在不平整路面均匀行驶时的方向稳定性。

试验方法：车辆在具有高附着系数及多种路面不平特征的直线路段（带有不同幅值及波长的波浪路面、斜坡路面）上以较高车速沿试验路段匀速直线行驶（车速可稳定在

80km/h、100km/h、150km/h 或最高车速）时，汽车是否具有保持直线行驶稳定性的能力。整个过程中驾驶人可以放开或者轻扶转向盘。

（4）驱动力突变反应　该评价指标用于评价在驾驶人松开转向盘的情况下，当汽车的驱动力发生突变时转向盘转角的振动幅值；在驾驶人紧握转向盘的情况下，转向力矩的波动情况，以及汽车行驶路径的偏移量和抑制路面扰动所需的转向盘修正量。

试验方法：首先使车辆沿均质的、具有不同附着特性的平直路段（干燥路面、潮湿路面、冰雪路面）匀速直线行驶（车速可稳定在 80km/h、100km/h、150km/h 或最高车速），然后突然改变加速踏板位置（突然减小节气门开度或者突然增加节气门开度至最大位置），汽车是否会产生附加的转向运动；驾驶人紧握转向盘时转向力矩波动大小是否适合；车辆的行驶路径偏移是否过大。

（5）车辙敏感性　该评价指标用于评价当汽车沿纵向缝隙或车辙沟痕行驶时，在驾驶人松开转向盘的情况下，转向盘转角的振动幅值；在驾驶人紧握转向盘的情况下，转向力矩的波动情况；以及汽车行驶路径的偏移量和抑制路面扰动所需的转向盘修正量。

试验方法：当车辆匀速直线行驶（车速可稳定在 80km/h、100km/h、150km/h 或最高车速）通过带有纵向缝隙的高附着平直路段（带有纵向缝隙的水泥板路面；带有纵向施工缝的路面；经铣锉加工的路面；带有凸起的车道标示线的路面；经过重载车辆碾压而形成的带有车辙的路面以及经过严重磨损的路面）时，是否保存原有线路的稳定性；当驾驶人紧握转向盘时转向力矩波动是否能被接受；车辆的行驶路径偏移是否过大。行驶中要求汽车的行驶方向应与纵向沟痕的方向成锐角。

（6）气流敏感特性　该评价指标用于评价汽车在侧向风和超大型车辆所产生的空气扰流干扰下，保持直线行驶稳定的能力。

试验方法：首先，使车辆沿试验路段匀速直线行驶（车速可稳定在 80km/h、100km/h、120km/h、150km/h 或最高车速），然后对汽车施以侧向风作用（可使用自然风，亦可使用鼓风机）。或者驾驶汽车以不同车速进行超车或被超车。重点评价汽车在以不同车速和车距对卡车和客车进行超车时，牵引气流对于试验车辆自身的扰动效果。其次，试验在平坦笔直的高附着路面上进行，最好选择交通顺畅且无限速的高速公路。驾驶人需判断汽车在高速行驶状态下受到以上两种气流扰动（侧向风、扰流）时，是否具有足够强的直线行驶保持能力。

（7）侧向极限性能　该评价指标用于评价汽车在侧向力增长至其附着极限时底盘的特征性能。这里重点评价的是前、后轴可传递的最大侧向力，以及在接近或到达附着极限时车辆横摆响应的过度特征。

试验方法：平整的、带有不同曲率半径及表面附着特性的操控稳定性试验场上，汽车首先以中等横向加速度曲线行驶，然后逐渐加速直至达到侧向附着极限。观察前后轴所能传递的侧向力是否足够大，在接近或达到附着极限的过程中，车体横摆响应的过渡特性是否柔和。

（8）侧倾特性　该评价指标用于评价车身侧倾角、车身侧倾角速度以及车身侧倾角加速度与侧向加速度的关系。

试验方法：在平整的、带有不同曲率半径及表面附着特性的弯道上，驾驶人以不同的车速和侧向加速度在试验路段上行驶，并有意识地改变转向盘的转动速度。观察车身侧倾角和侧倾角速度是否足够小，与侧向加速度是否成正比；左右两个方向的侧倾特性是否对称。

（9）出/入弯道稳定性　该评价指标用于评价当车辆以不同车速匀速通过弯道的过程中，车辆转向的准确性、入弯/出弯时转向的响应速度以及车辆达到稳态的能力。

试验方法：驾驶人操作车辆以不同车速匀速通过平整宽阔的弯道，入弯时（允许略有转向滞后）时，判断此时汽车是否能够以较好的转向准确性、低转向超调量快速进入稳态，是否能够以恒定的车速和转弯半径通过弯道；出弯时（允许略带转向滞后）判断此时汽车是否能够以较好的转向准确性、低转向超调量快速进入直线行驶状态。整个操作过程中是否可预见性。出/入弯操作时尽可能保证转向准确无修正，并且左右两个方向都要进行评价。

（10）弯道加速稳定性　该评价指标用于评价车辆在驱动力作用下固有转向特性的变化情况。

试验方法：汽车在平整的、带有不同曲率半径及表面附着特性的弯道上以恒定车速入弯，进行弯道加速，使车辆达到附着极限。判断在稳态圆周行驶工况下，是否具有轻微的不足转向特性；驾驶人施以加速踏板输入后，车辆是否产生减小不足转向特性的运动趋势；汽车的横摆响应是否具有可预见性。

（11）弯道松加速踏板稳定性　评价指标用于评价车辆在弯道行驶工况下（中、高侧向加速度），突然松开加速踏板时的转向响应，以及维持原有轨迹所需的修正量。

试验方法：汽车在平整的、带有不同曲率半径及表面附着特性的弯道上以中高速入弯，进行弯道松油门工况，判断汽车在稳态圆周行驶工况下，是否具有轻微的不足转向特性；驾驶人松开加速踏板输入后，车辆是否产生减小不足转向特性的运动趋势；汽车的横摆响应是否具有可预见性。试验时车辆左右两个方向都应进行评价。

6.3.2　主观评价指标分析

文献［24］给出了相应的权重，由表 6-4 可知，对于决定车辆的操控稳定性而言，稳定性相比于转向性重要一些。在二级指标中，极限驾驶情况的稳定性和制动性能的稳定性比较重要，权重系数分别为 0.2169 和 0.2078。其次，转向的响应也比较重要，权重为 0.1756，再次是转向的线性、一般驾驶情况的稳定性和转向的作用力。在第三级指标中，转向响应的线性、直线制动的稳定性和最大侧向加速度时制动的稳定性最为重要，权重系数分别为 0.0964、0.0837 和 0.0716。

6.3.3　实例分析

在国内某汽车试验场，由某整车生产厂家五位经验丰富的主观评价工程师，参考文献［24］给出了按照操控稳定性的评价指标和具体的试验方法，对某款车进行评价后，得到表 6-5 中的各项指标评分。将模糊层次分析法得到的权重与相应的评价者的打分相乘求和，得

到层次分析法的操控稳定性总分评分也列于表中。

表6-4　层次分析法计算结果

一级指标	相对于目标层权重	二级指标	相当于一级指标权重	二级指标相对于目标层权重	三级指标	相对于二级指标权重	三级指标相对于目标层权重
A1 转向的操控性	0.45	B1 作用力	0.2708	0.1219	C1 作用力水平	0.2300	0.0280
					C2 作用力变化线性度	0.2050	0.0250
					C3 驻车和低速工况下力水平	0.1567	0.0191
					C4 转向系统摩擦感觉	0.2067	0.0252
					C5 回正性能	0.2017	0.0246
		B2 响应	0.3903	0.1756	C6 中心区响应	0.2917	0.0512
					C7 非中心区响应	0.2722	0.0478
					C8 转向盘角度水平	0.2194	0.0385
					C9 转向盘力矩反馈	0.2167	0.0381
		B3 线性	0.3389	0.1525	C10 转向盘力感的连续性	0.3681	0.0561
					C11 响应的一致性	0.6319	0.0964
A2 操控的稳定性	0.55	B4 一般驾驶	0.2278	0.1253	C12 平整路面直线行驶	0.1597	0.0200
					C13 不平整路面直线行驶	0.2110	0.0264
					C14 加速/制动时牵引稳定性	0.2051	0.0257
					C15 车辙敏感性	0.1933	0.0242
					C16 出/入弯道的稳定性	0.2308	0.0289
		B5 极限驾驶	0.3944	0.2169	C17 单移线稳定性	0.1587	0.0344
					C18 双移线稳定性	0.1780	0.0386
					C19 弯道加速稳定性	0.1439	0.0312
					C20 弯道松加速踏板/制动稳定性	0.1658	0.0360
					C21 可预见性	0.1681	0.0365
					C22 车身控制	0.1856	0.0403
		B6 制动性能	0.3778	0.2078	C23 直线制动稳定性	0.40278	0.0837
					C24 最大侧向加速度时制动稳定性	0.34444	0.0716
					C25 最小侧向加速度时制动稳定性	0.25278	0.0525

表6-5　某车辆操控稳定性主观评价打分与FAHP计算结果

评价项目	评价者A	评价者B	评价者C	评价者D	评价者E	平均	FAHP所得值
操控的稳定性	7	7	7.5	7	7	7.1	7.1939
转向的操控性	7.5	7.5	7	7.5	7.5	7.4	7.3687
作用力	7.5	7	7.5	7.5	7.5	7.5	7.5277
作用力水平	8	8	7.5	8	7.5	7.8	
作用力变化线性度	7.5	8	7	7.5	7.5	7.5	
驻车和低速工况下力水平	7.5	7	8	7.5	7	7.4	
转向系统摩擦感觉	7	7.5	7.5	7.5	7.5	7.4	

（续）

评价项目	评价者 A	评价者 B	评价者 C	评价者 D	评价者 E	平均	FAHP 所得值
回正性能	7	7.5	8	7.5	7.5	7.5	
响应	7	7	7.5	7.5	7	7.2	7.2131
中心区域响应	7	7.5	7.5	7.5	7	7.3	
非中心区域响应	7	7.5	7.5	7.5	7	7.3	
转向盘角度水平	7	7	7.5	7	7	7.1	
转向盘水平反馈	7	7	7	7	7	7	
线性	7.5	8	7	7.5	7.5	7.5	7.4209
转向盘力感的连续性	8	8	7.5	8	7.5	7.8	
响应的一致性	7	7.5	7	7	7.5	7.2	
操控的稳定性	7	7	7.5	7	7	7.1	7.0509
一般驾驶	7.5	7	7.5	7	7.5	7.3	7.2641
平整路面直线行驶性能	7	7.5	7.5	7.5	7.5	7.4	
不平整路面直线行驶性能	7	7.5	7.5	7.5	7	7.3	
加速/制动时牵引稳定性	6	6	7	6.5	7	6.5	
车辙敏感性	8	8	8	8	8	8	
出/入弯道稳定性	7	7	7.5	7	7.5	7.2	
极限驾驶情况	7	7	7.5	7	7.5	7.2	7.2041
单移线稳定性	7.5	7.5	7.5	7.5	7.5	7.5	
双移线稳定性	7	7	7.5	7	7.5	7.2	
弯道加速稳定性	7.5	7.5	7.5	7.5	7	7.4	
弯道松加速踏板/制动稳定性	7	7	7.5	7	7	7.1	
可预见性	7	7	7.5	7	7.5	7.2	
车身控制	6.5	7	7	7	7	6.9	
制动性能	6.5	7	7	7	6.5	6.8	6.7622
直线制动稳定性	6.5	7	7	7	7	6.9	
最大侧向加速度时制动稳定性	6	6.5	7	6.5	6.5	6.5	
最小侧向加速度时制动稳定性	7	7	7	7	6.5	6.9	

由表 6-5 可以看出，计算得到的分数与主观评价工程师的打分基本一致。根据表中计算得到的平均分，可画出该车的操控稳定性主观评价的蜘蛛图，如图 6-30 所示。由蜘蛛图可以更为直观地看出，实验车辆的操控稳定性中，作用力和线性的主观评分表现较好，但制动性能的评分较低。

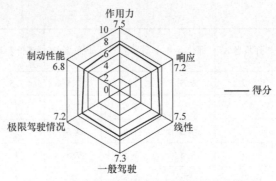

图 6-30　某车辆的操控稳定性主观评价蜘蛛图

任务实施

对案例进行评述（从学习后的角度进行评述）。

 课后拓展

　　无人驾驶汽车是智能汽车的一种，也称为轮式移动机器人，主要依靠车内的以计算机系统为主的智能驾驶仪来实现无人驾驶的目标。据汤森路透知识产权与科技最新报告显示，2010～2015 年间，与汽车无人驾驶技术相关的发明专利超过 22000 件，并且在此过程中，部分企业已崭露头角，成为该领域的行业领导者。

　　从 20 世纪 70 年代开始，美国、英国、德国等发达国家开始进行无人驾驶汽车的研究，在可行性和实用化方面都取得了突破性的进展。中国从 20 世纪 80 年代开始进行无人驾驶汽车的研究，国防科技大学在 1992 年成功研制出中国第一辆真正意义上的无人驾驶汽车。

　　中国自主研制的无人车——由国防科技大学自主研制的红旗 HQ3 无人车，如图 6-31 所示，2011 年 7 月 14 日首次完成了从长沙到武汉 286km 的高速全程无人驾驶实验，创造了中国自主研制的无人车在复杂交通状况下自主驾驶的新纪录，标志着中国无人车在复杂环境识别、智能行为决策和控制等方面实现了新的技术突破，达到世界先进水平。

红旗HQ3无人车由国防科技大学自主研制，2011年7月中旬它从京珠高速公路长沙杨梓冲收费站出发，历时3h 22min到达武汉，总距离286km。实验中，无人车自主超车67次，途遇复杂天气，部分路段有雾，在咸宁还遭逢降雨。

红旗HQ3全程由计算机系统控制车辆行驶速度和方向，系统设定的最高时速为110km。在实验过程中，实测的全程自主驾驶平均时速为87km。国防科技大学方面透露，该车在特殊情况下进行人工干预的距离仅为2.24km，仅占自主驾驶总里程的0.78%。

图6-31 红旗HQ3

 本章小结

1. 转向盘输入有角位移输入和力矩输入。

2. 汽车直线行驶时，急速转动转向盘至某一转角时，停止转动转向盘并维持此转角不变，即给汽车以转向盘角阶跃输入。

3. 转向盘角阶跃输入前后，直线行驶与等速圆周行驶这两个稳态运动之间的过渡过程是一种瞬态，相应的瞬态运动响应称为转向盘角阶跃输入下的瞬态响应。

4. 横摆角速度增益的定义：令稳态时单位前轮转角所引起的横摆角速度为"稳态横摆角速度增益"，用 $\left.\dfrac{\omega_r}{\delta}\right)_S$ 表示。

5. 汽车的稳态转向特性分成三种类型：不足转向、中性转向和过多转向。

6. 操控性是指汽车的运动参数能否及时而准确地遵循驾驶人的主观意图而变化。稳定性是指汽车在外部因素作用下，汽车能够保持或者自行迅速恢复原来运动参数的能力。

7. 扁平率对轮胎侧偏刚度影响很大，采用扁平率小的宽轮胎是提高侧偏刚度的主要措施。

8. 电控助力转向系统主要由传感器、控制单元和助力电动机三部分组成，控制单元接受传感器所测信号（车速、转矩、转向状态、侧向速度等），经过分析处理，然后由电动机实现操作。

9. 汽车操控稳定性主观评价主要从转向性能、稳定性能两个方面来进行评价。

【复习思考题】

1. 为什么汽车应具有适度的不足转向？

2. 举出三种表示汽车稳态转向特性的方法，并说明汽车重心前后位置和内、外轮负荷转移如何影响稳态转向特性？

3. 汽车转弯时车轮行驶阻力是否与直线行驶时一样？

4. 横向稳定杆起什么作用？为什么有的车装在前悬架，有的装在后悬架，有的前后都装？

5. 某种汽车的质心位置、轴距和前后轮胎的型号已定，按照二自由度操控稳定性模型，其稳态转向特性为过多转向，试找出五种改善其特性的方法。

6. 汽车空载和满载是否具有相同的操控稳定性？

7. 转向盘力特性与哪些因素有关？试分析。

8. 地面作用于轮胎的切向反作用力是如何控制转向特性的？

9. 具有过多转向的汽车会出现什么危险？

10. 汽车操控稳定性的主观评价中，为什么稳定性评价比转向性重要一些？

第7章

Chapter 7

汽车安全性与评价

学习目标

◎ 掌握汽车安全性的基本内容和评价指标；

◎ 掌握影响汽车安全性的因素（理论分析）；

◎ 掌握汽车安全性的种类及提高汽车安全性的相关技术。

技能要求

◎ 能描述汽车的各参数及配置对汽车安全性的影响；

◎ 能运用相关理论对汽车的安全性进行评价。

知识点阐述

汽车安全性一般分为主动安全性和被动安全性。汽车主动安全性是指汽车本身防止或减少道路交通事故发生的性能；汽车被动安全性是指交通事故发生后，汽车本身减轻人员伤害和货物损失的能力。

任务引入

近年来，华晨宝马有三款汽车进行过 C - NCAP 测试，分别为宝马 5 系、1 系以及 X1，均获得了 5 星评价，尤其是宝马 5 系，其 59.5 分的总成绩距满分只差 1.5 分，可以说是树立起豪华车安全性能的标杆。

问题 1：C - NCAP 碰撞试验，需要对汽车的哪些部位进行试验？

问题 2：C - NCAP 与 Euro - NCAP、US - NCAP 其他试验与总体星级评价方法对比有什么不同？

7.1　汽车安全性的客观评价

国际上普遍采用新车评价程序（New Car Assessment Program，NCAP）作为第三方的公正评价监督，它通过对各款新车进行碰撞试验，来评价车辆对驾乘人员和行人的保护能力。NCAP 是在标准环境、标准路面上进行的测试，主要从被动安全性方面入手，评价在发生碰撞事故时，车内乘员和行人所受的伤害部位及程度。

Euro – NCAP 的全称是"欧洲新车安全评鉴协会"，是结合了欧盟、专业学者及高科技工程技师所成立的专业安全评鉴组织，凡在欧洲销售的新车，均需将销售的车款送 Euro – NCAP 进行撞击测试，通过 Euro – NCAP 专业且严格的安全评鉴，并且通过车速 64km/h 正面撞击以及车速 50km/h 的侧面撞击测试，从而向消费者提供购车选择上的参考依据。

C – NCAP（China – New Car Assessment Program），是将在市场上购买的新车型按照比我国现有强制性标准更严格和更全面的要求进行碰撞安全性能测试，评价结果按星级划分。C – NCAP在很大程度上借鉴了欧洲 Euro – NCAP 碰撞标准。通过测试，可以让消费者直观地看出汽车的安全性能，同时也对企业生产起到督促作用。

Euro NCAP 的碰撞测试分为两个基本项目：正面碰撞和侧面碰撞。正面碰撞速度为 64km/h，侧面碰撞为 50km/h。NCAP 的碰撞测试成绩以星级表示，见表 7-1。

表 7-1　NCAP 的碰撞测试成绩

星级	成员严重伤害的概率
★★★★★	≤10%
★★★★	11% ~20%
★★★	21% ~35%
★★	36% ~45%
★	>46%

一般认为，一个车型在 NCAP 的碰撞测试里得到 5 星的成绩可谓优秀，而 4 星成绩则可以接受，至于 3 星和 3 星以下的碰撞测试成绩表明此款车型在安全性方面有缺陷。

下面将从测试指标等角度对试验形态、碰撞速度、假人安放、评价 C – NCAP2012 版与最新版 US – NCAP 和 Euro – NCAP 正面碰撞、侧面碰撞、翻滚试验、主动安全辅助装置以及总体评价等主要技术内容的差异进行比对分析，见表 7-2 ~ 表 7-4。

表 7-2　C – NCAP 与 Euro – NCAP、US – NCAP 正面碰撞分析表

正面碰撞	Euro – NCAP（欧洲）	US – NCAP（美国）	C – NCAP（中国）	
试验形态	正面 40% 偏置碰撞	正面 100% 刚性壁障	正面 40% 偏置碰撞	正面 100% 刚性壁障
碰撞速度	64km/h	56km/h	50km/h	64km/h
假人安放	前排两个 Hybrid Ⅲ 50th，后排 P3、P1.5 儿童假人	驾驶人 Hybrid Ⅲ 50th，乘员侧 Hybrid Ⅲ50th 后排无假人	前排两个 Hybrid Ⅲ 50th，后排 Hybrid Ⅲ 50th、P3	前排两个 Hybrid Ⅲ50th，后排 左侧 Hybrid Ⅲ 50th、P3
假人测点	头、颈、胸、大腿、小腿	头、颈、胸、大腿	头、颈、胸、大腿、小腿	
伤害评价	取驾驶人和乘员伤害更严重的指标进行评价	驾驶人和乘员单独评价，取二者平均值作为评价结果	取驾驶人与乘员伤害更严重的指标进行评价	

1）从表 7-2 可以看出，Euro – NCAP 仅考核正面 40% 偏置碰撞性能，US – NCAP 仅考

核正面100%刚性壁障碰撞性能，而 C - NCAP 考核更全面，涵盖上述两种试验，且正面100%刚性壁障碰撞速度高于 US - NCAP，此外，碰撞假人选取略有差异。

其中，P1.5 和 P3 分别表示 P 系列的一岁半和三岁儿童假人；驾驶人 Hybrid Ⅲ 50th 表示混合Ⅲ型第 50 百分位男性假人。

2）从表 7-3 可以看出，C - NCAP 侧面碰撞测试项目仅有可移动变形壁障（MBD）侧面碰撞，较 Euro - NCAP 和 US - NCAP 少了侧面柱碰撞测试，并且欧洲和美国柱碰撞测试的碰撞速度与碰撞角度都不同。

表 7-3　C - NCAP 与 Euro - NCAP、US - NCAP 侧面碰撞对比

侧面碰撞	Euro - NCAP（欧洲）	US - NCAP（美国）	C - NCAP（中国）
试验形态	① 可移动变形壁障侧碰撞 ② 侧面柱碰撞	① 可移动变形壁障侧碰撞 ② 侧面柱碰撞	① 可移动变形壁障侧碰撞 ② 无侧面柱碰撞
碰撞速度与角度	① 90°侧面碰撞 50km/h ② 90°侧面柱碰撞 29km/h	① 27°斜角碰撞 50km/h ② 75°斜角侧柱撞 32km/h	① 90°侧面碰撞 50km/h
假人安放	① 驾驶人 ES - 2，后排 P1.5、P3 ② 仅驾驶人侧 ES - 2 假人	① 驾驶人 ES - 2re，驾后 SID - Ⅱs ② 仅驾驶人侧 SID - Ⅱs	① 驾驶人 ES - 2，驾后 SID - Ⅱs
台车质量	950kg	1368kg	950kg
假人测点	ES - 2：头、胸、腹、骨盆； P1.5 P3：头、胸	ES - 20re：胸、腹、骨盆； SID - Ⅱs：头、骨盆	ES - 2：头、胸、腹、骨盆； SID - Ⅱs：头、胸、骨盆
伤害评价	承认保护评价中，两种侧碰形式各占总分 2/9	前排评价：柱碰撞和 MDB 碰撞，权重 1:4；后排根据 MDS 结果，平均前、后排结果得到总体侧碰评价结果	前、后排乘员假人单独计分

3）从表 7-4 可以看出：只有 Euro - NCAP 有行人保护测试；Euro - NCAP 与 C - NCAP 针对主动安全辅助装置进行了加分；在总体星级评价方面，三个 NCAP 评价体系也不尽相同，各具特色。

表 7-4　C - NCAP 与 Euro - NCAP、US - NCAP 其他试验与总体星级评价方法对比

试验项目	Euro - NCAP（欧洲）	US - NCAP（美国）	C - NCAP（中国）
行人保护	成人、儿童头部冲击、大腿冲击、小腿冲击试验	无	无
挥鞭伤害台车试验	动态＋静态评价，低、中、高 3 种强度碰撞脉冲动态评价指标：NIC，NKm，回弹速度，上颈部 F_x、上颈部 F_x、T_1 加速度、头枕接触时间	无	仅动态评价，中强度碰撞脉冲动态评价指标：NIC、上颈部 F_x、上颈部 M_y、下颈部 F_x、下颈部 M_y
翻滚试验	无	根据静态稳定系数和动态试验评价	无

（续）

试验项目	Euro – NCAP（欧洲）	US – NCAP（美国）	C – NCAP（中国）
主动安全	电子稳定控制（ESP）、安全带提醒装置	无	ESP、安全带提醒装置
总体星级评价	成人保护、儿童保护、行人保护与主动安全装置得分按 5:2:2:1 权重得出的总分数对应不同星级	根据正碰、侧碰以及翻滚测试的星级按照 5:4:3 的权重计算得出总体星级	根据正碰、侧碰、主动安全装置等得分累加，对应不同的星级

注：F 为力；M 为弯矩；NIC 为颈部伤害系数（neck injury criterion）；NKm 为颈部伤害预测指标（neck injury predictor）；T_1 为自上往下第 1 个胸椎（thorax）。

结论：

1）新车评价规程（NCAP）对于提高汽车安全性、降低道路交通事故的发生率有较大贡献。

2）NCAP 的实施，极大地促进了生产厂家对于汽车安全研发的投入，明显提高了汽车的安全性能，降低了道路交通事故中乘员的伤害风险和死亡人数。随着 NCAP 评价技术更加全面、苛刻，将会使得车辆更加安全，对乘员保护更加全面、完善。

3）NCAP 评价技术与汽车安全技术的发展相辅相成、互为促进。

4）NCAP 的实施，极大促进了汽车安全技术的提高，体现在汽车安全车身结构设计、乘员约束系统优化以及主被动安全融合等技术；同时，随着汽车安全技术的提高，也促使 NCAP 评价技术的提升，包括试验技术、测试评价技术等关联技术。

5）通过分析 NCAP 评价技术的发展趋势，为汽车业界指出了汽车安全技术的关注点，使得汽车制造商可以有的放矢，通过前瞻性的研究以及生产更安全的汽车以应对更加苛刻的汽车安全标准的要求，最终实现生产的车辆"没有最安全，只有更安全"的理想目标，从而保证最大限度地降低道路交通伤亡事故的愿景。

任务实施

对案例进行评述（从学习后的角度进行评述）。

任务引入

客户王小姐驾驶她的甲壳虫车来到××汽车销售服务有限公司，向维修主管讲述自己的轿车前照灯亮度不够，在夜间行车时无法提供足够的光线，影响视野，感觉夜间行车不安全，要求检修。

问题1：假设你是该汽车销售服务有限公司的维修技师，你该如何对该车的前照灯进行检查？

问题2：汽车主动安全包括哪些内容？

7.2 汽车安全性分类

7.2.1 汽车主动安全性

汽车的主动安全性能也称"一次安全性"，主要取决于汽车总体尺寸、制动性、行驶稳定性、操控稳定性、信息性以及驾驶人工作条件（操作元件、人机特性、座椅舒适性、噪声、温度和通风、操纵轻便性）等。此外，汽车动力性（特别是超车的时间和距离）也对安全性有重要影响。

1. 行驶安全性

汽车的行驶安全性是指汽车的装备保证汽车运行安全，同时具有最佳动态性能的能力，包括良好的动力性、制动性、操控稳定性等。

（1）汽车动力性 汽车的最高车速（u_{amax}）和最大爬坡度（i_{max}）直接影响汽车的持续车速。汽车在公路上行驶时应具有符合规定的持续车速，如果车速比正常车流速度低很多，则很可能诱发交通事故。加速时间（t_a）是衡量汽车行驶过程中驾驶能力的指标，直接影响汽车超车并行时间，超车时间越长则安全性越差。

（2）汽车制动性 汽车制动性是汽车的主要使用性能之一，是汽车安全行驶的重要保障。重大交通事故往往与制动距离过长、制动时发生严重侧滑或方向失控、下长坡制动稳定性差等情况有关。良好的汽车制动安全性应由完备的制动系统来保证。

（3）汽车操控稳定性 汽车的操控稳定性包含操控性和稳定性两个相互联系的部分。汽车的操控稳定性是决定高速汽车安全行驶的一个主要性能，其主要内容和主要评价参数见表6-1。

（4）汽车通过性 汽车通过性即汽车能以足够高的平均车速通过各种坏路、无路地带及各种障碍的能力。汽车通过性可分为支撑通过性和几何通过性。汽车通过性能的好坏主要取决于汽车与地面之间的几何关系及其自身的结构设计参数，同时也会影响到汽车其他性能的安全性，如动力性、稳定性以及视野等。

2. 环境安全性

环境安全性一般是指将影响汽车驾驶人及乘客的各种心理压力降到最低程度，从而在一定程度上减少交通事故发生的能力，环境安全性影响因素主要包括振动、噪声、各种气候条件等。

汽车行驶平顺性是指汽车在行驶中保证乘员不致因车身振动而引起明显不舒服和疲劳的感觉。汽车运动时会因无法避免外界各种因素的干扰，而引起车辆振动，例如发动机振动、传动系统振动、前轮摆振等。汽车行驶平顺性直接表征了汽车对路面不平度的隔振性能，振动经过轮胎、悬架和座椅坐垫等弹性元件减振后传到人体，再由人的生理、心理和器官等进行复杂因素综合，产生人对振动的反应，如不舒适和疲劳，从而影响行车安全。汽车行驶平顺性一般用车身传至人体的加权加速度均方根值、悬架撞击限位块的概率和车轮与路面之间的动载为评价指标。

汽车在运动过程中是一个组合噪声源，发动机、传动系统、轮胎的滚动、车身摩擦都会产生噪声。根据汽车噪声对环境的影响，可分为车内噪声和车外噪声。客车噪声排放的限值和公差见表7-5。

表7-5　客车噪声排放的限值和公差（EEC 法规要求）　　　　　（单位：dB）

客车类型	限值和公差
允许总质量 2 ~ 3.5t	76 +1
直接喷射柴油发动机	77 +1
允许质量 3.5t 以上 发动机功率≤150kW	78 +1
发动机功率 >150kW	80 +1

注：EEC 指欧洲经济委员会实施的针对汽车部件的批准制度。

3. 感觉安全性

汽车感觉安全性是指考虑一定的特殊要求或者设置特定装备，使驾驶人能够有效掌握道路状况和汽车的运动状况，有助于做出正确判断以减少交通事故的能力。感觉安全性的影响重要因素主要包括汽车的照明设备和驾驶人视野。

（1）汽车照明设备　汽车照明设备的作用是为汽车行驶提供照明，将其行驶状况向交通过程的其他参加者发出信号，以及在车辆管制状态下为驾驶人提高必要的信息。汽车照明设备分为车辆前端照明设备、后端照明设备和车内照明设备三部分。前端照明设备主要有近光灯、远光灯、雾灯、辅助行驶灯、转向灯和驻车灯等；后端照明设备主要包括停车灯、尾灯、雾灯、转向灯、倒车灯和牌照灯等；车内照明设备主要包括仪表灯和车厢照明灯。

（2）驾驶人视野　驾驶人视野也是影响感觉安全性的重要因素，因为行车过程中约五分之四的信息是通过视觉得到的。提高和改善驾驶人视野的主要措施如下：

1）扩大风窗玻璃的有效透明区域面积。

2）减小风窗立柱的投影长度。

3）降低发动机舱盖的高度。

4）在保证驾驶人舒适性的条件下，减少座椅坐垫与靠背的倾角，选择适当的座椅高度，将座椅尽量靠近中间一些。

5）安装刮水器、除雾除霜装置、遮阳板等改善恶劣气候条件下视野性能的装置。

6）选择合适的后视镜曲率。

7）提高车内外环境的识别性。

8）合理调整灯光。

4. 操纵安全性

汽车操纵安全性是指对驾驶人周围的工作条件做优化设计，最大程度，减缓驾驶人操作时的紧张感，以提高驾驶安全系数，减少交通事故发生的能力。因此，需要从人机工程学原理出发，合理设计和布局汽车操纵机构，使其方便操作并减少驾驶人疲劳感。

> **注意** 汽车操纵机构是指车内供驾驶人用来操纵汽车的各种装置，可分为一级和二级操纵装置。一级操纵装置包括离合器、转向盘等，它与汽车运动性能直接相关；二级操纵装置包括照明开关等，它的作用是保障汽车安全运行。汽车操纵机构是人与汽车互动的平台，设计时要充分考虑驾驶人的生理、心理特征，提高可操作性，从而提高汽车的操纵安全性。

7.2.2 汽车被动安全性

汽车被动安全性能也称为"二次安全性"，可分为汽车内部被动安全性（减轻车内乘员伤亡和货物受损）和外部被动安全性（减轻对事故所涉及的其他人员和车辆的损害）。

汽车的被动安全性主要涉及车身结构、座椅、车顶、车门强度、安全玻璃、转向盘和转向管柱、内饰件、安全带和安全气囊等，归纳起来可分为安全车身结构和乘员保护系统两大类。其中，安全车身结构主要是为了减少一次碰撞带来的危害，而乘员保护系统则是为了减少二次碰撞造成的乘员损伤或避免二次碰撞。

减少二次碰撞可能性的主要措施包括安装安全带及提高安全带的固定强度、安装安全气囊等。而可折叠的吸能转向盘、膝部的缓冲垫、车内饰件软化、仪表板的软化以及避免风窗玻璃碎片的侵害等，都是在二次碰撞发生时减少对乘员伤害的措施。大量实践表明，良好的汽车乘员保护系统设计，可以大幅减少乘员受伤害的程度，降低死亡率。

任务实施

维修技师为客户完成车辆前照灯亮度检修方案设计。在教师的引导下，以小组为单位学习相关技能，并填写下列表格。

1）检修项目及结果。

检修项目	结果
蓄电池电压/V	
交流发电机输出电压/V	
变光开关是否接触不良	
灯丝是否老化	
前照灯的反光镜是否老化或粘有异物	

2）各组根据客户车辆的故障现象搜集恰当的影响因素，并予以分析。

3）对案例进行评述（从学习后的角度进行评述）。

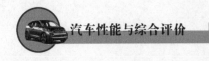

作为世界安全标准的重要组成机构，美国公路安全保险协会（IIHS）公布了 2017 年死亡率最高的车型。2017 年死亡率最高的车型前五名分别是现代 Accent 轿车、起亚 Rio、丰田 Scion tC、雪佛兰 Spark 以及日产 Versa。汽车的安全性是影响人们购买汽车的重要因素，汽车的安全配置及技术也成为汽车厂商将汽车推向市场的亮点。

问题：汽车的安全配置和技术有哪些？其工作原理是什么？

7.3 典型汽车安全装置

20 世纪 60 年代，汽车采用能量吸收式转向柱、双管路制动等，推动了汽车安全技术的进步，汽车上推广使用安全带、侧撞防护装置、座椅头枕、儿童安全座椅、安全门锁、广角后视镜及安全轮胎等，进一步推动了汽车安全性能的提高；20 世纪 70 年代，汽车安全技术的最大成就之一是汽车防抱死制动系统（ABS）的使用；ABS 在 20 世纪 80 年代得到普及且发展了制动辅助系统（BAS）、电子制动系统（EBS）和自动侧滑控制（ASR），在这一时期，安全气囊和安全带张紧器等约束系统也得到发展并装车使用；20 世纪 90 年代后，汽车安全技术得到更加迅猛的发展，电子技术、控制技术、传感器技术和新材料在汽车产品中的成功应用，为汽车安全技术的发展插上了翅膀，气体放电前照灯和新的智能型前照灯改善了夜间行车时汽车的安全性，安全气囊性能的改善，防正撞、防侧撞气囊的装车使用及汽车车身结构抗碰撞性和兼容性的提高使汽车被动安全性进一步提高。

7.3.1 典型汽车主动安全装置

轿车上安装的几种最常见的安全装置包括：防抱死制动系统（ABS）、电子制动力分配（EBD）、驱动防滑系统（TCS）、电子稳定程序（ESP）。由于第 5 章 5.2.4 已对防抱死制动系统以及电子制动力分配进行了介绍，在此不再赘述。

1. 驱动防滑系统（TCS）

TCS 是 Traction Control System 的缩写，中文意思是驱动防滑系统，也称为牵引力控制（ASR）系统，或者循迹控制系统。

（1）概述 当驾驶汽车在光滑路面制动时，车轮有时候会打滑，甚至发生汽车方向失控现象。同样，在起步或者突然加速的时候，驱动轮也有打滑的可能，特别是在潮湿或者冰雪覆盖的路面上，TCS 的作用就是防止车轮打滑。

TCS 连接着一个电子传感器，当它探测到从动轮速度低于驱动轮（这是打滑的特征）时，就会发出一个信号，通过调节点火时间、减小节气门开度、降挡或制动等手段让车轮不再打滑。TCS 对汽车行驶稳定性、加速性、爬坡能力有显著的提高。如果配合 ABS 使用，TCS 的效能将大大提高。TCS 和 ABS 可共用车轴上的轮速传感器并与行车电脑连接，不断监视各车轮的速度，当在低速时发现打滑，TCS 会立刻发出指令让 ABS 产生动作来降低车轮的打滑。若在高速时发现打滑，TCS 立即向行车电脑发出指令，指挥发动机降速或变速器降挡，使打滑车轮不再打滑，防止车辆失控、甩尾。TCS + ABS 可有效提高汽车的安全性。

驱动车轮的滑移率

$$S = \frac{u - u_w}{u} \times 100\% = (1 - u_w/u) \times 100\% = \frac{u - rw_w}{u} \times 100\%$$

式中　u_w——车轮圆周速度；

　　　u——车身瞬时速度；

　　　r——车轮滚动半径；

　　　w_w——车轮的角速度。

滑移率与纵向附着系数的关系如图 7-1 所示。

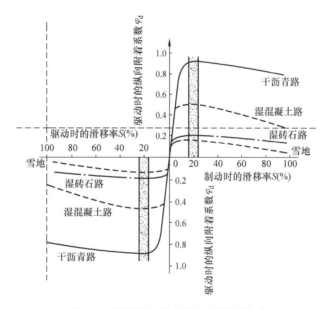

图 7-1　滑移率与纵向附着系数的关系

1）附着系数随路面的不同而呈大幅度的变化。

2）在各种路面上，滑移率为 20% 左右时，附着系数达到峰值。

3）无论制动还是驱动，上述趋势几乎一样。

TCS 就是利用控制器控制车轮与路面的滑移率，防止汽车在加速过程中打滑，特别是防止汽车在非对称路面或转弯时驱动轮的空转，以保持汽车行驶方向的稳定性、操纵性，维持汽车的最佳驱动力，提高汽车的平稳性。

（2）ASR 系统的基本组成与工作原理

1）ASR 系统的基本组成：ECU（ASR 电控单元）；执行器（制动压力调节器、节气门驱动装置）；传感器（车轮轮速传感器、节气门传感器），如图 7-2 所示。

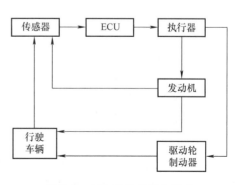

图 7-2　ASR 系统的基本组成

2）ASR 系统的工作原理。轮速传感器将行驶汽车驱动轮转速及非驱动轮转速转变为电信号，输送给电控单元（ECU）。ECU 根据轮速传感器的信号计算驱动车轮的滑移率，若滑移率超限，ECU 综合节气门开度信号、发动机转速信号、转向信号等因素确定控制方式并输出控制信号，使相应的执行器动作，将驱动轮的滑移率控制在目标范围之内。

（3）ASR 系统与 ABS 的区别　ASR 系统和 ABS 都是控制车轮和路面的滑移率，以使车轮与地面的附着力不下降，它们密切相关，常结合在一起使用，共享许多电子组件和系统部件来控制车轮的运动。

1）ABS 是防止制动时车轮抱死滑移，提高制动效果，确保制动安全；ASR 系统（也称 TRC）则是防止驱动车轮原地不动而不停地滑转，提高汽车起步、加速及在滑溜路面行驶时的牵引力，确保行驶稳定性。

2）ABS 对所有车轮起作用，控制其滑移率；而 ASR 系统只对驱动轮起制动控制作用。

3）ABS 是车轮在制动时出现抱死的情况下起作用，在车速很低（小于 80km/h）时不起作用；而 ASR 系统则是在车辆行驶中驱动轮出现滑转时起作用，当车速很高（80～120km/h）时不起作用。

2. 电子稳定程序（ESP）

（1）概述　EPS 是 Electronic Stability Program 的缩写，中文名称叫作"电子稳定程序"，也称为车辆横摆控制系统。沃尔沃公司的 DSTC，宝马公司的 DSC，丰田、雷克萨斯的 VSC，它们的基本原理和作用与 ESP 是一致的，只是叫法不同。

（2）ESP 的作用　ESP 的作用是随时监控汽车的行驶状态，当汽车在紧急闪避障碍物，或在转弯出现转向不足、转向过度时，ESP 能帮助车辆克服偏离理想轨迹的倾向。实际上，ESP 是通过对各传感器传来的车辆行驶状态信息进行分析，进而向 ABS、TCS（ASR）发出纠偏指令来帮助车辆维持动态平衡。其中，最重要的信息由偏航率传感器提供，它负责测定汽车围绕纵轴的旋转运动（偏航率）。其他传感器负责记录偏航角速度和横向加速度。ESP 的电脑会计算出保持车身稳定的理论数值，再比较由偏航率传感器和横向加速度传感器所测得的数据，发出平衡、纠偏指令。

车辆发生转向不足时，会产生向理想轨迹曲线外侧的偏离倾向，而转向过度则正好相反，会向内侧偏离。ESP 的纠偏工作过程：通过 TCS 装置牵制发动机的动力输出，同时指挥 ABS 对各个车轮进行制动，产生一个反偏航转矩，将车辆带回到理想轨迹曲线。例如，出现转向不足时，制动力会作用在曲线内侧的后轮上，而在严重转向过度时会出现甩尾，这种倾向可以通过对曲线外侧的前轮进行制动予以纠正。

（3）电子稳定系统的组成　汽车电子稳定系统一般由传感器（轮速传感器、加速度传感器、横向偏摆率传感器、转向角传感器、制动液压传感器、节气门位置传感器）、电子控制单元（ECU）、执行器及警示装置组成，如图 7-3 所示。

（4）ESP 的工作原理　汽车在转弯过程中会出现打滑现象，当后轮出现打滑时产生转向过度，当前轮出现打滑时产生转向不足。当以上两种情况出现时，汽车电子稳定系统就会开始工作。

电子控制单元通过转向盘转角传感器确定驾驶人想要的行驶方向；通过轮速传感器和横向偏摆率传感器来计算车辆的实际行驶方向。当电子稳定程序检测到车辆的行驶轨迹与驾驶人的要求不符时，电子稳定程序将首先利用牵引力控制系统中的发动机转矩减小功能并向发

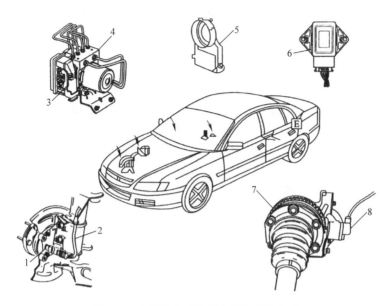

图 7-3　电子稳定系统零件位置及其组成

1—前轮轮速传感器　2—前轮轮速传感器引线　3—电子控制单元（ECU）
4—液压调节器总成　5—转向盘转角传感器　6—横向偏摆率传感器
7—后轮轮速传感器脉冲环　8—后轮轮速传感器

动机控制模块发送一个串行数据通信信号，请求减小发动机转矩。如果电子稳定程序仍然检测到车轮侧向滑移，则电子稳定程序将实行主动制动干预。

1）当汽车在行驶过程中，由于意外造成转向过度使后轮打滑、车辆抛出转弯曲线，此时 ESP 把制动力加到外侧前轮，使车辆的转弯力量减小，同时使后轮的打滑现象也减少。转向盘转角传感器向电子控制单元发送一个驾驶人想要转向的信号，横向偏摆率传感器检测到车辆开始打转，同时车辆后端开始产生滑移，说明车辆开始转向过度，电子稳定程序将实行主动制动干预，如图 7-4 所示。

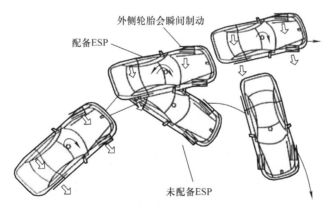

图 7-4　转向过度

2）当汽车行驶过程中，如果出现前轮打滑，电子控制单元会发出指令降低发动机转矩，并给内侧前轮施加制动力，使其向内侧移动，以达到驾驶稳定的目的。转向盘转角传感器向电子控制单元发送一个驾驶人想要转向的信号，横向偏摆率传感器检测到车辆开始打转，同时车辆前端开始产生滑移，说明车辆出现转向不足，电子稳定程序将实行主动制动干预，如图 7-5 所示。

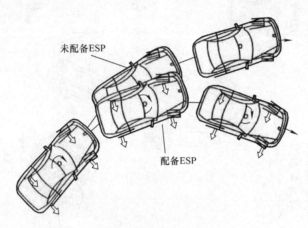

未配备ESP

配备ESP

图 7-5　转向不足

7.3.2　典型汽车被动安全装置

1. 安全车身

安全车身是指一种专门设计的车身结构。为了减轻汽车碰撞时乘员的伤亡，在设计车身时着重加固乘客舱部分，削弱汽车头部和尾部。当汽车碰撞时，头部或尾部被压扁变形并同时吸收碰撞能量，而乘客舱不产生变形以便保证乘员安全。1952 年 8 月 28 日，奔驰公司开发出世界上第一个安全车身，并注册了安全车身专利。关于安全车身技术，有丰田的 GOA 安全车身、马自达 3H 车身结构以及本田的 G–CON 安全车身等。

汽车车身结构设计时要充分考虑尽量减小碰撞的影响，尽可能提升汽车的被动安全性。车身设计时，应综合考虑吸能转向系统、安全带及安全气囊的相互配合，提升被动安全性。合理的车身设计应符合如下要求：一是为缓解乘员在碰撞事故中受到的伤害，设计时应最大限度地吸收车辆和乘员的动能；二是汽车碰撞后车内应为成员留下足够的生存空间，同时确保碰撞发生后方便乘员逃脱和救援。

（1）汽车车身外部的基本要求　图 7-6 是美国统计的包含正撞、侧撞、追尾碰撞等汽车各个方向碰撞事故的概率分布图。碰撞事故中，汽车外部安全性的基本要求如下：

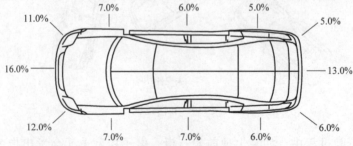

图 7-6　汽车碰撞事故的概率分布（美国）

1）正面碰撞时，汽车保险杠和车身前部要有缓冲能力，在碰撞变形时，能有效吸收动能，车身又需要适当的变形长度来降低车轮、发动机及车厢的加速度。

2）侧面碰撞时，汽车内部的结构部件吸收动能的能力极其有限，车身严重的侧面变形会对乘员造成致命性危害，因此要保证车门和立柱有足够的刚度，车内板足够柔软。

3）追尾碰撞所造成的最主要的伤害是乘员颈部冲击伤害，因此应尽量软化车辆尾部区段，保证燃油系统在碰撞中的完整性。

（2）汽车车身安全的结构设计　为了提高汽车在碰撞中的安全性，保证汽车结构的缓冲及吸能能力，汽车车身安全的结构设计极其重要，这直接关系到汽车的被动安全性。车身安全的结构设计主要包括五个结构装置：

1）前保险杠，其主要功能是为了减轻一次碰撞的伤害程度。在碰撞中既能保护行人安全，又能避免汽车重要部件损坏，减少维修费用。

2）后保险杠，是一种在倒车时保护车身后部，减少对行人及障碍物的碰撞伤害的防撞装置。

3）侧围保险杠，在会车时保护汽车免受侧面障碍物刮擦及碰撞冲击的防撞装置。

4）救护网，保护被碰撞跌下路面的行人免受车轮碾压的结构设计。

5）翻车保护杠，保证车顶梁及立柱在翻车时有足够的强度和刚度来保护乘员的结构设计。

2. 安全带系统

安全带是将乘员的身体约束在座椅上，在汽车发生碰撞时使伤亡减到最低程度的安全装置。安全带的作用是在车辆发生碰撞事故时，避免乘员身体冲出座椅与车内饰件发生二次碰撞。

安全带对乘员保护的原理是当碰撞事故发生时，安全带在人体作用下产生位移，锁止机构开始工作，安全带被锁紧，而不能自由地从卷收器中抽出，从而将乘员"束缚"在座椅上，力求使乘员的头部、胸部不至于向前撞到转向盘、仪表板及风窗玻璃上，减少乘员发生二次碰撞的危险，同时避免乘员在车辆发生翻滚等危险情况下被抛离座椅。

> **注意**　安全带作为主要的乘员约束保护装置，是目前最有效的安全设备，其单独使用时可以减少42%左右的死亡率。从以往的交通事故统计资料中可以发现，使用安全带的驾驶人头部负伤率约为36.1%，而不使用安全带的驾驶人头部负伤率高达51%。

（1）安全带的种类　安全带按照使用的主动性，可以分为主动型安全带及被动型安全带两类。主动型安全带是指需用人工锁扣及解扣的安全带，需要乘员的主动操作才能起作用；被动型安全带是指车门关闭或开启后自动锁扣或解扣的安全带，无须乘员动作，但其结构较复杂。

按照其固定安装方式，安全带大致可分为三类：两点式安全带、三点式安全带和全背式安全带。

两点式安全带包括腰带和肩带两种。

腰带（图7-7a）是安全带的最基本形式，用于限制乘员下躯体向前运动，多用于后排座椅和中间座椅。飞机乘员一般使用的就是这种安全带，织带从乘员腰的两侧挂到腹部。优点是使用方便，容易让乘员在事故发生后逃离到车外。缺点是腹部负荷大，在撞车时，上身容易前倾，前座乘员头部容易碰到仪表板或风窗玻璃。目前一般多对后排座及中间座乘员使用这种安全带。

肩带（图7-7b）用于限制乘员上躯体向前运动。肩带又称斜挂式安全带。织带经乘员胸前斜挂在肩部，可防止乘员上体的过度前倾。由于在撞车时乘员受力不均匀，下体容易先行挤出，若安装不当，身体会从带中脱出或头部被撞。这种安全带在欧洲比较流行，国际标准中虽通过了这种安全带，但不推荐使用。通过开发膝部保护装置来与这种安全带联合使用，可消除上述缺点。三点式安全带包括腰肩连续带和肩膝带两种。

腰肩连续带是一种最常用的安全带形式。这种安全带既能限制乘员躯体向前移动，又能限制其上躯体过度前倾，如图7-7c所示。

肩膝带的作用与腰肩带类似，其区别只是膝带和肩带是分开的，如图7-7e、f所示。膝带和气囊联合使用如图7-7g所示。

三点式兼有两点式腰带和肩带的长处并且消除了其短处，对乘客有很好的保护效果，实用性高，是现在最通用的一种安全带。

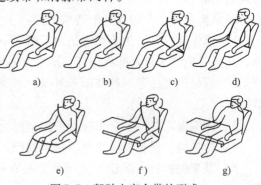

图7-7　驾驶人安全带的型式

全背式安全带又称马夹式安全带，是在两点式腰带上再连两条肩带组合而成的，如图7-7d所示。其保护效果最好，也是最完善的一种，但使用不便，一般仅用于特殊用途车或赛车上。

（2）安全带的发展方向　近期，尤其是在开发研制安全带历史较长的发达国家中，在安全带的机构、性能、安装方式等方面做了许多改进，使其具有更好的安全性。汽车座椅安全带的发展方向是更好的初始约束特性，更好的吸能特性、舒适性和方便性。

目前涉及汽车座椅安全带的技术发展主要集中在以下几个方面：

1）预拉紧器。安全带预拉紧器能够在低强度碰撞而安全气囊未打开的情况下，保护乘员的头部；由于它能很好地消除在碰撞开始时织带与乘员之间的松弛量，能使乘员与车体之间的相对运动减小，从而对乘员的胸、腹部起到很好的保护作用。

预拉紧器按作用机理可以分为机械式预拉紧器和烟火式预拉紧器。前者能在碰撞事故中迅速拉下带扣以消除织带缠绕间隙；后者通过加速度传感器，实现烟火发生器电子点火，产生的高压气体驱动卷轴回收，从而达到预拉紧织带的目的。各种预拉紧器的作用时间基本相同，大约10ms，消除织带缠绕间隙40mm左右。与普通卷收器相比，上述系统的乘员保护性能明显得以改善。

2）限荷器。限荷器可以改善安全带的能量吸收特性，对乘员施加比较均匀的约束力，从而降低使用安全带时所造成的不适感。当然，这必然会增加碰撞事故中乘员向前的移动量，所以保证该装置有效性的前提是与安全气囊协同作用，确保乘员不会因过大的前移量而与汽车的内饰件发生硬接触。

3）卷收器张力减小装置。卷收器的卷收力过大会影响乘员佩戴安全带时的舒适性，造成不舒服的压迫感。张力减小装置可以在不削减织带的回卷能力并保持安全带与乘员接触的前提下，尽量减小织带对乘员的压迫感。由于改善了安全带的佩戴舒适性，无疑会增加安全带的使用率。

4）高度调节器。高度调节器是一种用于调节安全带上固定点高度的调节装置，可以使安全带佩戴者获得较为舒服的肩带佩戴位置。通过调节高度不仅使安全带的约束性能得到优化，而且可以改善安全带的佩戴舒适性，从而提高安全带的使用率。

5）自动紧急锁止装置。自动紧急锁止装置是基于以下考虑而引入的：儿童乘员通常须可靠而牢固地进行约束；而成年乘员却希望可以比较自由地移动，除非出现危险情况。自动紧急锁止装置在织带充分拉出的情况下，通过一定的机构将紧急锁止状态转换到自动锁止状态，这同样提高了乘员佩戴安全带的舒适性和方便性。

一般其下端固定在座椅内侧地板上，通过开关车门时上端点的移动，自动地解除乘员约束或对乘员施加约束。可见，这种形式提高了使用安全带的方便性，会促进安全带利用率的提高。

3. 智能安全气囊

气囊是汽车被动安全技术中技术含量较高的产品之一。它的防护效果已被人们普遍认识，近几年得到了迅速发展。20世纪80年代后期，一些汽车开始装有气囊，90年代后，气囊装用量急剧上升。安装了安全气囊装置的轿车转向盘，平常与普通转向盘没有什么区别，但一旦车前端发生了强烈的碰撞，安全气囊就会瞬间从转向盘内"蹦"出来，垫在转向盘与驾驶人之间，防止驾驶人的头部和胸部撞击到转向盘或仪表板等硬物上。有关资料表明：自从安全气囊面世以来，已经挽救了许多人的性命，有气囊装置的轿车发生正面撞车，驾驶人的死亡率在大型轿车中降低了30%、中型轿车中降低了11%、小型轿车中降低了14%。

一般情况下，气囊对乘员保护的效果不如安全带，但它与安全带配合使用大大降低事故中的伤害指数，尤其是可大大降低驾驶人面部的伤害。据交通事故调查统计，气囊可使事故死亡率降低约18%，它与安全带配合使用可使事故死亡率下降47%左右，而单独使用安全带可使驾驶人事故死亡率下降42%左右。可见，安全带对乘员保护的效果要好于单独使用气囊。但是安全带的佩戴率一直不能令人满意，欧洲由于受保险公司的制约，安全带佩戴率可达98%，美国安全带佩戴率为67%左右，而日本的安全带佩戴率约为20%，气囊作为辅助约束系统，在较高车速碰撞时才起作用。气囊的作用主要是保护乘员的头部和面部。侧面碰撞事故所占比例仅次于正面碰撞事故，因此，20世纪90年代后期对侧面碰撞进行保护的侧面气囊也得到了推广。

> **注意** 之前气囊是"不智能"的，发生了意外就会弹出，而无法根据乘员身材以及坐姿的不同来调整自身，结果在一定程度上降低了安全性，甚至还会对乘员造成无谓的伤害。而智能安全气囊就是在普通型的基础上增加传感器，以探测出座椅上的乘员是儿童还是成年人，他们系好的安全带以及所处的位置是怎样的高度。然后通过采集这些数据，由电子计算机软件分析和处理控制安全气囊的膨胀，使其发挥最佳作用，避免安全气囊出现无必要的膨胀，从而极大地提高了其安全作用。智能安全气囊比普通型安全气囊主要多了两个核心元件，即传感器及其与之配套的计算机软件。

除了前、侧气囊外，还配有安全气帘，在发生侧撞时，能有效保护头部安全。气囊是智能型的，能监测碰撞力的大小、乘员在座椅上的位置和是否使用了安全带，以此确定气囊是否打开和膨胀压力的大小。

尽管安全气囊可以减轻事故过程中乘员的受伤害程度，但与安全带相比，其对乘员保护的效果差一些，二者共同使用可达到较理想的乘员保护效果，因此乘员做的第一件事应是佩戴安全带。

4. 座椅及头枕

汽车座椅是影响汽车安全性的重要部件，它直接关系到汽车的乘坐舒适性、方便性和安全性。汽车座椅的主要作用包括为驾驶人定位，使乘客在汽车行驶中保持平稳，为乘客提供安全舒适的环境，在汽车受到撞击时保护乘员。

近年来，陆续开发出许多具有特殊功能的座椅、气囊座椅、传感器座椅、冷热可调式座椅、防下滑式座椅等，使汽车的乘坐舒适性、方便性及安全性得到提高。其中，传感器座椅可判断乘员是否就位及其重量的大小，并通知气囊传感器，使气囊自动地进行相应的调整。由于传感器获取信息可以减少诸如气囊膨胀时对儿童及不在座位上的乘员的伤害，大大增强了汽车座椅对乘员的保护效果。

国外的安全专家经过多年调查研究证明，一个孩子在高速行驶下的轿车内就成为一个极易受伤害的动态物体，因此如果父母们懂得这个道理，就应该把车内的儿童正确地固定在座位上，于是儿童安全座椅也就应运而生了。

儿童安全座椅开发设计的灵感竟然是来自宇航员座椅，这种座椅可以承受太空舱升空和降落的巨大力量而使宇航员免受伤害。宇航员在飞船上的仰卧姿势同加速度的力量在方向上正好相反，这样可以使他们尽量承受住飞船起飞时的巨大压力，而当轿车受到正面撞击时，这个原理同样有利于保护儿童。

汽车座椅主要由骨架、坐垫、靠背及其调节装置组成。现代汽车座椅分类如图7-8所示。

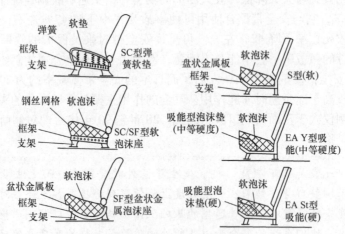

图7-8　现代汽车座椅分类

头枕是一种用以限制乘员头部相对于躯干向后移位的弹性装置。在发生追尾撞车事故时，头枕可减轻乘员颈椎可能受到的损伤。

头枕可以分为可调节型和不可调节型。可调节型头枕具有垂直和横向的调节机构，有手动调节和自动调节之分。

可拆式头枕位于头枕本体与固定架之间，起连接作用，且能保持头枕本体的位置，固定架应容易固定于座椅靠背或嵌板、隔板等，在受到振动及冲击时不脱落。

头枕本体通常采用能吸收冲击的发泡材料、缓冲材料等。其前部及上部的材质必须柔软而强韧，不易滑动及粘住，且不得有污点及伤痕。结构物及金属性应使用适当强度的材料。有可能触及乘员头部的金属或硬质部件，均应使用能吸能冲击的材料覆盖。金属部分除用耐蚀性材料外，均须进行防腐处理。支持架、固定架及各连接部分等，原则上均应使用能吸收冲击的材料覆盖。

汽车座椅头枕的性能直接影响头枕对乘员头部、颈部的保护作用。头枕按规定的试验方法试验时，将载荷加至 373N·m 时头型移动量必须小于 102mm；将载荷加至 890N·m 时，头枕及其安装部件在座椅及靠背等损伤前不破损或脱落。头枕按规定的试验方法试验时，加给摆锤（头型）的减速度，连续超过 80g 的时间必须小于 3ms。

5. 汽车吸能方向管柱

汽车发达国家对防止转向柱对驾驶人的伤害都有法规，在这些法规中规定了汽车发生正面碰撞时，转向柱的向后水平位移量和碰撞力的标准。为了满足这些法规的要求，能量吸收式转向柱得到广泛应用。转向柱除了能满足常规的功能外，在汽车发生正面碰撞时，还能够有效地吸收碰撞能量。防止或减少碰撞能量对驾驶人造成伤害的转向柱，叫作汽车吸能方向管柱。由于能量吸收的机理和形式不同、转向柱与车身受撞脱开方式及转向轴受撞压缩的形式不同，能量吸收式转向柱的种类很多。到目前为止，新型的能量吸收式转向柱的专利还在不断出现。

> **注意** 在汽车发生正撞时，碰撞能量使汽车的前部发生塑性变形。布置在汽车前部的转向柱及转向轴在碰撞力的作用下要向后，即向驾驶人胸部方向运动。这种运动的能量应通过转向柱以机械的方式予以吸收，防止或减少其直接作用于驾驶人身体而造成的人身伤害。另外，在汽车发生正面碰撞时，驾驶人受惯性的影响有冲向转向盘的运动。驾驶人本身的运动能量一部分由约束装置如安全带、气囊等加以吸收，另一部分传递给转向盘和转向柱系统。这部分能量也要通过转向盘及转向柱系统予以吸收，以防止超出人体承受能力的碰撞力伤害驾驶人。

图 7-9 为桑塔纳轿车转向盘与转向轴示意图。

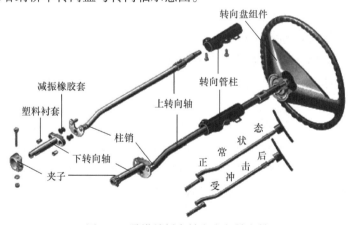

图 7-9　桑塔纳轿车转向盘与转向轴

首次碰撞：碰撞能量使汽车前部发生塑性变形，安装在汽车前部的与转向器输入端相

连的转向中间轴在碰撞力的作用下向后运动。隔绝首次碰撞的影响，可由转向中间轴来完成。

二次碰撞：碰撞继续发展，碰撞力作用在转向柱的下端，使转向柱向后移动；使驾驶人在本身的惯性作用下撞向转向盘。尽管驾驶人本身有约束装置如安全带、气囊的约束，仍有一部分能量要传递给转向柱系统。吸收二次碰撞能量和驾驶人的部分惯性能量，是能量吸收式转向柱设计时要解决的问题。根据交通事故统计资料和对汽车碰撞试验结果的分析表明：汽车正面碰撞时，转向盘、转向管柱是使驾驶人受伤的主要元件。因此，要求汽车在以48km/h 的速度正面同其他物体碰撞的试验中，转向管柱和转向轴在水平方向的后移量不得大于 127mm；在台架试验中，用人体模型的躯干以 6.7m/s 的速度碰撞转向盘时，作用在转向盘上的水平力不得超过 11123N，见 GB 11557—2011 的规定。为此，<u>需要在转向系统中设计并安装能防止或者减轻驾驶人受伤的机构</u>。如在转向系统中，使有关零件在撞击时产生塑性变形、弹性变形或是利用摩擦等来吸收冲击能量。

6. 仪表板设计

当车辆发生撞车事故时，车内饰件等凸出物如仪表板、转向盘、转向管柱等可能会给乘员带来伤害。仪表板上部可能对乘员的胸部和头部造成伤害，而仪表板的下部则可能给人体的腿部带来损伤。

对仪表板而言，除了合理地布置仪表板控件，使驾驶人具有良好的驾驶视野，从主动安全性方面降低事故发生率外，还应该对仪表板进行安全性设计，使其具有吸收冲击能量性能的结构。

仪表控制台作为人们驾驶操作中经常面对的部分，无论是造型要求，还是保障安全方面，都是车内装饰部件中最重要的部分之一。可将配置于仪表板上的零件按功能进行如下分类：

1）与驾驶操作相关的转向盘、喇叭、开关类。

2）与信息传递有关的速度表、各种报警信号。

3）与安全性相关的安全缓冲装置。

4）与收纳性、安全性相关的驾驶室杂物箱。

5）与舒适性、居住性相关的通风百叶窗、烟灰缸。

这么多的零件都要充分满足要求，在考虑安全性、乘坐舒适性、操纵性的基础上，还要决定如何在有限的空间内进行布置。这样，就需要根据车内人的动作和反应将仪表板设计成最紧凑的形状。

以前的仪表板材料主要是钢板冲压件，涂以聚氨酯类发泡体。但是，随着车体轻量化的设计趋势，仪表板也已大多改变为塑料或者铝镁合金一体成型件。用聚氨酯类发泡体涂覆的面积也从全涂改为部分涂，且所选用的是撞击时不致飞散碎片的耐冲击性高的塑料材料。此外，表皮材料成型，也由原来的氯化乙烯塑料板真空成型，改为表皮便于自由成型的泡沫或薄壳成型，以适应各种车型多种技术开发的需求。

在设计汽车仪表时，要保证仪表零件的足够强度和紧固件的牢固性。一般的方法是在仪表板外面加放橡胶减振垫圈，对仪表内的旋转零部件（如指针、车速里程表的感应铝罩及磁钢组件等）要进行精细的平衡等。

7. 侧门防撞杆

在介绍车型的安全性配置时，有一项侧门防撞杆。当汽车受到侧面撞击时，车门很容易受到冲击而变形，从而直接伤害到车内乘员。因此为了提高汽车的安全性能，不少汽车公司就在汽车两侧门夹层中间放置一两根非常坚固的钢梁，这就是常说的侧门防撞杆。防撞杆的防撞作用是：当侧门受到撞击时，坚固的防撞杆能大大减轻侧门的变形程度，从而能减少汽车撞击对车内乘员的伤害。

8. 安全玻璃

在发生撞车的时候，如果玻璃碎裂飞散，极有可能对车内乘员产生很大的伤害，因此安全玻璃就这样诞生了。安全玻璃有两种，分别是钢化玻璃和夹层玻璃。钢化玻璃是在玻璃处于炽热状态下使之迅速冷却而产生预应力的强度较高的玻璃，钢化玻璃破碎时分裂成许多无锐边的小块，不易伤人。而夹层玻璃共有三层，中间层韧性强并有黏合作用，被撞击破坏时内层和外层仍黏附在中间层上，不易伤人。目前的汽车一般广泛使用的是夹层玻璃，中间层加厚一倍，有较好的安全性。

7.4　汽车智能化安全技术

1. 汽车安全预警系统

具有汽车安全预警系统（Safety Alarm System，SAS）的汽车，其汽车安全预警系统采用了多项发明专利技术，主机和警告灯于一体，安装在驾驶室内后部，分机分别固定在各轮胎内。装有该装置的汽车运行后，安装在车胎内的各分机由动态传感器自动供电，通过各类传感器对轮胎进行压力、温度实时监测。若某一个轮胎发生气压、温度变化时，则无线发射信息传输给主机，主机通过中央处理器运算判断各种数据后，发出对应的语音、数字显示、灯光提示，使驾驶人及时获知警情；视线不好的天气，开启可自动调光的强光警告灯，实现引路导航及防追尾功能，从而实现智能化预警，保证了人员及车辆的安全。

2. 车道偏离预警技术

车道偏离预警系统是交通运输安全保障技术的重要方面，是提高行车安全的重要手段。针对多数交通事故是由驾驶人因素造成的情况，该项技术能够在驾驶人出现注意力分散、疏忽大意等情况导致车辆偏离车道时，对驾驶人发出危险警报，这对降低交通事故、减少人员伤亡具有显著作用。

一个典型的车道偏离预警系统由行车信息感知、预警决策和警报输出三个部分组成。其中行车信息感知部分通过摄像机或雷达等传感器获得车道、车辆等行车环境信息，通过车速、横摆角速度等传感器采集车辆运动状态信息；预警决策部分利用行车信息，建立行车环境和自车运动模型，并按照一定的预警算法，对非正常的车辆偏离车道的危险程度进行判断决策；警报输出部分通过预警决策，选择预警时机和不同级别的预警方式，并发出警报，如图7-10所示。

3. 车—路协同式汽车主动安全控制技术

车—路协同式汽车主动安全控制技术是通过车路之间信息的交互与协同控制实现交通要

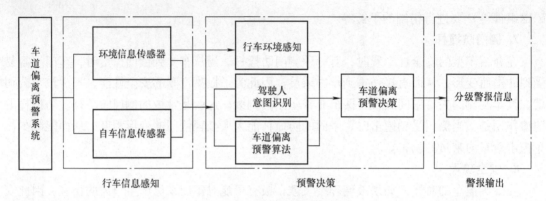

图 7-10　车道偏离预警系统

素之间的一体化控制，扩大了车载安全控制系统的信息来源渠道，是解决事故频发、道路拥堵以及由此带来的污染加重等目前道路交通存在的严重问题的有效手段。同时该技术也是实现安全畅通环保的有效途径，是当前世界现代交通领域研究的热点和前沿技术。

　　车—路协同式汽车主动安全控制系统主要由车载系统和路侧设备两大模块组成。路侧设备包括各种信息探测装置和各种信息的无线通信发射装置。信息探测装置用于获取交通管理部门提供的实时道路交通流量、实时道路限速、天气预报等信息，探测道路湿滑度、道路曲率线形等车载传感器探测不到的信息，以及获取由于交通环境复杂而导致车载探测装置无法有效探测的前方车辆、行人和障碍物等信息。这些信息通过路侧设备的无线通信发射天线，向一定范围进行广播。车载系统主要基于常规的汽车主动安全控制系统，包括行车信息感知及处理模块、行车安全状态判断及控制模块、控制执行模块。行车信息感知模块除了通过车载传感器、雷达、摄像头等获取行车环境信息以外，车载设备拥有无线信息获取装置，接收路侧设备向外广播的各种信息。这些信息整合到车载安全控制系统，对车辆进行主动安全控制。车路通信示意如图7-11所示。

图 7-11　车路通信

　　车—路协同式汽车主动安全控制系统以车路无线信息实时交互技术为基础，通过先进的车载智能传感系统，识别车辆和行人等交通要素，辨识交通危险行为。通过路侧设备获取交通信号、交通规则、路面湿滑状态、道路线形等道路和交通环境信息，利用无线通信装置将信息实时传送给行驶车辆，车辆通过车载智能传感器获取车外行人、车辆等行车环境信息，结合速度、加速度、横摆角度、转向盘转角等自车状态信息，辨识行车危险状态，评估人车和车车冲突风险，提供行车辅助、主动避撞和智能车速适应等安全控制策略，实现车—路协同式车辆安全控制。这样能有效降低拥堵，安全控制系统控制效果较好，提高了行车的安全性。

任务实施

对案例进行评述（从学习后的角度进行评述）。

 课后拓展

美国公路安全保险协会（Insurance Institute for Highway Safety，IIHS），在汽车安全标准方面具有重要地位。IIHS 每年在欧洲和美洲进行系统和专业的碰撞测试，根据测试得到的安全性能指数对各个厂商的车型进行星级划分，促进各车厂加大对安全性研究的投入。

目前，IIHS 评测项目包括前端侧角碰撞、侧面撞击、车顶强度测试和追尾对颈椎的影响。除了基本的测试之外，IIHS 还时常会进行一些特殊的碰撞测试，比如会进行车辆的对撞来评测安全性能，以 128km/h 的时速撞向不可移动固体墙。

IIHS 着重强调前端侧角碰撞（Offset Crash Test），并用"最小接受指数"来表示车辆安全信息，分别以优秀（Good）、良好（Acceptable）、及格（Marginal）、差（Poor）四个级别分级评定，为消费者提供权威的汽车安全信息。

IIHS 的亮点在于对车顶强度有着自己的评判标准。方法是使用金属板以一定的角度和速度撞击车顶，然后测量车顶凹陷程度。评为"G（Good）"的条件是凹陷不超过 12.7cm，并且车顶必须能承受超过 4 倍于车重的碰撞力度；达到相同凹陷程度所能承受的强度为车重的 3.25 倍以上 4 倍以下时，评为"A（Acceptable：允许范围内）"；2.5 倍以上 3.25 倍以下时，评为"M（Marginal：允许范围最底线）"；不到 2.5 倍时，评为"P（Poor：差）"。

与国内碰撞测试（如 C－NCAP）不同的是，IIHS 只会选择最低配车型进行测试，如果厂家有要求，可以对选装后的高配车重新测试，但是成绩必须与低配车型一起公布。

本章小结

1. 汽车的主动安全性是指汽车本身防止或减少道路交通事故发生的性能，主要取决于汽车的总体尺寸、制动性、行驶稳定性、操纵性、信息性以及驾驶人工作条件（操作元件、人机特性、座椅舒适性、噪声、温度和通风、操纵轻便性）等。

2. 汽车的行驶安全性是指汽车的装备保证汽车运行安全，同时具有最佳动态性能的能力，包括良好的动力性、制动性、操控稳定性等。

3. 汽车操纵机构是指车内供驾驶人用来操纵汽车的各种装置，可分为一级和二级操纵装置。一级操纵装置包括离合器、转向盘等，它与汽车运动性能直接相关；二级操纵装置包括照明开关等，它的作用是保障汽车安全运行。

4. 汽车的被动安全性对策主要涉及车身结构、座椅、车顶、车门、安全玻璃、转向盘、转向管柱、内饰件、安全带和安全气囊等，归纳起来可分为安全车身结构和乘员保护系统两大类。

5. 合理的车身设计应符合如下要求：一是为缓解乘员在碰撞事故中受到的伤害，设计时应最大限度地吸收车辆和乘员的动能；二是汽车碰撞后车厢内应为乘员留下足够的生存空间，同时确保碰撞发生后方便乘员逃脱和救援。

【复习思考题】

1. 主动安全和被动安全的区别？
2. 现在有哪些可以进一步提升汽车安全性的技术？试列举几例。
3. 思考一般轿车和高级轿车的安全性有什么区别？为什么？
4. 画图说明汽车碰撞事故中各个方向的撞击概率分布，并说明哪个方向的撞击事故最大及原因。
5. 汽车安全带与安全气囊对汽车安全性有何贡献？
6. NCAP 与 C – NCAP 的项目和要求有何不同？
7. 简述 ESP 的工作原理。

汽车平顺性与评价

 学习目标

◎ 掌握汽车平顺性的评价指标；
◎ 掌握影响汽车平顺性的因素（理论分析）。

 技能要求

◎ 能描述汽车的各相关参数对汽车平顺性的影响；
◎ 能运用主观评价法对汽车的平顺性进行评价。

 知识点阐述

汽车行驶平顺性，是指汽车在一般行驶速度范围内行驶时，避免因汽车在行驶过程中所产生的振动和冲击，使人感到不舒服、疲劳，甚至损害健康，或者使货物损坏的性能。

汽车行驶时，由于干扰力的作用产生振动。引起振动的振源有两个，一是路面不平引起的随机干扰力，这种干扰力的变化规律除与地面的几何形状有关外，还与汽车的行驶速度、车轮直径、轮胎的弹性有关；二是由发动机力矩不均造成的干扰力矩，以及发动机旋转质量、往复运动质量不平衡引起的惯性干扰力和力矩等产生的规则振动。这些振动将使汽车系统发生复杂的振动，对乘员的生理反应和所运货物的完整性，均会产生不利的影响。

通常，路面不平是汽车振动的基本输入，故本章讨论的平顺性（Ride）主要指路面不平引起的振动，频率范围为 $0.5 \sim 25\mathrm{Hz}$。汽车的平顺性可以用人—车—路系统来分析，如图 8-1 所示。研究汽车的平顺性要把汽车看作一个系统，由于主要研究汽车在 z 轴上的振动，故也称为汽车振动系统。该系统的输入包括路面不平度、车速和其他的非平衡干扰（发动机、传动系统和车轮等旋转部件），这些输入经过由车轮、悬架、坐垫等构成的弹性阻尼元件和悬架质量、非悬架质量共同构成的振动系统的传递而产生输出，即悬架质量的振动加速度或经座椅传至人体的振动加速度，以此用人体对该振动加速度的反应作为基本参量，经过换算后作为汽车平顺性的评价指标。在汽车研发过程中，振动系统的"输入"常作为优化目标，此时，还要综合考虑车轮与路面之间的动载荷和悬架弹簧的动挠度。它们分别影响"行驶安全性"和撞击悬架极限位置的概率。

研究汽车平顺性的目的是使汽车系统的振动"输出"在给定的工况"输入"下不超过

一定的界限，以保持乘员的舒适性。本章主要介绍汽车振动系统对舒适性的影响。非振动系统（如内饰、轴距、座椅的舒适度）对舒适性的影响将放在第10章　汽车舒适性与评价进行介绍。

汽车平顺性的评价方法包括客观评价法和主观评价法。本章围绕人体对振动的反应和平顺性的评价指标、路面不平度的统计特性（振动系统的输入）、振动系统的输出特性等内容展开，建立汽车平顺性客观评价指标和主观评价指标体系，并分别分析其影响因素。

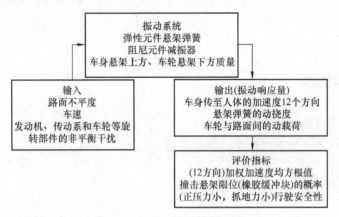

图 8-1　人—车—路系统框图

任务引入

汽车行驶总会产生振动和冲击，强烈的振动和冲击会使人感到不舒服，甚至危害健康，或损害货物。

问题1：汽车平顺性与汽车振动和冲击密切相关，汽车平顺性的评价指标有哪些？

问题2：汽车平顺性的评价方法有哪些？

8.1　汽车平顺性的客观评价

汽车行驶平顺性的评价方法，通常是根据人体对振动的生理反应，以及对保持货物完整性的影响制定的，并用振动的物理量，如频率、振幅、加速度等作为行驶平顺性的评价指标。目前，常用汽车车身振动的固有频率和振动加速度均方根值来评价汽车的行驶平顺性。

目前，主要有四种汽车平顺性的客观评价办法，分别是吸收功率法、总体乘坐值法（BS 6841—1987）、VDI2057（2002）和 ISO 2631（1997）。

（1）吸收功率法　吸收功率法是以人体与振动系统接触部位的力和速度信号来计算吸收功率，以此评价汽车的平顺性。吸收功率法有明确的物理意义，但没有明确规定的舒适界限，因此，只适用于现有车型间的平顺性比较，对产品的开发预测及汽车具体结构参数的改进不具有指导意义，适用的频率范围是 1~80Hz。

（2）总体乘坐值法　总体乘坐值法由英国标准组织在1987年颁布，并被国际标准化组织采纳。

该标准采用了12个振动输入的人体坐姿受振模型，如图8-2所示。在进行汽车平顺性评价时，考虑了座椅支承面处输入的3个方向的线振动和3个方向的角振动，以及座椅靠背和脚支承面两个输入点各3个方向的线振动，共12个轴向振动。该标准认为：人体对不同频率振动的敏感程度不一样，例如，人体内脏在椅面z向振动4~8Hz发生共振，8~12.5Hz对脊椎影响大。椅面水平振动敏感范围在0.5~2Hz。标准用频率加权函数w描述这种敏感度，并给出了如图8-3所示各轴向0.8~80Hz的频率加权函数（渐近线）及如表8-1所示3个输入点12个轴向所取的频率加权函数（频率域上的影响）和相应的轴加权系数k，并列出了某辆轿车在城市公路上行驶时实测的各轴向加权速度方均值a_w，然后计算出总的加权加速度均方根值a_v。从表8-1可知，座椅方向的平动最重要，轴加权系数为1.0，故人对座椅的平动最敏感，是座椅舒适性非常重要的一个指标。总体乘坐值法是迄今为止较为全面、适用场合较广的评价方法，但由于涉及的自由度较多，具体考察的因素也较多，操作较为复杂。

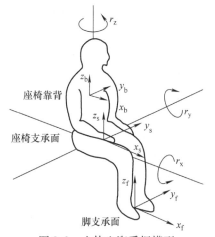

图8-2　人体坐姿受振模型

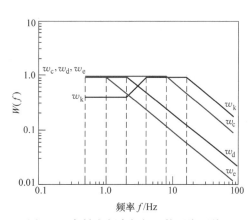

图8-3　各轴向频率加权函数（渐近线）

表8-1　频率加权函数、轴加权系数k和在某轿车上振动测试点的测试结果

位置	坐标轴名称	频率加权函数	轴加权系数k	加权加速度平方根值a_w / m·s^{-2}	峰值系数
座椅支承面	x_s	w_d	1.00	0.080	5.0
	y_s	w_d	1.00	0.114	4.7
	z_s	w_k	1.00	0.407	5.5
	r_x	w_e	0.63	0.106	4.9
	r_y	w_e	0.40	0.085	5.0
	r_z	w_e	0.20	0.011	4.5
靠背	x_b	w_c	0.80	0.212	4.3
	y_b	w_d	0.50	0.087	4.4
	z_b	w_d	0.40	0.140	4.9

（续）

位置	坐标轴名称	频率加权函数	轴加权系数 k	加权加速度平方根值 a_w $m \cdot s^{-2}$	峰值系数
脚	x_f	w_k	0.25	0.090	5.4
	y_f	w_k	0.25	0.093	5.1
	z_f	w_k	0.40	0.319	6.2
	$a_v = \sqrt{\sum a_{vj}^2}$			0.628	

（3）VDI 2057（2002） 德国工程协会（VDI）发布的 VDI 2057 是最早出现的平顺性评价标准。该标准分析了大量人员在不同的频率和强度的正弦振动下得出的反应。通过定义合适的平顺性指标系数 K（K – factor），结合主观感受表对平顺性进行评价。适用范围是：$1 \sim 80Hz$。

（4）ISO 2631（1997） ISO 2631：1997 在进行平顺性评价时，根据振动波形的峰值系数是否小于 9 分别使用基本评价方法和辅助评价方法进行评价。当峰值系数 <9 时，使用基本评价法（加权加速度均方根值）评价；当峰值系数 >9 时，使用辅助评价法（vibration dose value，振动剂量值法，针对瞬时振动或间歇性瞬态振动在越野路况下）评价。适用范围是：$0.5 \sim 80Hz$。ISO 2631：1997 标准还规定，当评价振动对健康的影响时，只考虑 x_s、y_s、z_s 这三个轴向振动，且 x_s、y_s 两个水平轴向的轴加权系数取 $k = 1.4$，因为人体对水平方向的振动比垂直方向更敏感；靠背水平轴向 x_b、y_b 可以由椅面水平轴向 x_s、y_s 代替，此时，轴加权系数取 $k = 1.4$。靠背只考虑座椅包裹度 x_s、推背感 y_s，由于上下摩擦较少，故可以忽略。我国标准规定，评价汽车平顺性时就考虑椅面 x_s、y_s、z_s 三个轴向振动（$x_s = y_s = 1.4$，$z_s = 1.0$）。值得注意的是，z_s 最敏感的频率范围是 $4 \sim 12.5Hz$。在 $4 \sim 8Hz$ 频率范围，人的内脏器官会产生共振；在 $8 \sim 12.5Hz$ 频率范围，对人的脊椎系统影响很大；x_s、y_s 最敏感的频率范围是 $0.5 \sim 2Hz$。大约在 $3Hz$ 以下，人体对水平振动比对垂直振动更敏感，且汽车车身部分系统在此频率范围内会产生共振，故应对水平振动给予充分重视。生活经验告诉我们：在紧急制动时，人会感觉很难受（水平振动），连续十次紧急制动，可以使人呕吐，而垂直振动时间较长却不会致吐。另外，在进行道路试验或试车时，工程师一般只说上下颠簸，为何评价指标中水平振动权重比垂直振动权重大？原因是垂直振动的权重比水平振动小，但垂直振动的总量大，故总体还是主要的影响因素。

注意 目前，常用汽车车身振动的固有频率和振动加速度均方根值来评价汽车的行驶平顺性。试验表明，为了保持汽车良好的行驶平顺性，车身振动的固有频率应为人体所习惯的步行时身体上、下运动的频率，它约为 $60 \sim 80$ 次/min（$1 \sim 1.6Hz$），振动加速度的极限值为 $0.2g \sim 0.3g$。为了保证运输货物的完整性，车身振动加速度也不宜过大。如果车身加速度达到 $1g$，没有固定的货物就有可能离开车厢底板。车身振动加速度的极限值应低于 $0.6g \sim 0.7g$。

8.1.1 汽车振动系统

1. 汽车振动系统的输入

（1）路面不平度函数 对于汽车振动模型的输入，本节只考虑车速与路面不平度的输入，发动机激励的影响在 8.2 中介绍。汽车平顺性的好坏主要取决于由路面不平度引起的低频随机振动强度的大小。通常，把路面相对基准平面的高度沿道路走向 I 的变化称为路面纵剖面曲线或不平度函数，如图 8-4 所示，路面相对基准平面的高度 q，沿道路走向长度 I 的变化 $q(I)$ 称为路面不平度函数。用水准仪或路面计可以得到路面不平度函数。

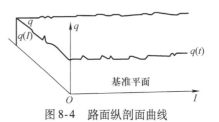

图 8-4　路面纵剖面曲线

（2）路面不平度的功率谱密度 $G_q(n)$　"功率谱密度"是统计学（谱分析）上的常用概念，是描述信号的强度在其频谱上的分布。时间频率是描述物体在周期时间内振动的次数，如 10Hz 是指 1s 内振动了 10 次，周期为 1/10s，即每一次振动占用多少时间，称为周期。从图 8-4 无法得知汽车振动系统每秒振动几次，只能看到每米振动了多少次，因此，每米振动的次数称为空间频率，如每米振动 5 次，则每一个波的波长应为 0.2m。因此，空间频率与波长互为倒数关系。路面不平度的功率谱密度用式（8-1）作为拟合表达式：

$$G_q(n) = G_q(n_0) \left(\frac{n}{n_0} \right)^{-W} \tag{8-1}$$

式中　n——空间频率，单位为 m，表示每米长度包括几个波长；

　　　n_0——参考空间频率，$n_0 = 0.1/m$（每个波的长度是 10m，每米变化 0.1 次）；

　　$G_q(n_0)$——参考空间频率下的路面功率谱密度，也称路面不平度系数（道路分级的依据）；

　　　W——频率指数，为双对数坐标上斜线的斜率（反映函数结构，一般取 2，不同路面的取值不同）。

式（8-1）表现在对数坐标上为一条斜线，实测路面功率谱时，为了减小误差，在不同的空间频率范围内可以选择不同的拟合系数进行拟合。按 GB/T 7031—2005《机械振动道路路面谱测量数据报告》和 ISO/TC108/SC2N67 两个文件把路面不平度分 8 级，如表 8-2 所示。

表 8-2　路面不平度的 8 级分类标准

路面等级	$G_q(n_0) \times 10^{-6} m^2/m^{-1}$ $n_0 = 0.1/m$			$\sigma_q \times 10^{-3} m$ $0.011/m < n < 2.83/m$		
	下限	几何平均值	上限	下限	几何平均值	上限
A	8	16	32	2.69	3.81	5.38
B	32	64	128	5.38	7.61	10.77
C	128	256	512	10.77	15.23	21.53
D	512	1024	2048	21.53	30.45	43.06
E	2048	4096	8192	43.06	60.90	86.12
F	8192	16384	32768	86.13	121.80	172.26
G	32768	65536	131072	172.26	243.61	344.52
H	131072	262144	524288	344.52	487.22	689.04

从表 8-2 可知，路面不平度系数越小，道路的等级就越高。今后的讨论分析中，若给定路面，则意味着给定了 $G_q(n_0)$，或 $G_q(n_0)$ 给定则意味着路面已经确定。不平度的均方根值均值等于 0。

图 8-5 为路面不平度的分级图。分级图是对数坐标，采用对数坐标的优点是可以把变化

范围相差很大的数量级压缩或放大至一个数轴上。
例如：

$$\lg 10^{-2} - \lg 10^{-3} = 1, \lg 10^{-2} - \lg 10^{-1} = 1$$
$$\lg 10^{0} - \lg 10^{-1} = 1, \lg 10^{1} - \lg 10^{0} = 1,$$
$$\lg 10^{2} - \lg 10^{1} = 1, \lg 10^{3} - \lg 10^{2} = 1, \cdots\cdots$$

如此可以把 $0.001 \sim 10000$ 用 6 个单位刻度来表示。从图 8-5 中可以看出，当 n、W 给定时，$G_q(n)$ 就取决于 $G_q(n_0)$ 的大小，相当于一次线性函数。$G_q(n_0)$ 越小，则 $G_q(n)$ 越小。基本结论是：路面分级是依据 $G_q(n_0)$ 来划分，如图 8-5 所示，我国高等级公路路面谱基本在 A、B、C 三级范围内。

2. 速度输入

位移 q 的一阶导数是速度，二阶导数是加速度。以速度作为输入，则得到速度功率谱密度：

$$G_{\dot{q}}(n) = (2\pi n)^2 G_q(n) \qquad (8-2)$$

同理，得到加速度功率谱密度：

$$G_{\ddot{q}}(n) = (2\pi n)^4 G_q(n) \qquad (8-3)$$

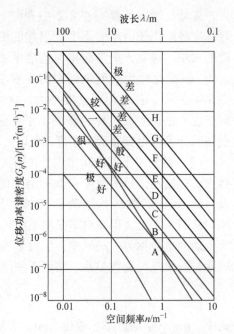

图 8-5　路面不平度的分级图

式（8-2）与式（8-3）中，$\dot{q}(I) = dq(I)/dI$，$\ddot{q}(I) = dq(I^2)/dI^2$，$I$ 是空间长度；当 $W = 2$ 时，$G_{\dot{q}}(n) = (2\pi n_0)^2 G_q(n) = (2\pi n_0)^2 G_q(n_0) \dfrac{n^{-2}}{n_0^{-2}} = (2\pi n_0)^2 G_q(n_0)$，即

$$G_{\dot{q}}(n) = (2\pi n_0)^2 G_q(n_0) \qquad (8-4)$$

得到与 n 无关的"白噪声"，即噪声杂乱无章，没有明显的起伏。当以速度为输入的时候，速度功率谱是一白噪声，在整个频率范围为一常数，幅值大小只与不平度系数 $G_q(n_0)$ 有关。

由于路面纵剖面曲线无法反映时间的关系，问题如：一条凹凸不平的路面是静止的（空间频率功率谱密度），那如何感受到每秒振动多少次（时间频率功率谱密度）？前提就是汽车以一定的车速开到此路上，才会产生时间上的频率概念。车速越快，每秒钟撞上的凸起就越多，振动的频率就越高。由

$$f = un \qquad (8-5)$$

式中　f——振动的时间频率，单位为 Hz；

　　　u——车速，单位为 m/s；

　　　n——空间频率，单位为 m，表示每米长度包括几个波长。

由式（8-5）可知，空间频率功率谱密度 $G_q(n)$ 可以转化为时间频率功率谱密度 $G_q(f)$。

3. 振动系统的简化

汽车是一个复杂的振动系统，应根据所分析的问题进行简化。

图 8-6 为一个把汽车车身质量看作为刚体的立体模型。汽车的簧上质量（车身）质量为 m_2，它由车身、车架及其上的总成所构成。该质量绕通过质心的横轴 y 的转动惯量为 I_y，簧上质量通过减振器和悬架弹簧与车轴、车轮相连接。车轮、车轴构成的非簧上（车轮）

质量为 m_1。车轮在经过具有一定弹性和阻尼的轮胎支承在不平的路面上。这一立体模型的车身质量，在计算平顺性时主要考虑垂直、俯仰、侧倾 3 个自由度，4 个车轮质量有 4 个自由度，共 7 个自由度。

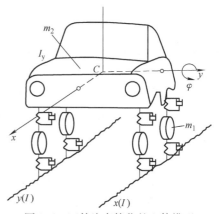

图 8-6 四轮汽车简化的立体模型

刚体的空间运动只有 6 个自由度，为何汽车振动有 7 个自由度？一个车架通过四个车轮用悬架连接在一起，悬架变形必须考虑。车身三个自由度：3 个平动为车身在颠簸路面行驶时，只考虑上下跳动（振动），前后方向自由度只有加速和制动时才有，故此时忽略；左右方向自由度只有转向时才考虑，故此处忽略。3 个转动为绕 x 轴的转动——侧倾；绕 y 轴的转动，前低后高——俯仰（点头）；绕 z 轴的转动——横摆（悬架变形不会引起横摆，转向才考虑）。

当汽车对称于其纵轴线，且左、右车轮的不平度函数 $x(I) = y(I)$，此时汽车车身只有垂直振动 z 和俯仰振动 φ，这两个自由度的振动对平顺性影响最大。图 8-7 为汽车简化成 4 个自由度的平面模型。在这个模型中，又因轮胎阻尼较小而予以忽略，同时把质量为 m_2、转动惯量为 I_y 的车身按动力学等效的条件分解为前轴上、后轴上及质心 c 上的三个集中质量 m_{2f}、m_{2r}、m_{2c}。这三个质量由无质量的刚性杆连接，它们的大小由下述三个条件决定。

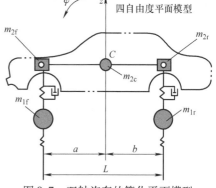

图 8-7 双轴汽车的简化平面模型

1）由于总质量保持不变，故有：

$$m_{2f} + m_{2r} + m_{2c} = m_2$$

2）质心位置不变

$$m_{2f}a - m_{2r}b = 0$$

3）转动惯量 I_y 的值保持不变

$$I_y = m_2\rho_y^2 = m_{2f}a^2 + m_{2r}b^2$$

式中　ρ_y——绕横轴 y 的回转半径；

a，b——车身质量部分的质心至前、后轴的距离。

由上三式得出三个集中质量的值为

$$\begin{cases} m_{2f} = m_2\dfrac{\rho_y^2}{aL} \\ m_{2r} = m_2\dfrac{\rho_y^2}{bL} \\ m_{2c} = m_2\left(1 - \dfrac{\rho_y^2}{ab}\right) \end{cases} \qquad (8-6)$$

式中　L——轴距。

通常，令 $\varepsilon = \dfrac{\rho_y^2}{ab}$，称为簧上质量分配系数。由式（8-5）可知，当 $\varepsilon = 1$ 时，质量 $m_{2c} = 0$。据统计，大部分汽车 $\varepsilon = 0.8 \sim 1.2$，即接近 1。而通过分析可知在 $\varepsilon = 1$ 的情况下，前、后轴上方车身部分的 m_{2f}、m_{2r} 垂直方向运动是相互独立的。在 $\varepsilon = 1$ 的情况下，当前轮遇到路面不平度而引起的振动时，质量 m_{2f} 运动而质量 m_{2r} 不运动，反之亦然，因此在这种特殊情况下，可以分别讨论图 8-7 上 m_{2f} 和前轮轴以及 m_{2r} 和后轮轴所构成的两个双质量系统的振动。

在远离车轮部分固有频率 f_t（$10 \sim 16\text{Hz}$）的较低激振频率范围（如 5Hz 以下），轮胎动变形很小，忽略其弹性与车轮质量，得到分析车身垂直振动的最简单的单质量系统。

4. 单自由度振动模型

图 8-8 是分析车身振动的单自由度振动模型，它由车身质量 m_2 和弹簧刚度 K、减振器阻尼系数为 C 的悬架组成。q 是输入的路面不平度函数。车身垂直位移坐标 z 的原点取在静力平衡位置，根据牛顿第二定律，得到描述系统运动的微分方程为

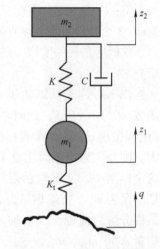

$$m_2 \ddot{z} + C(\dot{z} - q) + K(z - q) = 0 \qquad (8\text{-}7)$$

此方程的解由自由振动齐次方程的解与非齐次方程的解之和组成。

令 $2n = \dfrac{C}{m_2}$；$\omega_0^2 = \dfrac{K}{m_2}$，则齐次方程为

$$\ddot{z} + 2n\dot{z} + \omega_0^2 z = 0 \qquad (8\text{-}8)$$

ω_0 称为系统固有圆频率，而阻尼对运动的影响取决于 n 和 ω_0 的比值 ζ，ζ 称为阻尼比。

图 8-8　单自由度振动模型

$$\zeta = \frac{n}{\omega_0} = \frac{C}{2\sqrt{m_2 K}} \qquad (8\text{-}9)$$

汽车悬架系统阻尼比 ζ 的数值通常在 0.25 左右，属于小阻尼，此时微分方程的解为

$$z = A e^{-nt} \sin\left(\sqrt{\omega_0^2 - n^2}\, t + a\right) \qquad (8\text{-}10)$$

这个解说明，有阻尼自由振动时，质量 m_2 以有阻尼固有频率 $\omega_r = \sqrt{\omega_0^2 - n^2}$ 振动，其振幅按 e^{-nt} 衰减，如图 8-9 所示。

阻尼比 ζ 对衰减振动有两方面影响，如下文所述。

（1）与有阻尼固有频率 ω_r 有关

$$\omega_r = \sqrt{\omega_0^2 - n^2} = \omega_0 \sqrt{1 - \xi^2} \quad (8\text{-}11)$$

由式（8-10）可知，ζ 增大 ω_r 下降，当 $\zeta = 1$ 时，$\omega_r = 0$，此时，运动失去振荡特征。汽车悬架装置阻尼比 ζ 大约为 0.25，ω_r 比 ω_0 只下降了 3% 左右，在工程上可以近似地

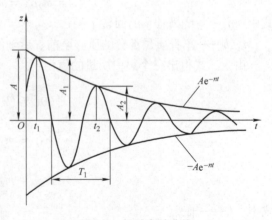

图 8-9　振动衰减曲线

认为 $\omega_r \approx \omega_0$，车身部分振动的固有圆频率 ω_0、固有频率 f_0（s^{-1} 或 Hz）为

$$\omega_0 = \sqrt{\frac{K}{m_2}} \tag{8-11}$$

在汽车性能试验中，若要测量汽车悬架的固有频率 ω_r，则给汽车一个初始扰动（如狠狠向下压汽车，然后松开），汽车悬架来回振颤，若每秒振颤 1 次，则有阻尼的频率是 1Hz（带减振器）（亦写成固有频率，因为大概相等），换言之，有阻尼（减振器）基本上不影响悬架的固有频率（只下降 3%）。弹簧越硬，振动越快；质量越大，越振动不起来。

（2）决定振幅的衰减程度　图 8-9 上两个相邻的振幅 A_1 与 A_2 之比称为减幅系数，以 d 表示

$$d = \frac{A_1}{A_2} = \frac{A e^{-n t_1}}{A e^{-n(t_1 + T_1)}} = e^{n T_1} = e^{\frac{2\pi\xi}{\sqrt{1-\xi^2}}} \tag{8-12}$$

对式（8-12）取自然对数

$$\ln d = \frac{2\pi\xi}{\sqrt{1-\xi^2}} \tag{8-13}$$

可以由实测的衰减振动曲线得到减幅系数 d，由式（8-14）求出阻尼比 ζ

$$\zeta = \frac{1}{\sqrt{1 + 4\pi^2/\ln^2 d}} \tag{8-14}$$

8.1.2　车身振动的固有频率

固有频率是指弹性元件由于偶然的干扰而离开静平衡位置，在弹性恢复力的作用下振动的频率，单位为次/min 或 Hz（次/s）。

表 8-3 列出了整车振动系统的固有频率及其振型。

表 8-3　整车振动系统的固有频率及振型

阶数	频率/Hz	振型描述
1	1.632	车身跳动（前）
2	2.901	车身跳动（后）
3	10.564	发动机跳动
4	11.941	1 轮跳动
5	11.978	2 轮跳动
6	16.642	3 轮跳动
7	17.195	4 轮跳动

注意　由于汽车内部各部分的固有频率不同，汽车在行驶中常因路面不平、车速和运动方向的变化，车轮、发动机和传动系统的不平衡，以及齿轮的冲击等各种外部和内部的激振作用而极易产生整车和局部的强烈振动。汽车的这种振动使汽车的动力性得不到充分的发挥，经济性变坏。同时，还要影响汽车的通过性、操控稳定性和平顺性，使乘员产生不舒服和疲乏的感觉，甚至损坏汽车的零部件和运载的货物，缩短汽车的使用寿命。

对于普通底盘，轴荷分配为 55/45 的三厢乘用车来说，一般，前轴的垂直振动频率为 65 次/min，后轴为 75 次/min。前后轴选择不同的垂直振动固有频率是为了避免俯仰振动以及考虑到后轴的空载和满载特性。图 8-10 是不同车型的后轴垂直振动的固有频率。

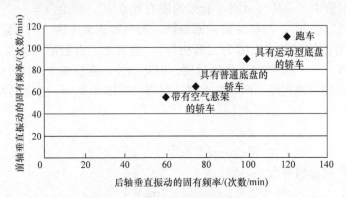

图 8-10　后轴垂直振动的固有频率

8.1.3　车身振动加速度

加权加速度均方根值是按振动方向并根据人体对振动频率的敏感程度而进行加权计算的，是车身振动评价指标。

1. 轴向加权加速度均方根值

计算各轴向加权加速度均方根值有两种方法：

1）对记录的加速度时间历程 $a(t)$，通过相应的频率加权函数 $W(f)$ 的滤波网络得到加权加速度时间历程 $a_w(t)$，按式（8-15）计算加权加速度均方根值：

$$a_w = \left[\frac{1}{T} \int_0^T a_w^2(t)\,dt \right]^{\frac{1}{2}} \tag{8-15}$$

式中　T——振动的分析时间，一般取 120s。

2）对记录的加速度时间历程 $a(t)$ 进行频谱分析的功率谱密度函数 $G_a(f)$，按式（8-16）计算：

$$a_w = \left[\int_{0.5}^{80} W^2(f)\, G_a(f)\,df \right]^{\frac{1}{2}} \tag{8-16}$$

2. 总的加权加速度均方根值

当同时考虑椅面 x_s、y_s、z_s 这三个轴向振动时，三个轴向的总加权加速度均方根值按式（8-17）计算：

$$a_V = \left[(1.4a_{xw})^2 + (1.4a_{yw})^2 + a_{zw}^2 \right]^{\frac{1}{2}} \tag{8-17}$$

其中 a_{xw} 乘以 1.4 是因为该方向敏感。

3. 加权振级

有些"人体振动测量仪"采用加权振级 L_{aw}，也称等效均值。表 8-4 为 L_{aw} 和 a_w 的人的主观感觉之间的关系 L_{aw} 与加权加速度均方根值 a_w 换算，换算公式为

$$L_{aw} = 20\lg\left(\frac{a_w}{a_0} \right) \tag{8-18}$$

式中 a_0——参考加速度方根值，$a_0 = 10^{-6} \mathrm{m/s^2}$；振级取对数是因为参考根方值太小。

表 8-4 L_{aw} 和 a_w 与人的主观感觉之间的关系

加权加速度均方根值 $a_w/(\mathrm{m \cdot s^2})$	加权振级 L_{aw}/dB	人的主观感觉
<0.315	110	没有不舒适
0.315~0.63	110~116	有一些不舒适
1.5~1.0	114~120	相当不舒适
0.8~1.6	118~124	不舒适
1.25~2.5	112~128	很不舒适
>2.0	126	极不舒适

8.1.4 国际标准指标

汽车平顺性主观评价主要指由于人体暴露在全身振动环境中而引起的感受。人体对振动的响应是十分复杂的，自20世纪30年代以来进行了大量的研究，几种影响较大的评价方法如下：

（1）ISO 2631—1974/1985 用1/3倍频带加速度均方根值给出了在1~80Hz范围内人体对振动响应的暴露极限、疲劳—工效降低极限和舒适降低极限，这种方法在20世纪90年代以前得到了广泛应用，但后续研究认为它所采用三个界限和1/3倍频带分别评价的方法不合理，现在使用得较少。

（2）吸收功率法 1968年 Lee R. A. 和 Pradko 提出了人体对振动的响应与人体所吸收的能量有关，以人体与振动系统接触部位的力和速度信号来计算吸收功率，以此来评价。按此定义的测量较为复杂，多用在基础研究中。研究表明吸收功率与加速度均方根值有关，可用类似频率加权系数的方法表述，主要被美国、北约军方所采用。

（3）BS 6841—1987（英国标准） 英国标准组织在1987年颁布的测量与评价方法。

（4）ISO 2631—1997 ISO 在1997年颁布的测量与评价方法，这是现行标准。

目前被广泛认可和使用的全身振动评价标准主要有 ISO 2631—1997 和英国标准 BS 6841—1987，前者是以后者为蓝本制定的，只有部分内容差异。

1. ISO 2631—1978

20世纪70年代，国际标准化组织（ISO）在综合大量有关人体全身振动的研究工作和文献的基础上，制订出了国际标准 ISO 2631—1978《人体承受全身振动的评价指南》，这样在人承受全身振动的评价方面才有了国际通用性标准。该标准用加速度的均方根值给出了在1~80Hz振动频率范围内人体对振动反应的三个不同的感觉界限。它们分别是暴露极限、疲劳—工效降低极限和舒适降低极限。

（1）暴露极限 当人体承受的振动强度在这个极限之内，将保持健康或安全。通常，把此极限作为人体可以承受振动量的上限。

（2）疲劳—工效降低极限 这个界限与保持工作效率有关。当驾驶人承受的振动在此界限内时，能保持正常地进行驾驶。

（3）舒适降低极限 此界限与保持舒适有关，它影响人在车上进行吃、读、写等动作。

这三个界限只是容许的振动加速度值不同。暴露极限的值为疲劳—工效降低极限的2

倍，舒适降低极限为疲劳—工效降低极限的1/3.15。各极限容许加速度值，随频率的变化趋势完全一样。

图8-11所示为垂直和水平方向振动对人体影响的疲劳—工效降低极限。由图中可以看出，随着暴露时间（承受振动的时间）的加长，感觉极限容许的加速度值下降。图上标明的暴露时间，是指长年累月每天重复在振动环境中持续的时间，对于偶尔乘车的人，加速度的容许值可以高很多。

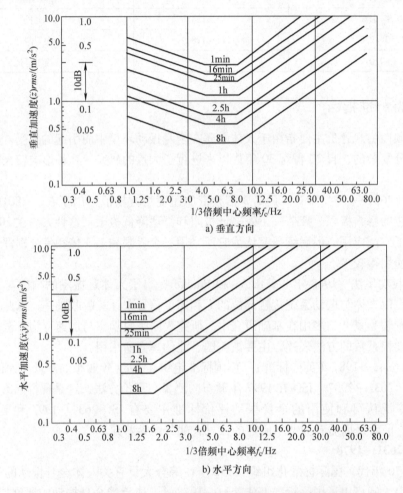

a) 垂直方向

b) 水平方向

图8-11　ISO 2631人体对振动反应的疲劳—工效降低极限

由图8-11上还可以看出人最敏感的频率范围，对于垂直振动是4～8Hz，对于水平振动是2Hz以下。在2.8Hz以下，同样暴露时间，水平振动容许的加速度值低于垂直振动；在2.8Hz以上则相反。

2. BS 6841—1987

BS 6841给出了坐姿、立姿、卧姿下人体受振图，如图8-12所示，立姿和卧姿只考虑支承面的三轴向振动，坐姿考虑坐垫支承面3个线振动和3个角振动，以及靠背和脚支承面处3个线振动。

BS 6841认为人体对振动的反应与频率有关，给出了频率加权系数，它受振动轴向、部

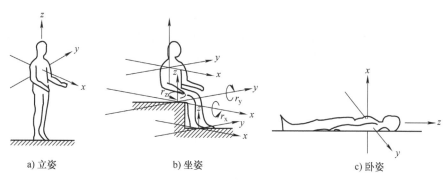

a) 立姿　　　　　　　b) 坐姿　　　　　　　c) 卧姿

图 8-12　人体受振图

位的影响，还与评价振动对人体的影响有关。BS 6841 按照振动对人体的影响，从健康、行为、舒适、感知和晕车五个方面给出了评价。汽车平顺性评价是针对健康人在汽车振动环境中的舒适性，因此 BS 6841 主要讨论舒适性评价的方法。

评价振动对舒适性的影响时，它以加权加速度均方根值 rms 作为指标，规定测量时间不少于 60s。

$$rms = \left(\frac{1}{T} \int_0^T a^2(t)\,\mathrm{d}t \right)^{\frac{1}{2}} \tag{8-19}$$

式中　$a(t)$——按频率加权系数滤波后的加速度时域信号，单位是 m/s^2；

　　　T——暴露时间，单位是 s。

对于多轴振动，应按照轴向加权系数 k_i 计算其合成值，见式（8-20）。评价平顺性时，坐姿人体各轴的轴加权系数和频率加权系数见表 8-5。

$$rms = \left(\sum_{i=1}^{N} (k_i rms_i)^2 \right)^{\frac{1}{2}} \tag{8-20}$$

表 8-5　各轴的频率加权系数和轴加权系数

部位	频率加权系数		轴加权系数
	BS 6841	ISO 2631	
坐垫 x 向	W_d		1
坐垫 y 向	W_d		1
坐垫 z 向	W_b	W_k	1
坐垫 R_x 向	W_e		0.63
坐垫 R_y 向	W_e		0.4
坐垫 R_z 向	W_e		0.2
靠背前后 x 向	W_c		0.8
靠背左右 y 向	W_d		0.5
靠背垂直 z 向	W_d		0.4
脚 x 向	W_b	W_k	0.25
脚 y 向	W_b	W_k	0.25
脚 z 向	W_b	W_k	0.4

当峰值因子大于 6 时（峰值因子是加权加速度时间历程的峰值与加权加速度均方根值的比值），rms 低估了振动，应采用均四次方根值 rmq 作为评价指标，计算见式（8-21）。评价舒适性时，加权加速度均方根值与人的主观感觉之间的关系见表 8-4。

$$rmq = \left(\frac{1}{T} \int_0^T a^4(t)\,\mathrm{d}t \right)^{\frac{1}{4}} \tag{8-21}$$

3. ISO 2631—1997

ISO 2631—1997 与 BS 6841 在评价振动对舒适性的影响时基本一致，区别在于以下几点。

（1）评价指标及其使用条件略有不同　BS 6841 以加速度均方根值 rms 和均四次方根值 rmq 为指标进行评价。ISO 2631—1997 给出基本评价方法和辅助评价方法：

1）基本评价方法：即加权加速度均方根值 rms，计算如式（8-19）。

2）辅助评价方法：运行加速度均方根值和振动剂量值 VDV。运行加权加速度均方根值，主要针对瞬态振动或间歇性的瞬态振动，即在整个时间内求出短时间 τ 内的加权加速度均方根值 $a_w(t_0)$，$a_w(t_0)$ 的最大值即最大瞬态振动值 $MTVV$。

振动剂量值的定义见式（8-22）。振动剂量值和 BS 6841 中规定的 rmq 相差暴露时间的 1/4 次幂，二者的关系见式（8-22）。

$$VDV = \left(\int_0^T a^4(t)\,\mathrm{d}t \right)^{\frac{1}{4}} = rmq \times T^{\frac{1}{4}} \tag{8-22}$$

BS 6841 以峰值因子为 6 来区分 rms 和 rmq。而 ISO 2631 则规定，当峰值因子大于 9 或满足式（8-23）时，用辅助评价方法评价振动。

$$ratio\_Vr = \frac{VDV}{rms \times T^{\frac{1}{4}}} \geqslant 1.75,$$

$$或$$

$$\frac{MTVV}{rms} \geqslant 1.5 \tag{8-23}$$

（2）频率加权系数不同　评价舒适性时，ISO 2631 和 BS 6841 采用的频率加权系数见表 8-2。座椅面垂向、脚支承面 3 轴向的频率加权系数不一致，ISO 2631 采用 w_k，BS 6841 采用 w_b，分别为图 8-13 中的虚线和实线，可见二者差别很小，但也存在差异。

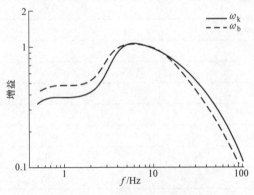

图 8-13　ω_b 和 ω_k 的比较

任务实施

对案例进行评述（从学习后的角度进行评述）。

任务引入

客户李女士到××汽车销售服务有限公司向维修顾问反映自己驾驶的标致轿车在高速驾驶时，振动感很明显，怀疑车辆悬架部分有故障，要求检修。

问题1：假设你是该汽车销售服务有限公司的维修技师，售后经理打算让你承接此项工作，制订该汽车行驶平顺性检测实践的计划方案，并完成该车平顺性能的检测工作。你准备如何完成此次任务？

问题2：引起汽车驾驶时振动和冲击的因素有哪些？

8.2 影响汽车平顺性的因素

汽车的悬架质量由车身、车架及其上的总成构成。该质量由减振器和悬架弹簧与车轴、车轮相连。车轮、车轴构成非悬架质量，车轮再经过具有一定弹性和阻尼的轮胎支承路面上。轮胎由于本身的弹性，在很大程度上吸收了因路面不平所产生的振动，因此它和悬架系统共同保证了汽车的平顺性。

悬架结构和轮胎是影响汽车平顺性的重要因素。

8.2.1 悬架的影响

悬架结构主要指弹性元件、导向装置与减振装置，其中弹性元件与悬架系统的阻尼对平顺性影响较大。汽车悬架是车桥与车架之间的一切传力总成，主要作用有两个：一是把路面作用在车轮上的三向反力（垂向、纵向和侧向）及其造成的力矩传递至车架上；二是缓冲路面对车身的冲击载荷，吸收和衰减振动，从而使汽车安全平稳地行驶。其中，弹簧缓和路面随机激励、减振器衰减振动。

1. 悬架刚度对平顺性的影响

为探讨悬架刚度对汽车平顺性的影响，在其他参数不变的条件下，将悬架刚度 k_1 由 20kN/m，每 2kN/m 逐级增加到 50kN/m，并计算出每个刚度下各评价指标的均方根，计算结果见表 8-6，再根据表 8-6 绘制出各指标的均方根值随悬架刚度 k_1 的变化曲线如图 8-12 所示。

表 8-6　每个刚度下各评价指标的均方根

悬架刚度 k_1/(N/m)	加速度/(m/s^2)	动挠度/m	动载荷/N
20000	1.3129	0.0088	696.5813
22000	1.3609	0.0086	688.5651
24000	1.4073	0.0084	682.4230
26000	1.4524	0.0083	677.8484
28000	1.4963	0.0081	674.6045
30000	1.5391	0.0080	672.5043
32000	1.5811	0.0078	671.3971
34000	1.6223	0.0077	671.1596
36000	1.6627	0.0076	671.6895
38000	1.7025	0.0075	672.9004
40000	1.7416	0.0074	674.7191
42000	1.7802	0.0073	677.0828
44000	1.8183	0.0072	679.9370
46000	1.8559	0.0072	683.2341
48000	1.8931	0.0071	686.9325
50000	1.9298	0.0070	690.9953

由图 8-14 看出，随着悬架刚度 k_1 的增大，车身垂直方向加速度的均方根单调递增，悬架动挠度⊖单调递减，车轮动载荷先减小后增大，说明减小悬架刚度可以提高乘坐舒适性，但同时也会增加撞击限位块的概率。故不能为了追求舒适性而一味地降低悬架刚度，刚度过小也会增大车轮的动载荷，严重时会使车轮跳离地面，紧急制动时也会产生严重的"点头"现象。因此对于行驶路况比较好的轿车，采用适当的"软"弹簧可以提高舒适性。对于一般型号的轿车，从舒适性的角度出发，推荐悬架刚度 k_1 取 22~32kN/m 比较合适。

> **注意**　汽车前后悬架系统刚度的匹配对汽车平顺性也有较大影响。一般，希望前、后悬架系统的固有频率接近相等，这可以通过选择前、后悬架刚度来实现。为了减小车身纵向角振动，通常将前悬架的固有频率选得略低于后悬架的频率。

⊖ 悬架的动挠度是指从满载静平衡位置开始，悬架压缩到结构允许的最大变形时，车轮中心相对车架（或车身）的垂直位移。

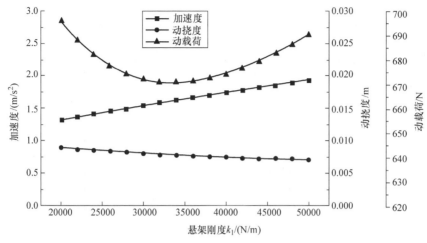

图 8-14　各指标的均方根随刚度变化曲线

将汽车车身看成一个在弹性悬架上进行单自由度振动的质量时，减少悬架刚度，可降低车身的固有频率，提高汽车行驶的平顺性。但是，如果增加高频的非悬架质量的振动位移，大幅度的车轮振动有时会使车轮离开地面，在紧急制动时，会产生严重的汽车"点头"现象。为解决这一问题，可采取一些相应措施，如采用具有非线性特性的变刚度悬架，即悬架的刚度随载荷而变，这样可以使得在载荷变化时，保持车身振动的固有频率不变，从而获得良好的平顺性。悬架的非线性弹性特性，可通过下述方法来实现：

1）在线性悬架中，加入辅助弹簧、复合弹簧，采用适当的导向机构，以及与车架的支承方式等。

2）选用具有非线性特性的弹性元件，如空气弹簧、油气弹簧、橡胶弹簧和硅油弹簧等。

2. 阻尼系数对平顺性的影响

探讨减振器阻尼系数对平顺性的影响，其他参数不变，将阻尼系数 c 由 500N·s/m 每 100N·s/m 逐级增加到 2500N·s/m，计算每个阻尼系数下各评价指标的均方根见表 8-7，根据表 8-7 绘制出各指标的均方根值随减振器阻尼系数的变化曲线如图 8-13 所示。

表 8-7　每个阻尼系数下各评价指标的均方根

阻尼系数 c/(N·m/s)	加速度/(m/s²)	动挠度/m	动载荷/N
500	1.3832	0.0149	1027.206
600	1.3271	0.0136	946.6385
700	1.2957	0.0126	886.0902
800	1.2805	0.0118	839.1808
900	1.2765	0.0111	802.0710
1000	1.2805	0.0106	772.2880
1100	1.2901	0.0101	748.1537
1200	1.3039	0.0096	728.4814
1300	1.3208	0.0093	712.4028
1400	1.3400	0.0089	699.2649
1500	1.3609	0.0086	688.5651
1600	1.3830	0.0083	679.9089

（续）

阻尼系数 c/(N·m/s)	加速度/(m/s^2)	动挠度/m	动载荷/N
1700	1.4060	0.0081	672.9815
1800	1.4297	0.0079	667.5278
1900	1.4539	0.0077	663.3389
2000	1.4785	0.0075	660.2418
2100	1.5032	0.0073	658.0917
2200	1.5280	0.0071	656.7666
2300	1.5529	0.0070	656.1630
2400	1.5778	0.0068	656.1924
2500	1.6026	0.0067	656.7788

由图 8-15 看出，随着减振器阻尼系数 c 的增大，车身垂直方向加速度的均方根先减小后增大，悬架动挠度和车轮动载荷的均方根均大幅度减小，说明提高减振器阻尼主要可以降低动挠度和车轮动载，使撞击限位块的概率降低，同时增强抓地能力，改善行车安全性。综合考虑三项指标可以看出，当阻尼系数在 1000～1800N·m/s 范围内，汽车平顺性最佳，相应的阻尼比在 0.204～0.368，因此，对一般型号的轿车阻尼比设置在 0.20～0.37 范围左右平顺性最宜。

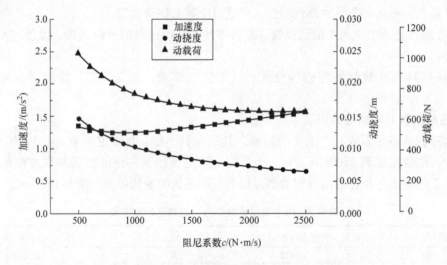

图 8-15　各指标的均方根随阻尼系数变化曲线

为了衰减车身自由振动和抑制车身、车轮的共振，以减小车身的垂直振动加速度和车轮的振幅，悬架系统中应具有适当的阻尼。

在悬架系统中，引起振动衰减的阻尼来源很多。如轮胎变形时，橡胶分子间产生摩擦、系统中的减振器、钢板弹簧叶片间的摩擦等。对于各种悬架结构，以钢板弹簧悬架的干摩擦最大，钢板弹簧叶片数越多，摩擦越大。因此，有的汽车在使用钢板弹簧悬架时，可以不加装减振器，但阻尼的数值很不稳定，钢板生锈后阻力过大，不易控制。而采用其他内摩擦很小的弹性元件（如单片钢板弹簧、螺旋弹簧、扭杆弹簧等）的悬架，必须使用减振器，以吸收振动能量，使振动迅速得到衰减。

减振器的阻尼效果好，可提高汽车行驶平顺性，改善车轮与道路的接触条件，防止车轮离开路面，因而可改善汽车的稳定性，提高汽车的行驶安全性。改进减振器的性能，对提高汽车在不平道路上的行驶速度有很大的作用。

8.2.2 轮胎的影响

轮胎由于本身的弹性，在很大程度上吸收了因路面不平所产生的振动，因此它和悬架系统共同保证了汽车的平顺性。轮胎在制造过程中由于工艺问题造成轮胎质量不均匀、尺寸不均匀（轮胎不圆）、刚度不均匀等，使得汽车在行驶过程中会承受来自车轮总成的周期性激励力，若该激励频率和汽车上其他总成发生干涉，就会引起共振，影响汽车的正常使用。

1. 轮胎均匀性

轮胎一般是由橡胶、钢丝帘线和纤维组成的圆环状弹性体。由于制造加工水平的限制会出现轮胎不均匀的情况，换言之，就是轮胎并不是完全对称的，包括几何外形和质量分布等。GB/T 18506—2013《汽车轮胎均匀性试验方法》中给出了轮胎均匀性的定义：在静态和动态条件下，轮胎圆周特性恒定不变的性能，包括轮胎的质量不平衡、尺寸偏差和力的波动。

（1）质量不均匀　质量不均匀即轮胎旋转中心和几何中心不重合，不平衡质量在轮胎旋转时会产生离心力，该离心力的大小根据不平衡质量所处的位置又可分为静不平衡和动不平衡。若是静不平衡（不平衡质量在轮胎的纵向对称中心平面上），则会使轮胎在上下、左右径向跳动；若为动不平衡（不平衡质量不在轮胎的纵向对称中心平面上），不仅会产生离心力，还会产生旋转的力矩，影响车轮的回正。安装质量不均匀轮胎，车轮不仅会产生径向跳动还会左右摆动，这无疑会使汽车的性能变坏，并影响汽车的平顺性。由质量不均匀产生的离心力大小可以用式（8-24）衡量。

$$F_1 = mr\omega^2 \tag{8-24}$$

式中　m——不平衡质量，单位是 kg；

　　r——不平衡质量到旋转中心的距离，单位是 m；

　　ω——旋转的角速度，单位是 rad/s。

（2）轮胎尺寸不均匀　轮胎尺寸不均匀，通俗来讲就是轮胎不圆，这种情况在轮胎生产过程中是无法完全避免的，如接头量偏大或者偏小，接头定点分布的偏移等都会对轮胎的尺寸造成影响。轮胎表面径向的"凹凸不平"会成为整车振动的一个激励。最为常见的激励是轮胎第一阶谐量，激励频率即为轮胎的转动频率，也有少数情况轮胎第二阶谐量成为激振源，此激振频率为车轮旋转频率的 2 倍。

轮胎是一个圆环状的弹性体，沿着轮胎圆周会出现径向刚度不同的情况，这种情况称为轮胎的刚度不均匀。刚度不均匀的轮胎可以用一系列刚度不同的径向弹簧来模拟，如图8-16所示。由于刚度各不相同，在传递地面作用于汽车上相同的力和力矩时，弹簧的变化长度会有所不同，犹如行驶在不平度很差的路面上，造成汽车振动，影响行驶平顺性。

2. 轮胎均匀性对汽车振动的影响

轮胎是汽车上唯一的接地件，传递着路面作用于汽车的各种力和力矩。均匀的轮胎车轮总成传递的力和力矩是恒定的，而具备上述不均匀特性的轮胎车轮总成在传递这些力与力矩的过程中会产生变差，其中，径向的变差就会使得车轮总成成为汽车振动的激励源，且激励频率和车速有着密切的关系。轮胎车轮总成径向不均匀各阶谐量可用图 8-17 所示的不规则形状等效。

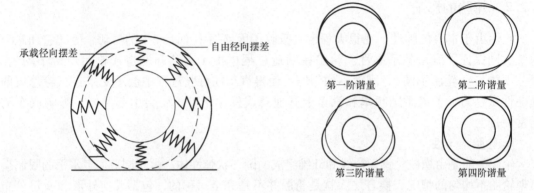

图 8-16　轮胎径向弹簧模型　　　　图 8-17　轮胎车轮总成各阶谐量形状等效图

以往的研究表明轮胎的径向力波动（RFV）和径向力一次谐波（RFVIH）是均匀性指标中对汽车行驶性能影响最大的项目，且在生产过程中不容易控制，RFV 偏大会加剧汽车的振动。

·汽车上存在着各种频率的总成，如果轮胎车轮不均匀产生的激励频率和某些总成的固有频率发生耦合，就会放大振幅，影响汽车的平顺性。汽车常用的车速是 60～120km/h，对于车轮滚动半径为 0.38m 的汽车来说，相当于车轮以 7～14Hz 的频率转动。如果轮胎车轮不均匀度 1 次成分较大，汽车上某总成的固有频率在这个范围内，就会激起汽车的振动。

8.2.3　其他影响因素

汽车结构的复杂性以及振源的多样性决定了汽车振动是由多种因素决定的。前面已经对车轮和悬架的激振原理作了详细说明，本节主要对另外三大激励源：不平路面、发动机、传动轴的激振原理做简要说明。

1. 不平路面激励

空气和路是汽车行驶过程所受外力的主要来源。路面的凹凸不平对车轮产生的作用力经过悬架、车架、座椅等传递到乘客，使乘客感觉颠簸和不适，影响其平顺性。相关的机构和组织，制定了一系列文件来规范路面功率谱密度的拟合，并给出了具体的拟合表达式。随着计算机技术的快速发展，在车辆动力学建模过程中，各种路面模型应运而生，借助路面模型来研究路面激励对汽车振动的影响，其中，基于白噪声滤波方法的四轮路面随机输入时域模型因其物理意义清楚、计算方便，并可以直接根据路面功率谱数值和行驶车速确定路面模型参数，使用较为广泛。

2. 发动机激励

导致发动机振动的原因有很多，主要可以归结为以下两个方面：发动机内气体燃烧产生的气体压力和曲柄连杆机构运动产生的惯性力，其中惯性力又包括往复惯性力和旋转惯性力。

发动机正常工作时，气缸内的气体会对活塞产生压力，该力驱动活塞运动，并通过曲柄连杆机构传递到曲轴。曲柄连杆机构的作用力及传递如图 8-18 所示。

由于气体力 F_g 和往复惯性力 F_j 是同时作用在活塞上，而且都沿着气缸轴线作用，因此可将二者之和称之为活塞上的总作用力 F。总作用力 F 在活塞销中心分解为垂直气缸轴线且使活塞压向气缸壁的侧向力 F_N 及沿着连杆轴线的连杆力 F_S。连杆力 F_S 传到曲柄销中心分解为垂直曲柄的切向力 F_T 和沿着曲柄作用的径向力 F_R。

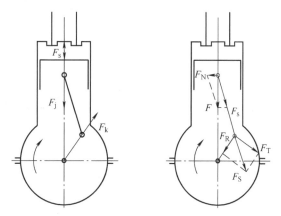

图 8-18　曲柄连杆机构作用力及传递

切向力产生发动机转矩，径向力使轴承承受载荷。由于发动机工作时的周期性，故切向力和径向力都随曲轴转角呈现周期性变化。

活塞、连杆、曲柄等运动部件在运动时不仅会产生往复惯性力，不平衡质量会产生离心惯性力以及连杆的摆动也会产生惯性力。由于连杆惯性力分析较为复杂，通常将连杆质量分散成两个集中质量。一个集中质量 m_{c1} 在连杆小头做往复运动，另一个集中质量 m_{c2} 在连杆大头做旋转运动。这样就可将曲柄连杆机构产生的惯性力分为两部分：一部分为往复运动部件总质量（活塞组件、活塞杆、十字头和连杆小端的质量）的往复惯性力，作用在活塞销中心或十字头中心，通过连杆最终作用到曲柄销上；另一部分是旋转部件总质量（包括曲柄的等效偏心质量及连杆大端质量），当曲轴转速不变时，离心力大小也不变，其方向随曲轴旋转并沿曲柄半径向外，总是通过旋转中心。

3. 传动轴激励

传动轴振动的原因可以分为以下几个方面：传动轴不平衡、2 阶扭转激励、2 阶力偶激励等。

传动轴不平衡体现在两个方面：一是由于加工精度造成的传动轴不圆，或称为传动轴不对称，使其几何中心与其旋转轴线不重合，造成径向圆跳动；二是安装问题，包括传动轴的凸缘和轴管焊接时位置歪斜、中间支撑固定螺栓松动等。

当安装不等速万向节时，传动轴会在万向节两端以一定的角度安装，运转时会产生不均匀的角速度，导致扭转激励。

$$\frac{T_2}{T_1} = \frac{\omega_1}{\omega_2} = \frac{\cos\alpha}{1 - \sin^2\alpha\cos^2\varphi} \tag{8-25}$$

式中　T_1——变速器输出轴转矩，单位为 N·m；

T_2——传动轴转矩，单位为 N·m；

ω_1——变速器输出轴角速度，单位为 rad/s；

ω_2——传动轴角速度，单位为 rad/s；

φ——变速器输出轴转动角度，单位为（°）；

α——万向节主被动节叉夹角，单位为（°）。

由式（8-25）可知，在变速器输入转矩和角速度不变的情况下，传动轴的转矩和角速度也会随变速器输出轴转动角度以及节叉夹角的变化而变化。这种情况通常可以通过合理的布置传动轴和万向节叉的相对位置来尽量避免，如减小两段传动轴的角度、采用等速万向节等方法，但是无法做到在整个行驶工况下都能获得期望的轴间角度，因此扭转激励是无法完全避免的。

任务实施

检修技师为客户完成车辆悬架检修的试验方案设计。在教师的引导下，以小组为单位学习相关技能，并填写下列表格。

1）检测测试系统数据。

传感器频率范围		灵敏度	
磁带记录器频响范围		磁带记录器信噪比	

2）各组根据客户车辆的故障现象搜集恰当的影响因素，并予以分析。

3）对案例进行评述（从学习后的角度进行评述）。

任务引入

汽车在上市前需要专业的测试人员进行汽车性能的测试。在测试时，除了用相关数据表征汽车平顺性的好与不好，人的主观感受也是评价汽车平顺性好与不好的依据。

问题：在进行主观评价时，哪些指标可以作为评判汽车平顺性好与不好的依据？

8.3 汽车平顺性的主观评价

8.3.1 主观评价指标

在主观评价中,以下的振动频率范围比较重要:车身振动 (0.5～5Hz)、颠簸 (2～5Hz)、路面激励下发动机自振 (5～15Hz)、振颤 (15～40Hz)、喘振 (7～25Hz)、轰鸣声 (30～70Hz)、滚动噪声 (30～300Hz)。人体的固有频率也是十分重要,因为共振会加剧乘客的不舒适感。

在评价平顺性时,通常会结合乘坐舒适性进行评价,具体指标见图 8-19。

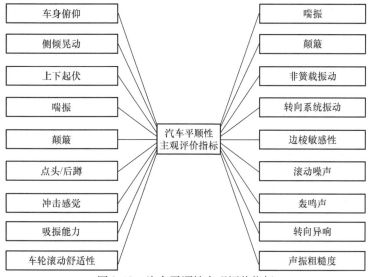

图 8-19 汽车平顺性主观评价指标

(1) 车身俯仰 该评价指标用于评价车辆通过不同路面时的车身俯仰表现。在评价时,前后排都应坐有乘客。

试验方法:汽车在道路交通中常见的行驶路面 (市区公路、远程快速公路、高速公路) 和不同波长的不平行驶路面 (混合激励) 上,用与行驶路面相适应的驾驶方式,在不同的速度 (50km/h 到最高车速) 和不同的载荷状况下行驶,在保证汽车行驶安全的条件下,行驶过程中作用到乘客身上的俯仰感觉是否能被接受。除此,汽车还要在具有正弦波激励的特殊路面进行补充试验,路面波长一般在 6～40m。

(2) 侧倾晃动 该评价指标用于评价悬架的侧倾减振特性。评价时,前后排都应坐有乘客。

试验方法:汽车在道路交通中常见的行驶路面 (市区公路、远程快速公路、高速公路) 和不同波长的不平行驶路面 (混合激励) 上,用与行驶路面相适应的驾驶方式,在不同的速度 (50km/h到最高车速) 和不同的载荷状况下行驶,在保证汽车安全行驶条件下,行驶过程中出现的侧倾角和侧倾加速度是否能被乘客接受。

(3) 上下起伏 该评价指标用于评价车身随路面的上下低频起伏的表现。

试验方法:汽车在道路交通中常见的行驶路面 (市区公路、远程快速公路、高速公路)

和不同波长的不平行驶路面（混合激励）上，用与行驶路面相适应的驾驶方式，在不同的速度（50km/h 到最高车速）和不同的载荷状况下行驶，驾驶人是否能够获得较好的路面反馈，乘客是否能获得良好的舒适性。

（4）喘振　该评价指标用于评价汽车在驶过障碍物时，车轮和悬架被激起的后续振动。振动的频率范围在 7～25Hz。

试验方法：汽车在表面大部分均匀、带单个障碍物的平直路面（横向接缝、井盖、桥梁接缝、铁轨等）上，以不同的速度（5～150km/h）行驶，感受乘客是否能够接受任何车轮和悬架零件的后续振动。

（5）颠簸　该评价指标用于评价在路面谐振激励的情况下（频率范围在 2～5Hz），汽车从路面到乘客之间的隔振特性。

试验方法：汽车在平直的远程快速公路或者高速公路上行驶，要求在较长的一段行驶路面（至少 300m）内具有规则的大波长、小振幅的正弦激励。根据不同的激励，汽车车速从60km/h 到最高车速之间，根据行驶状态，驾驶时尽可能引发汽车的垂直振动，驾驶人应感受出现共振的情况次数是否合适，共振的感觉是否能够被乘客接受。

（6）点头/后蹲　该评价指标用于评价汽车在急踩或急松加速踏板时，所引起的驱动力的减小或增大导致的车身振动。

试验方法：汽车在平直的远程公路或者高速公路上行驶，在不同的发动机转速、不同的挡位下，通过急松加速踏板和急踩加速踏板引起短暂的驱动力变化，感受以此产生的点头或后蹲是否引起乘员的不舒适。

（7）冲击感觉　该评价指标用于评价汽车行驶在凹凸不平的路面时乘员的感觉。

试验方法：在特别凹凸不平的路面或波浪形的远程快速公路或操控稳定性试验道路上行驶（车速范围由 30km/h 到最高车速），使车身产生强烈振动，乘员是否能接受所引起的不舒适感。

（8）吸振能力　该评价指标用于评价汽车弹簧和减振器对在短波长和中波长的激励下引起的振动的吸收能力。

试验方法：汽车在中等路面质量的城市公路和远程快速公路（主要是短波长和中波长的激励，包括修补沥青路面）上以不同的速度行驶，根据路段不同，速度在 50～150km/h之间，乘客受到的振动干扰和冲击是否能快速衰减。

（9）车轮滚动舒适性　该评价指标用于评价车轮滚动所产生的颤抖感觉。

试验方法：驾驶人在具有修补沥青路面、井盖、凸起和凹下的横向接缝、搓板路面和粗糙沥青路面上，用与行驶路面相适应的驾驶方式并以不同的速度（20km/h到最高车速）行驶，同时感受作用在乘客身上的高频振动加速度是否能被接受，车轮的后续振动和跳跃是否过大。

（10）非簧载振动　该评价指标用于评价汽车在驶过不同路面时轮胎等非簧载部分的振动表现。

试验方法：汽车在有大的起伏、小坑、轻微鼓包等特征的普通沥青公路上在 50～150km/h 范围内以不同的速度行驶，乘客感受非簧载部分的振动是否能被接受。

（11）转向系统振动　该评价指标用于评价汽车驶过单一障碍时引起的转向盘的振动。

试验方法：汽车在有个别障碍（横向的接缝、井盖、桥梁接缝）的均质路面上在 50～

150km/h 范围内以不同的速度行驶，观察转向盘的振动是否够小。

（12）边棱敏感性　该评价指标用于评价汽车在驶过路面上棱边时乘客的感受。在评价时，前后排都应坐有乘客。

试验方法：汽车在道路交通中常见的行驶路面（市区公路、远程快速公路、高速公路）和带有单独的或者连续出现的突起和凹下边棱的特殊试验路面（水泥板表面的接缝、突起或下沉的井盖、高速公路的破裂断口、桥梁接缝和修补沥青路面）上行驶。驾驶人用与行驶路面相适应的驾驶方式，并以不同的速度（20km/h 到最高车速）行驶，感受汽车在翻越路面上棱边时乘客是否能接受可感受到的噪声和振动加速度。

（13）滚动噪声　该评价指标用于评价车辆行驶在不同路面时车轮所发出的、乘客能感受到的滚动噪声。

试验方法：汽车在道路交通中常见的行驶路面（修补沥青路面、隧道井盖、凸起和凹下的横向接缝、搓板路面和粗糙沥青路面、卵石路面等）上，用与行驶路面相适应的驾驶方式并以不同的速度（20km/h 到最高车速）行驶，在较长的均质路面进行滑行试验，以测出强噪声时的行驶速度，判断乘客可感受到的噪声强度是否能够被接受。在该试验中，汽车进入滑行试验道路之前，先将汽车加速到某一稳定车速（如 100km/h），然后使汽车在离合器断开的状况下滑动，直到车速降到大约 20km/h。

（14）轰鸣声　该评价指标用于评价持续时间长的、频率范围在 30～70Hz 之间的强烈振动。在评价时，前后排都应坐有乘客。

试验方法：该试验在道路交通中常见的行驶路面（市区公路、远程快速公路、高速公路）上进行。行驶路面包括：修补沥青路面、道路井盖、凸起和凹下的横向接缝、搓板路面和粗糙沥青路面、卵石路面等。用与行驶路面相适应的驾驶方式并以不同的速度（20km/h到最高车速）行驶。如果可能的话，也可以进行从高速到静止的滑行试验。判断行驶过程中轰鸣声是否引起乘客的不舒适感。

（15）转向异响　该评价指标用于评价汽车在不良路面上行驶时出现的与转向操纵有关的机械异响噪声。

试验方法：汽车在不良路面（石块路面、修补过的沥青路面）的直道和弯道上以低速行驶。同时，从转向盘中间位置开始给定较小的转向角，然后逐步增大转向角，该试验需要获得的异响噪声尽可能小。

（16）声振粗糙度　该评价指标用于评价在频率 20～50Hz 范围内，乘客可听、可感的振动。

试验方法：汽车在道路交通中常见的行驶路面（市区公路、远程快速公路、高速公路）和粗糙颗粒的沥青路面、带有细微颗粒的平坦路面和带有沟槽的沥青路面上，用与行驶路面相适应的驾驶方式并以不同的速度（20km/h 到最高车速）在不同的发动机负荷状况（加速、匀速行驶、滑行）下行驶，判断可听、可感的振动是否会引起乘客的不适。在该试验中，汽车进入滑行试验道路之前，先将汽车加速到某一稳定车速（如 100km/h），然后使汽车在离合器断开的状况下滑动，直到车速降到大约 20km/h。

8.3.2　主观评价指标分析

文献［15］给出了汽车平顺性主观评价方案，如图 8-17 所示。

汽车平顺性主观评价权重见表8-8。

表8-8 汽车平顺性的主观评价权重

目标层	准则层	对目标层权重	方案层	对目标层权重
汽车平顺性主观评价	振动	0.2343	车身俯仰	0.0206
			侧倾晃动	0.0384
			上下起伏	0.0217
			喘振	0.508
			颠簸	0.1122
			点头/后蹲	0.0296
			冲击感觉	0.0371
			吸振能力	0.0726
	非簧载振动	0.2799	车轮滚动舒适性	0.1168
			喘振	0.508
			颠簸	0.1122
			非簧载振动	0.0444
	转向系统振动	0.0751	转向系统振动	0.0751
	噪声	0.2927	边棱敏感性	0.0240
			滚动噪声	0.1064
			轰鸣声	0.0990
			转向异响	0.0633
	声振粗糙度	0.0881	声振粗糙度	0.0881

8.3.3 实例分析

表8-9和图8-20分别给出了评价工程师对试验车辆的汽车平顺性的评价。

表8-9 实测汽车平顺性主观评价

序号	评价项目	1号车	2号车	3号车	4号车
1	乘坐舒适性	8.5	8.0	8.0	7.0
2	减振舒适性	8.5	7.5	8.0	6.0
3	悬架俯仰减振特性	8.0	7.5	8.0	7.0
4	悬架侧倾减振特性	7.0	7.5	8.0	9.0
5	车身阻尼特性	7.0	7.5	8.0	9.0
6	车身滚动舒适性	8.5	7.5	7.5	7.0
7	声振粗糙度	9.0	7.5	8.0	7.5
8	滚动噪声	8.5	7.5	8.0	7.0
9	边棱敏感性	8.0	7.0	7.0	7.0
10	轰鸣声	8.0	8.0	8.0	8.0
11	减振器异响	9.0	9.0	9.0	9.0
12	喘振	8.5	7.5	8.0	9.0
13	吸振能力	8.5	7.5	8.0	7.0
14	颠簸	7.0	7.0	7.5	6.5
15	发动机颠振	8.0	7.5	7.0	6.5
16	车身振颤	9.0	8.0	8.0	8.0

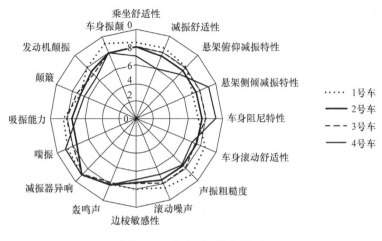

图 8-20　汽车平顺性蜘蛛图

通过图 8-20 可以得出以下结论：四辆试验车乘坐舒适性上的表现都有比较突出的方面，1 号车在减振舒适性、车身振颤以及悬架俯仰减振特性上的表现比较突出，大大提高了乘坐此车时舒适性的整体感受；4 号车载车身阻尼特性及车轮滚动舒适性的评价较高，这也跟产品定位密不可分，作为运动型汽车，适当的车身阻尼特性会提高车轮的驾驶乐趣，因此得到较高评价；4 号车在发动机颠振和悬架的俯仰减振特性的评价较低，综合 4 号车的加速性能和转向性能的优异表现，不难发现在产品的研发重点与车辆设计时，一些性能发生相互制约的状况。

任务实施

对案例进行评述（从学习后的角度进行评述）。

课后拓展

乘员所受的机械振动可分为局部振动和全身振动两大类。其中，局部振动一般不会给乘员造成伤害，只对操作的精度和准确度有影响。而全身振动是指通过人体支撑面传给人体的振动。乘员承受的乘坐振动属于全身振动，也是对乘员可能造成严重伤害的主要振动形式。人体承受全身振动而引起的舒适性问题，称为振动舒适性。

通过座椅等车辆部件，可以隔离、缓和、吸收和衰减行驶及作业中所产生的各种冲击和振动，最终使传给乘员身体的振动强度处于人体所能承受振动的舒适性范围之内。根据实验结果，4～8Hz 是人体敏感区，此时身体部分区域产生共振；另一方面，振动频率下降，在2Hz 以下有强烈的敏感度，频率再下降直到出现晕车症状。而且，人体在振动环境中会加速疲劳过程。

本章小结

1. 汽车行驶平顺性的评价方法，通常是根据人体对振动的生理反应，以及对保持货物完整性的影响制定的，并用振动的物理量，如频率、振幅、加速度等作为行驶平顺性的评价指标。

2. 固有频率是指弹性元件由于偶然的干扰而离开静平衡位置，在弹性恢复力的作用下振动的频率，单位为次/min 或 Hz（次/s）。

3. 加权加速度均方根值是按振动方向并根据人体对振动频率的敏感程度而进行加权计算的，是人体振动评价指标。

4. ISO 2631—1978《人体承受全身振动的评价指南》标准，用加速度的均方根值给出了在1～80Hz 振动频率范围内人体对振动反应的三个不同的感觉极限，它们分别是暴露极限、疲劳—工效降低极限和舒适降低极限。

5. 为了衰减车身自由振动和抑制车身、车轮的共振，以减小车身的垂直振动加速度和车轮的振幅，悬架系统中应具有适当的阻尼。

6. 汽车平顺性的客观评价分析主要包括车身振动的固有频率分析以及车身振动加速度分析。

7. 车身振动（0.5～5Hz）、颠簸（2～5Hz）、路面激励下发动机自振（5～15Hz）、振颤（15～40Hz）、喘振（7～25Hz）、轰鸣声（30～70Hz）、滚动噪声（30～300Hz）。

8. 人体对于振动的感受，在垂直方向上4～12.5Hz、水平方向0.5～2Hz 最为敏感，且人体对水平方向比垂直方向更为敏感。

【复习思考题】

1. 汽车平顺性的主观评价指标和方法有哪些？
2. 常见的汽车振动系统的"输入"有哪些？

3. 汽车平顺性的客观评价方法有哪些？试比较各种方法的特点和适用范围。

4. 人体对哪个方向的振动感受最敏感？为什么？

5. 采用对数坐标有何优点？

6. 请画图示意单自由度振动模型包括哪些元件？

7. 为了提高汽车的平顺性，应如何设计悬架弹簧刚度、减振器、车轮部分质量和轮胎刚度？

第9章 Chapter 9

汽车通过性与评价

学习目标

◎ 掌握汽车通过性的评价指标；

◎ 掌握影响汽车通过性的因素（理论分析）。

技能要求

◎ 能运用汽车通过性相关理论对汽车的通过性能进行评价；

◎ 能描述汽车的各参数及配置对汽车通过性的影响。

知识点阐述

汽车通过性（亦称越野性）是指汽车在一定装载质量下，能以足够高的平均车速通过各种坏路和无路地带以及克服各种障碍的能力。坏路和无路地带是指松软土壤、沙漠、雪地、沼泽等松软地面和坎坷平地段；各种障碍是指陡坡、侧坡、台阶、壕沟等。

汽车通过性可以分为牵引支承通过性和几何通过性。牵引支承通过性反映汽车通过松软土壤、沙漠、雪地、冰面、沼泽等地面的能力；几何通过性反映汽车通过坎坷不平路段和障碍（如陡坡、侧坡、台阶、壕沟等）的能力。通过本章学习，掌握汽车通过性的评价指标；掌握影响汽车通过性的因素，以及这些因素是如何影响汽车通过性的。

任务引入

王先生需要购买一辆专门用于自驾游的汽车，由于王先生喜欢开车长途旅游，希望购买一辆越野性能较好的汽车，销售顾问为其推荐了牧马人。

问题1：越野汽车的最高车速、加速时间、油耗等数据不如同级别轿车，但为何还是有众多的用户青睐？

问题2：如何评价一辆汽车的越野性能？

9.1 汽车通过性的客观评价

汽车通过性的评价指标分为汽车牵引支承通过性的评价指标和汽车几何通过性的评价指标两类。

9.1.1 汽车牵引支承通过性的评价指标

汽车牵引支承通过性的评价指标包括附着质量、附着质量系数、接地比压、牵引系数、牵引效率、最大动力因数等，其中，最主要的评价指标是附着质量、附着质量系数和接地比压。

1. 附着质量和附着质量系数

附着质量是指轮式车辆驱动轴载质量 m_u。车辆附着质量与总质量 m 之比，称为附着质量系数 K_u。

很显然，当汽车在附着系数小的路上行驶时，附着质量、附着质量系数大，有利于汽车最大驱动力的发挥。减小车轮滑转的可能性，能提高汽车的通过性。为了提高汽车的通过性，应对汽车附着质量系数进行明确的要求。如意大利对 4×2 牵引车组成的汽车列车的附着系数规定为 0.27，英国规定为 0.263。

2. 接地比压

接地比压是指车轮对地面的单位压力，即车轮的负荷与轮胎接地面积之比。

汽车在松软地面上行驶的滚动阻力系数和附着系数都与接地比压有关。接地比压小，轮辙深度小，汽车的行驶阻力就小，同样，当汽车行驶在黏性土壤和松软雪地上时，降低接地比压，可使轮胎接地面积增加，提高地面承受的剪切力，附着系数可以提高，使轮胎不易滑转，提高汽车的通过性。

9.1.2 汽车几何通过性的评价指标

汽车与不规则地面的间隙不足，可能会出现汽车被托住而无法通过的现象，称为间隙失效。间隙失效主要有触头失效、托尾失效、顶起失效等形式。触头失效是汽车前端触及地面的间隙失效。托尾失效是汽车车尾触及地面的间隙失效。顶起失效是汽车中间底部的零件碰到地面而被顶住的间隙失效。

与间隙失效有关的汽车整车几何尺寸称为汽车通过的几何参数，主要包括最小离地间隙、接近角、离去角、纵向通过角等。另外，汽车的最小转弯直径和内轮差、转弯通道圆及车轮半径也是汽车通过性的重要评价指标。

各类汽车通过性几何参数的数值范围见表9-1。

表9-1 各类汽车通过性几何参数的数值范围

汽车类型	驱动形式	最小离地间隙 h_{min}/mm	接近角 α/(°)	离去角 β/(°)	最小转弯直径 d_H/m
轿车	4×2	120 ~ 200	20 ~ 30	15 ~ 22	14 ~ 26
	4×4	210 ~ 370	45 ~ 50	35 ~ 40	20 ~ 30

（续）

汽车类型	驱动形式	最小离地间隙 h_{min}/mm	接近角 α/(°)	离去角 β/(°)	最小转弯直径 d_H/m
货车	2×2	250~300	25~60	35~45	16~28
	4×4、6×6	260~350	45~60	35~45	22~42
越野车（乘用）	4×4	210~370	45~50	35~40	20~30
客车	6×4、4×2	220~370	10~40	6~20	28~44

1. 汽车最小离地间隙 h_{min}

汽车满载时，汽车中间区域内的最低点到汽车支承平面（地面）的距离，称为汽车最小离地间隙。中间区域是指平行于汽车纵向对称平面且与其等距离的两平面之间所包含的部分，两平面之间的距离为同一轴上两端车轮内缘最小距离的80%，如图9-1所示。

汽车最小离地间隙表示汽车无碰撞地越过石块、树桩等低矮障碍物的能力。通常，汽车的发动机油底壳、驱动桥或前悬架的下摆臂等部位的离地间隙较小，一旦与地面相碰造成损坏，不仅无法继续行驶，而且损失巨大。越野汽车一般有较大的离地间隙。

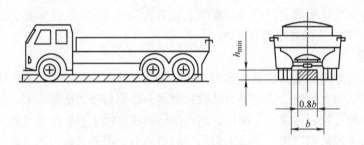

图9-1　汽车最小离地间隙 h_{min}

2. 汽车接近角 α 与汽车离去角 β

汽车接近角是指切于静载前轮轮胎外缘且垂直于汽车纵向对称平面的平面与汽车支承平面之间所夹的最大锐角，前轴前方任何固定在汽车上的刚性部件均在此平面的上方，如图9-2a所示。

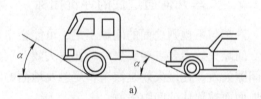

汽车离去角是指切于静载汽车后轮轮胎外缘且垂直于汽车纵向对称平面的平面与汽车支承平面之间所夹的最大锐角，位于车轴后方的任何固定在汽车上的刚性部件均在此平面的上方，如图9-2b所示。

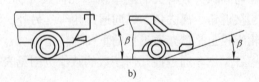

图9-2　汽车接近角 α 与汽车离去角 β

汽车的接近角和离去角表示汽车接近或离去障碍物（如地面凸起物、沟洼地）或陡坡时不发生汽车碰撞的可能性。汽车的接近角与离去角越大，汽车通过性就越好。

3. 汽车纵向通过角 θ

当分别切于静载车轮前后轮胎外缘且垂直于汽车纵向对称平面的两平面交于车体下部较低位置时，车轮外缘两平面之间所夹的最小锐角，称为汽车纵向通过角，如图9-3所示。

汽车纵向通过角表示汽车无碰撞地越过小丘、拱桥等障碍物的能力。<u>汽车纵向通过角越大，汽车通过性就越好。</u>

4. 汽车最小转弯直径 d_H 和内轮差 d

汽车最小转弯直径 d_H 和内轮差 d 如图9-4所示。

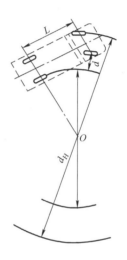

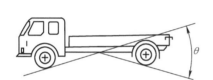

图9-3 汽车纵向通过角 θ

图9-4 汽车最小转弯直径 d_H 和内轮差 d

汽车在转向行驶过程中，转向盘向左和向右转到极限位置时，汽车外转向轮印迹中心在汽车支承平面上的轨迹圆直径中的较大者，称为汽车的最小转弯直径，<u>它表示汽车在最小面积内的回转能力和通过狭窄弯曲地带或绕过障碍物的能力。</u>

前转向轴和末轴的内轮印迹中心在汽车支承平面上的轨迹圆半径之差，称为内轮差。

《机动车运行安全技术条件》（GB 7258—2017）规定：机动车辆的最小转弯直径，以前外轮轨迹中心线为基线，测量其值不得大于24m。当转弯直径为24m时，前转向轴和末轴的内轮差（以两内轮轨迹中心线计）不得大于3.5m。

5. 汽车转弯通道圆

汽车的转向盘转至极限位置时，下述两圆之间的通道为汽车转弯通道圆：汽车所有点在汽车支承平面上的投影均位于圆外的最大内圆和包含汽车所有点在汽车支承平面上的投影均位于圆内的最小外圆，如图9-5所示。

汽车有左转弯通道圆和右转弯通道圆。汽车转弯通道圆的最大内圆直径越大，<u>最小外圆直径越小</u>，汽车所需的通道宽度越窄，通过性就越好。

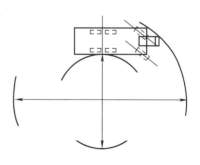

图9-5 汽车转弯通道圆

6. 汽车车轮半径 *r*

汽车克服垂直障碍物（台阶、壕沟）的能力与车轮半径有关。对于后轮驱动的汽车，在驱动轮和附着力足够的条件下，能克服垂直障碍物的最大高度 $h = \frac{2}{3}r$，如图9-6a所示；对于双轴驱动的汽车，$h \approx r$，如图9-6b所示。

若壕沟的边缘够结实，一般结构的双轴汽车所能越过的壕沟宽度 $b = r$；对于双轴驱动的汽车，这个数值大约为 $1.2r$。如图9-7所示。

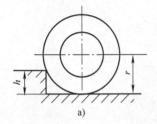 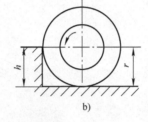 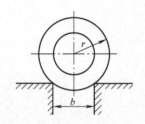

a)　　　　　　　　　　b)

图9-6　汽车克服垂直障碍物高度 *h*　　　　　图9-7　汽车越过壕沟的宽度 *b*

任务实施

> 对案例进行评述（从学习后的角度进行评述）。

任务引入

越野车总会与通过性联系在一起，通过性好的越野车，能轻松翻越陡坡、一定深度的河流、崎岖不平的山路、沙漠等这些容易发生地面触碰车身的区域。越野车主要特点是底盘较高、轮胎抓地性较好、排气管较高、功率较大等。越野车不但可以适应野外行驶的各种路面状况，而且给人一种粗犷豪迈的感觉。在城市里，也有很多的人喜欢开越野车。

问题：汽车的轮胎、动力总成等因素是如何影响汽车的通过性的？

9.2 影响汽车通过性的因素

影响汽车通过性的因素有很多，包括汽车的最大单位驱动力和行驶车速、汽车车轮等。

9.2.1 动力总成因素

关于影响汽车通过性的动力总成因素，主要指汽车的发动机以及变速器。

1. 汽车的最大单位驱动力

由于汽车越野行驶的行驶阻力很大，为了充分利用地面提供的挂钩牵引力（挂钩牵引力表示土壤强度储备），保证汽车通过性，除了减小行驶阻力外，还必须增加汽车的最大单位驱动力。

实际上，在汽车行驶时，若忽略空气阻力，最大单位驱动力等于最大动力因数（D_{max}）。为了获得足够大的单位驱动力，要求汽车有较大的比功率。在困难的行驶条件下，通过提高发动机功率，限制汽车的额定装载质量能提高单位驱动力，同时也能降低在松软地面上的滚动阻力。

2. 传动系统的总传动比

在相同的发动机转速下，传动系统的传动比增大可使汽车的驱动力增大，同时还可使相应的汽车行驶速度降低。当汽车的行驶车速降低时，土壤的物理特性会有所改善，土壤剪切破坏和车轮滑转的可能性减小，因此较大的传动比可以改善汽车的通过性。越野汽车在结构上往往采用增加副变速器或使用两挡分动器的结构形式，以增大传动系统的总传动比，得到更大的驱动力和更低的最低稳定车速。

副变速器或分动器的低挡传动比往往选得比附着条件所限制的值要大，使汽车能在极低的速度下稳定行驶，因为在低速下汽车能够克服较大的道路阻力而不发生土壤的剪切破坏，从而得到较高的附着能力。

9.2.2 轮胎因素

车轮是与地面直接接触的汽车部件，车轮对汽车的通过性起着极其重要的影响，为了提高汽车的通过性，必须正确选择轮胎的花纹尺寸、结构参数、气压等，使汽车的滚动阻力较小，附着能力较大。

1. 轮胎直径与宽度

具有越野功能的汽车轮胎与其他轮胎不同，最重要的一点是轮胎直径尺寸和胎宽。在松软的地面上行驶，直径较大的轮胎和胎面较宽的轮胎可以增加接地面积，降低单位阻力，从而减小滚动阻力系数，提高附着力系数，即减小地面阻力和提高抓地力。其中，采用直径较大的轮胎要比单纯增加胎面尺寸更有效。增大胎面直径和宽度都能降低轮胎的接地比压，用增加车轮直径的方法来减小接地比压，即增加接触面积以减少土壤阻力和车轮滑转，要比增加车轮宽度更为有效。但增大轮胎直径会使惯性增大，汽车质心升高，轮胎成本增加，并要采用大传动比的传动系统。因此，大直径轮胎的推广受到限制。

加大轮胎宽度不仅可直接降低轮胎的接地比压，而且因轮胎较宽，允许胎体有较大的变形而不降低其使用寿命，因而可使轮胎气压低些。若将后轮的双胎换成一个断面比普通轮胎大 2 ~ 2.5 倍、气压很低（29.4 ~ 83.3kPa）、断面具有拱形的 "拱形轮胎" 时，接地面积将增大 1.5 ~ 3 倍以上，这将大幅度地减小接地比压，使汽车在沙漠、雪地、沼泽地面行驶时具有良好的通过性。

2. 轮胎花纹

轮胎花纹对附着系数有很大影响。正确地选择轮胎花纹，对提高汽车在一定类型地面上的通过性有很大作用。例如，以汽车后驱动为例，前轮的胎面花纹一般为竖条状，而后驱动轮的轮胎花纹为中间竖条且两边凸起折条状。这是与汽车的行驶状况密切相关的，前轮胎为从动轮，应尽量减小其阻力，增加平滑性；而后轮为驱动轮，需要增加其附着力，并且利用其花纹尽快地脱离轮胎上的泥土和水，以保证正常行驶。越野汽车的轮胎具有宽而深的花纹，当越野汽车在湿路面行驶时，由于只有花纹的凸起部分与地面接触，使轮胎对地面有较高的单位压力，足以挤出水层。而汽车在松软地面上行驶时，因轮胎下陷而嵌入土壤的花纹凸起数目增加，与地面接触面积及土壤剪切面积都迅速增加，因而能保证有较好的附着性能。

在表面滑溜、泥泞而底层坚实的道路上（如雪地或雪水路面），提高通过性的最简单办法就是在轮胎套上防滑链（或使用带防滑钉的轮胎），这相当于在轮胎上增加了一层高而稀的花纹。防滑链能挤出表面的水，直接与地面坚硬部分接触，有时还会增加土壤剪切面积，从而提高附着力。

3. 轮胎气压

适当地增加轮胎的气压，可以减小滚动阻力，对于提高汽车的动力性和燃料经济性有利。但在松软的地面上行驶的汽车，应相应地降低轮胎气压，以增大轮胎与地面的单位接触面积，降低接地比压，从而减小轮胎在松软地面的沉陷量及滚动阻力，提高土壤推力。轮胎气压降低时，虽然土壤压实阻力减小，但却使轮胎本身的迟滞损失增加。因此，在一定的地面上有最小地面阻力的轮胎气压，如图 9-8 所示。实际上，轮胎气压应比该气压略高 19.2 ~ 29.4kPa。此时，地面阻力虽稍有增加，但由于在潮湿地面上的附着系数将较大地提高，从而有利于改善汽车的通过性。

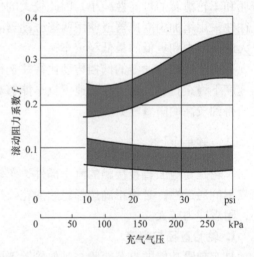

图 9-8 轮胎气压与地面阻力的关系

为了提高越野汽车通过松软路面的能力，而在硬路面上行驶时又不致引起大的滚动阻力和影响轮胎的寿命，可装用轮胎中央充气系统，使驾驶人能根据道路情况随时调节轮胎气压。

4. 前轮和后轮的接地比压

轮胎的接地比压与汽车的附着力与滚动阻力有关。试验证明，轮距相等的汽车行驶于松软地面时，当前轮对地面的单位压力比后轮对地面的单位压力小 20% ~ 30% 时，汽车的滚动阻力最小。为此，除在设计汽车时，可将负荷按此要求分配于前、后轴，也可使前后的轮胎气压不同，以产生不同的接地比压。

5. 前轮距与后轮距

经常在硬质路面上行驶的汽车（以后驱车为例），一般后轮距比前轮距略大，以利于转向和行驶的平稳。当汽车在松软地面上行驶时，各车轮都需克服轮辙阻力（滚动阻力）。如果汽车前轮距与后轮距相等，并有相同的轮胎宽度，则前轮辙与后轮辙重合，后轮就可沿着被前轮压实的轮辙行驶，使汽车总滚动阻力减小，提高汽车通过性，因此，<u>多数越野汽车的前轮距与后轮距相等</u>。

9.2.3 其他因素

驾驶方法对汽车通过性的发挥有很大影响。在通过沙地、泥泞、雪地等松软地面时，应用低速挡，以保证车辆有较大的驱动力和较低的行驶速度。在行驶中应避免换挡和加速，并保持直线行驶，因为转弯时将引起前后轮辙不重合，而增加滚动阻力，如图9-9所示。

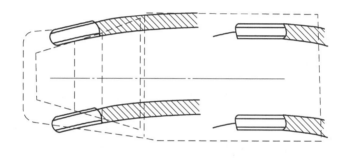

图9-9 汽车转弯时的轮辙

后轮双胎的汽车，常会在两胎之间夹杂泥石，或使车轮表面黏附一层很厚的泥，因而使附着系数降低，增加车轮滑转趋势。遇到这种情况，驾驶人可以适当提高车速，将车轮上的泥甩掉。

当汽车传动系统装有差速锁时，驾驶人应该在估计有可能使车轮滑转的地区前就将差速器锁住，因为当车轮一旦滑移后，土壤表面就会被破坏，附着系数降低，再锁住差速锁不会起显著作用。当汽车离开坏路地段后，驾驶人应该将差速锁脱开，避免由于功率循环现象使发动机、传动系统和轮胎磨损增加，造成燃料经济性和动力性变坏，以及通过性降低等不良后果。

最大涉水深度也是影响汽车通过性的重要因素之一，最大涉水深度越大，通过性能就越强。为了提高越野汽车的涉水能力，应注意发动机的分电器总成、火花塞、曲轴通风口等的密封问题，并提高空气滤清器的位置，使之不浸入水中。普通汽车一般能通过深度为0.5～0.6m的硬底浅水滩。

此外，轴距、悬架、驱动形式等也是影响汽车通过性的重要因素。

┤ 任务实施 ├

对案例进行评述（从学习后的角度进行评述）。

 课后拓展

路虎（Landrover），在 Landrover 未正式在中国销售前，国人一直翻译成"陆虎"（香港地区称"越野路华"）。路虎公司是世界上生产四驱车的公司之一，也是著名的英国越野车品牌。Landrover 正式进入中国上市时，因"陆虎"已被其他企业抢注商标，故注册为"路虎"。

1948 年，第一款路虎诞生于英国，这是一款简单、新颖的铝制汽车，由英国 Rover 汽车公司的 Spencer 和 Maurice Wilks 兄弟制出。这款车很快取得巨大成功，到 20 世纪 50 年代中期，路虎的名字已成为耐用性和出色越野性能的代名词。

到 1959 年，第 25 万辆路虎汽车驶离西米德兰（West Midlands）Solihull 的生产线，至此确立了路虎在市场上的成功地位。然而，路虎公司的传奇不只是这一款典型的汽车。

20 世纪 60 年代，四驱车的需求量达到空前水平，路虎公司走在了这一新兴市场的最前端。为了迎接这一挑战，路虎工程师决心打造一款舒适型家庭越野车。

1970 年，路虎揽胜（Range Rover）刚一面市就引起了热烈响应。在巴黎罗浮宫汽车展上，揽胜的豪华设计赢得了广泛赞誉。它不仅外观亮丽，而且具有很好的舒适性。一名英国少校驾驶路虎揽胜从阿拉斯加的安克雷奇（Anchorage）到阿根廷的乌斯怀亚（Ushuaia），对其进行了长达 6 个月的耐久性测试，测试结果使其他车型都望尘莫及。

20 世纪 70～80 年代路虎继续不断创新，并在巴黎－达卡尔汽车拉力赛等赛事中展示了其超强的耐力，有力地证明了路虎的精益工程设计。

在 1989 年的法兰克福汽车展上，路虎发现首次亮相，并迅速赢得高档 SUV 的美誉。随即，在 1997 年，路虎神行者又闪亮登场，将路虎品牌基因提升到新的 SUV 水平。美国《汽车》杂志的编辑们印象最深的是，路虎神行者很快进入了该杂志的"全明星"排行榜。

路虎的品牌价值甚至超越了其汽车本身。除了汽车以外，路虎的全球"探险"远征队、Land Rover Gear 服装及产品系列、可定制的多功能路虎汽车配件、配备越野教练的驾驶体验中心，以及对环保组织和运动组织的积极赞助，使路虎的形象更具魅力。

　　2008 年 3 月福特汽车公司出售路虎业务给印度塔塔集团，福特汽车公司正式宣布已签署出售捷豹路虎业务的最终协议，印度塔塔集团出资 23 亿美元，成为捷豹和路虎两大品牌的新主人。

 本章小结

　　1. 汽车通过性（亦称越野性），是指在一定载质量下，汽车能以足够高的平均车速通过各种坏路和无路地带以及克服各种障碍的能力。

　　2. 汽车牵引支承通过性的评价指标包括附着质量、附着质量系数、接地比压、挂钩牵引力、牵引系数、牵引效率、最大动力因数、最低稳定车速。其中，最主要的评价指标是附着质量、附着质量系数和接地比压。

　　3. 汽车与不规则地面的间隙不足，可能会出现汽车被托住而无法通过的现象，称为间隙失效。间隙失效主要有触头失效、托尾失效、顶起失效等形式。

　　4. 汽车满载时，汽车中间区域内的最低点到汽车支承平面（地面）的距离，称为汽车最小离地间隙。

　　5. 汽车接近角是指切于静载前轮轮胎外缘且垂直于汽车纵向对称平面的平面与汽车支承平面之间所夹的最大锐角，前轴前方任何固定在汽车上的刚性部件均在此平面的上方。

　　6. 实际上，在汽车行驶时，若忽略空气阻力，最大单位驱动力等于最大动力因数。

　　7. 轮胎的接地比压与汽车的附着力与滚动阻力有关。

【复习思考题】

1. 汽车的通过性参数有哪些？

2. 通过性强的汽车都有什么特点？

3. 汽车底盘高，通过性就好吗？为什么？

第10章 Chapter 10

汽车舒适性与评价

学习目标

◎ 掌握汽车舒适性的定义与评价指标；

◎ 掌握影响汽车舒适性的因素（理论分析）；

◎ 掌握汽车舒适性的评价方法。

技能要求

◎ 能运用汽车舒适性的评价指标介绍整车的舒适性；

◎ 能分析汽车的各参数（如轴距、座椅参数）对汽车舒适性的影响；

◎ 能运用主观评价法对汽车的舒适性进行评价。

知识点阐述

随着汽车工业的迅猛发展，物质生活水平的提高，消费者在关注汽车的动力性、安全性的同时，对汽车的舒适性要求也越来越高。

本章先介绍汽车舒适性的客观评价指标，然后根据评价指标分析影响汽车舒适性的因素，进而介绍汽车舒适性的主观评价指标及主观评价方法。

任务引入

一般，在进行汽车选购的时候，消费者除了自己查找车型的相关资料以及通过销售顾问的介绍了解汽车的相关性能，还会选择预约试乘试驾以进一步了解汽车的各项性能。在进行试乘试驾的时候，消费者可以很好地感受汽车的舒适性。

问题：汽车的舒适性包括哪些内容？

10.1　汽车舒适性的客观评价

10.1.1　汽车舒适性的评价指标

汽车的舒适性是指在汽车静态或动态的条件下，车内乘员舒适主观感受的变化特性，通常是包括人体触觉、听觉以及视觉等在内的主观感受的综合表现。如图 10-1 所示，汽车的舒适性在人—车闭路系统中，通过对车内环境的评价可以获得客观的数据，即客观评价包括车内空间、噪声、空气质量和振动四个方面，其中，噪声与振动可以通过 NVH 指标进行评价；通过人的感觉可以对车内空间舒适度、内饰舒适度、噪声舒适度、振动舒适度等进行汽车舒适性主观评价。

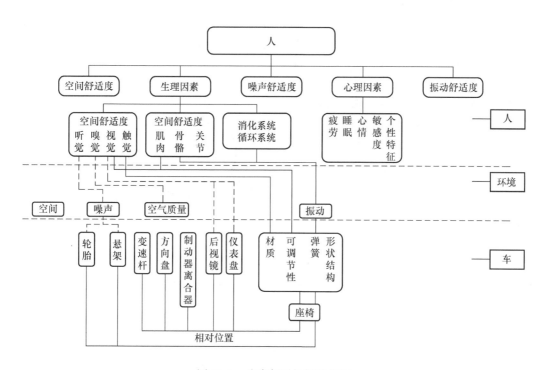

图 10-1　汽车舒适性评价指标

10.1.2　空间舒适性

空间舒适性主要包括两个方面：座椅舒适性和车内空间舒适性。

1. 座椅舒适性

座椅舒适性的要求是乘客长时间乘坐不感到疲劳。座椅舒适性的客观评价指标是座椅静态舒适度评价，包括调节特性、几何参数和物理特性，如表 10-1 所示，图 10-2 给出了乘用车驾驶座椅尺寸参数。

表 10-1　汽车座椅舒适性的评价指标体系

一级	座椅静态舒适度									
二级	调节特性				几何参数					物理特性	
	靠背调节	座面调节	腰托调节	头枕参数	座面参数	靠背参数	腰托参数	扶手参数	头枕参数	座面	靠背
三级指标	角度调节	高度调节 前后调节 角度调节	压力调节	角度调节 高度调节	长度 深度 宽度 角度 轮廓	长度 深度 角度 轮廓	高度	高度 宽度	高度 角度	压力分布 温湿度 硬度 摩擦	压力分布 温湿度 硬度 摩擦

　　如图 10-3 所示，在人—车闭路系统中，性能较好的座椅会对驾驶员的感知、决策、行为产生干扰，从而影响汽车的操控性与安全性。

　　从人机工程学的角度出发，性能较好的汽车驾驶座椅必须为驾驶人提供舒适的坐姿、安全的保障、良好的视野和轻便的操控。

　　通常，汽车驾驶座椅的舒适性可用压力改变率均方根 P_{crms} 进行客观评价。压力改变率均方根较小，则舒适性较好。计算公式如下：

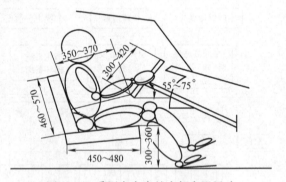

图 10-2　乘用车车身的内部布置尺寸

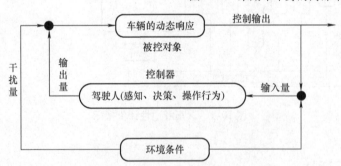

图 10-3　人—车—环境闭环控制系统

$$P_{crms} = \left[\frac{1}{T} \int_0^T \left(\frac{dp(t)}{dt} \right)^2 dt \right]^{\frac{1}{2}} \tag{10-1}$$

式中　P_{crms}——压力改变率均方根；

　　　T——总时间，单位为 s；

　　　$p(t)$——动态压力，单位为 Pa。

2. 车内空间舒适性

汽车内部空间设计是一项非常复杂的工程，一般来说，经济型消费者们总是希望能找到一辆空间足以让全家出行且能装载更多物品的大空间车。车内空间舒适性主要是指车内空间对乘客产生较为舒适的感觉，一般用轴距的大小进行客观评价。一辆车的内部空间是否宽敞，首先取决于它的轴距。所谓轴距，就是通过车辆同一侧相邻两车轮中心的距离；即汽车前轴中心到后轴中心的距离。轴距决定了汽车重心的位置，轴距长短直接影响了车的长度，进而影响汽车内部的使用空间。

10.1.3 车内空气质量

目前，我国 GB/T 27630—2011《乘用车内空气质量评价指南》对车内空气质量做出限值要求，具体限值如表 10-2 所示。

表 10-2 GB/T 27630—2011 车内空气质量的要求

序号	项目	现行标准浓度要求/（mg/m³）
1	苯	≤0.11
2	甲苯	≤1.10
3	二甲苯	≤1.50
4	乙苯	≤1.50
5	苯乙烯	≤0.26
6	甲醛	≤0.10
7	乙醛	≤0.05
8	丙烯醛	≤0.05

10.1.4 NVH 工程

NVH 工程即振动噪声工程，也就是通常所说的静音工程，包括噪声（noise）、振动（vibration）、声振粗糙度（harshness）三个方面。这三者在机械振动中是同时出现且密不可分的，因此人们经常把它们放在一起研究。NVH 的研究范畴主要包括乘客在汽车中的一切感受及汽车零部件由于振动引起的疲劳和寿命问题。

（1）噪声（N） 人们听到的在 20～10000Hz 频率范围内的声音，一般由频率、声级和声质来评价。如果一辆车设计得不好，在高速时车内乘员就会感觉声音很大，会觉得汽车的质量不好，这是目前消费者非常关注的一项指标。新车测试的时候，测试人员会使用噪声仪测试车辆在不同工况下的噪声，通过测试来不断改进整车的设计。

（2）振动（V） 0.5～500Hz 频率范围内运动是人体能感觉到的运动，一般用振动的频率、量级和方向来表征。振动源主要来自汽车底盘悬架，零部件之间的间隔及共振。有效减少振动，可提高可靠性。由于声音都是伴随着振动产生，因此噪声的激励源也是振动的激励源，过多的振动会导致车内乘员产生烦躁的感觉。关于振动，在第 8 章汽车平顺性中已经进行了详细阐述。

（3）声振动粗糙度（H） 声振动粗糙度是指噪声的振动品质，一般用频率、量级和方向来表征。声振动粗糙度是人体对振动和噪声的主观感觉，不能直接用客观测量的方法来度

量，一般可以采用主观评价法进行评价。在汽车舒适性的主观评价中，通常要对汽车动态的噪声舒适度及振动舒适度进行评价，该评价实际上就是声振粗糙度的主观评价，该项指标过高会使人感觉非常不适。

在汽车舒适性评价的客观指标中，噪声和振动可以作为客观评价指标来进行研究。

任务引入

客户王小姐驾驶爱车在公路上行驶时，发现车辆前机舱传来的噪声很大，影响乘坐的舒适性，随后到××汽车销售服务有限公司要求检查。

问题1：假设你是该汽车销售服务有限公司的维修技师，售后经理打算让你承接该项工作，制订汽车噪声检测操作方案，并完成该车噪声的检修工作。你准备如何完成此次任务？

问题2：除噪声外，影响汽车舒适性的因素还有哪些？

10.2 影响汽车舒适性的因素

10.2.1 座椅设计的影响

1. 驾驶人姿态对舒适性的影响

驾驶人通过肢体操作踏板和变速杆时会影响舒适性。

其中，离合器踏板、加速踏板、制动踏板的行程、踏板力是否合适，行程末端的感觉是否过于坚实或疲软，踏板阻尼迟滞是否过大，踏板的回弹和滞后是否适当，踏板行程与踏板力的对应关系好坏，以及踏板的横向间隔、踏板形状、踏板与搁脚板之间的相对位置、踏板行程的角度、踏板表面高度是否符合人机工程学，均影响汽车的舒适性。图10-4给出了处于驾驶姿态的驾驶人人体模型。

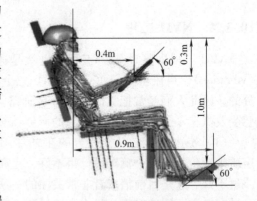

图10-4　处于驾驶姿态的驾驶人人体模型

（1）变速杆操控对舒适性的影响　变速杆操控舒适性衡量的是换挡操作时是否出现严重的黏滞感觉、换挡不轻便、脱挡后变速杆回不到空挡位置，相邻挡位换挡时有严重的不平滑感觉。包括换挡过程中，换挡力是否合适，是否出现严重的突兀感，换挡力过小会影响挡位感，换挡力过大会影响换挡流畅性；换挡行程是否合适，过大会感觉到换挡迟钝，过小会影响挡位的清晰感；变速杆与驻车制动器、控制台是否发生干涉，以及换挡操作是否符合驾驶人的操作习惯等。

（2）车身抖动对舒适性的影响　车身抖动评价的是发动机起停和怠速过程中车辆的振

动现象，频率通常在 10~30Hz 内。车身抖动是由发动机内部曲柄连杆机构和曲轴机构产生的运动惯性力和交变应力引起的内部振动，以及由不平衡力矩、惯性力矩、发动机转矩的波动力矩导致发动机整体振动引起。

（3）静态驾驶姿态舒适角度对舒适性的影响

静态驾驶姿势舒适角度主要的研究内容是通过测量驾驶人处于驾驶姿势时身体各个部位之间所呈现的角度并研究其与舒适度之间的关系，进而推理出座椅各组成部位与人体生理结构之间的几何关系，最终得出驾驶人以何种驾驶姿势进行作业时可以最大限度地减缓疲劳的发生。

2005 年，罗仕鉴等通过在实车试验中测量驾驶姿势下人体各个关节的角度得到最适合中国人体征参数的驾驶姿态，如图 10-5 所示。

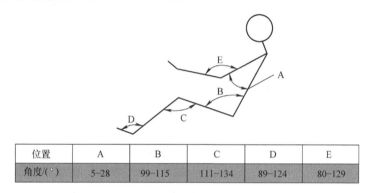

位置	A	B	C	D	E
角度/(°)	5~28	99~115	111~134	89~124	80~129

图 10-5　驾驶姿势人体关节角度

2. 座椅因素

汽车座椅种类繁多，可分为驾驶人座椅和乘客座椅两类。其中，乘客座椅从不同的角度可以有不同的分类。如图 10-6 所示，座椅一般由蒙皮总成、缓冲垫、座椅弹性元件和座椅骨架等组成。

座椅要有多种调节功能以满足不同性别、身材的人乘坐。调节功能包括前后位置、靠背角度、坐垫角度、横向支撑、腰部支撑，局部硬度及头枕高度调节等。某些车型的乘客座椅和后排座椅可根据需要将座椅掀起或折叠。

一般来说，座椅应满足三个要求：一是良好的静态特性（座椅尺寸和形状应保证人体具有合适的坐姿），良好的体压分布、触感良好，并能调节尺寸和位置；二是足够的强度和耐久性，满足强制性标准要求；三是良好的减振等动态特性。

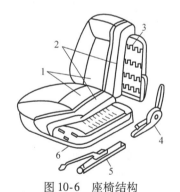

图 10-6　座椅结构
1—座椅蒙皮总成　2—缓冲垫
3—座椅弹性元件　4—靠背角度调节机构
5—调整结构　6—座椅骨架

头枕是为提高汽车乘坐舒适性与安全性而设置的一种辅助装置。在汽车座椅上安装头枕可以避免颈部疲劳，在发生碰撞事故时，头枕还能够起到避免或者减轻乘客颈部受伤的作用。

高靠背座椅的头枕与靠背做成一体，即头枕是固定式的，这种类型的座椅主要用在客车上。低靠背座椅的头枕与靠背是可分离的，即头枕是活动式的，这种类型的座椅主要用在乘用车上，如轿车。图 10-7 所示为座椅的头枕。

活动式头枕又称为可调节式头枕，分为手动调节与电动调节。适当地调节座椅头枕可使其与乘客的颈背形状更加贴合，贴合度越高舒适性越好，安全性也越高。

座椅调节机构多种多样，可以进行角度调节、前后调节、高度调节、翻转调节、支撑刚度调节以及座椅转动等，如图 10-8 所示。无论哪种调节机构，其存在的目的都是为了减少乘员的疲劳，提高乘坐舒适性。

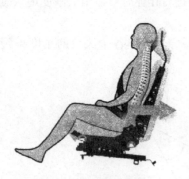

图 10-7　座椅的头枕

图 10-8　座椅的调节机构
1—座椅的前后调整　2—座椅高度调整
3—座椅前部高度调整　4—座椅后部高度调整
5—座椅倾斜　6—腰托调节

为进一步提高座椅的舒适性，各大汽车公司都在致力于座椅的新工艺、新结构、新材料的研发与应用，开发出各类悬挂式座椅、记忆座椅及电动座椅等。其中，电动座椅实质上就是将座椅的各种调节机构由手动操纵改为电动操纵，用按钮代替手柄，用多个电动机代替人工操作，大大提高了轻便性与方便性。

电动座椅是直接影响轿车质量的关键部件之一。图 10-9 所示为电动座椅的结构及其调节装置。轿车的电动座椅主要由坐垫、靠背、头枕、骨架和调节机构等组成。其中，调节机构由控制器、直流电动机和传动部件组成，是电动座椅中最复杂和最关键的部分，直流电动机体积要小，负荷能力要大；而传动部件则要求在运行时有良好的平稳性，噪声要低。控制器的控制键钮设置在方便驾驶人操纵的地方。有些轿车的控制器还设有微电脑，有存储记忆能力，只要按下某一记忆按钮，即可自动将电动座椅调整到存储的位置上。

由于座椅是衡量汽车舒适性的重要依据，汽车设计师十分重视电动座椅的设计。在造型方面，充分考虑人体尺寸、人体重量、乘坐姿势和体压分布等因素，运用人体工程学的研究成果和先进技术，制造出乘坐舒适、久坐不乏的座椅。如：奔驰 E 级轿车的六向可调式电动座椅均按人体轮廓要求设计，能为人体的腰部和臀部提供最佳的横向支持。而在材料方面，由于座椅还起到车厢装饰的作用，座椅面料的颜色要与车厢的总色调配合一致，除了质地优良，还要有良好的手感，使人们一坐上去就有一种舒适的感觉。

10.2.2　轴距对舒适性的影响

在轴距相同的情况下车身尺寸大，车内空间才有可能宽大，但是车身的长短并不是决定车内空间的唯一因素，中控台的合理布局和内饰的颜色搭配都可以创造出车内的宽敞感。图

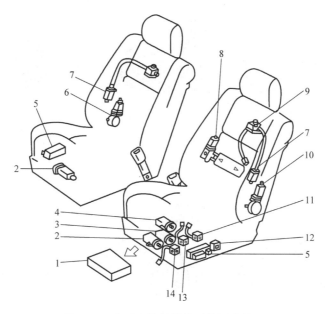

图 10-9　电动座椅的结构及其调节装置

1—电动座椅 ECU　2—滑动电动机　3—前垂直电动机　4—后垂直电动机

5—电动座椅开关　6—倾斜电动机　7—头枕电动机　8—腰垫电动机　9—位置传感器

10—倾斜电动机和位置传感器　11—位置传感器（后垂直）　12—腰垫开关

13—位置传感器（前垂直）　14—位置传感器（滑动）

10-10～图 10-14 分别是凯迪拉克、天籁、宝马、风雅、奥迪品牌的车内空间及轴距参数图，表 10-3 对这几款车型的数据进行对比，可以看出：轴距越长，车内乘客的腿部空间、后排空间、前排空间、后排宽、前排宽等参数都较大，从客观数据来看，轴距较大的车型，舒适性较好。

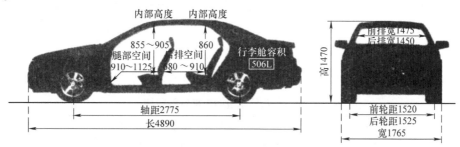

图 10-10　天籁 350JM – VIP 车型的内部空间数据

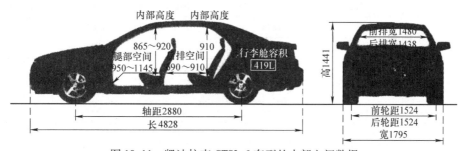

图 10-11　凯迪拉克 CTS3.6 车型的内部空间数据

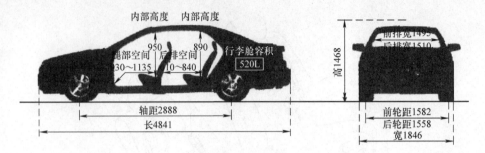

图 10-12　宝马 530I 车型的内部空间数据

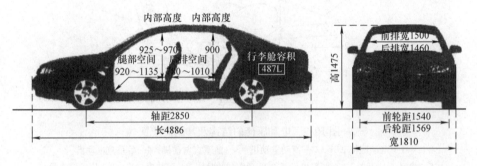

图 10-13　风雅 350XV 车型的内部空间数据

图 10-14　奥迪 A6 2.8L 车型的内部空间数据

表 10-3　几款车型的内部空间数据

参数	车型				
	奥迪 A6 2.8L	宝马 530i	风雅 350XV	天籁 350JM – VIP	CTS 3.6
车长/mm	5012	4841	4886	4890	4828
车宽/mm	1855	1846	1810	1765	1795
车高/mm	1485	1468	1475	1470	1441
轴距/mm	2945	2888	2850	2775	2880
前轮距/mm	1612	1582	1540	1520	1524
后轮距/mm	1618	1558	1569	1525	1524
腿部空间/mm	965 – 1190	930 – 1135	920 – 1135	910 – 1125	950 – 1145

（续）

参数	车型				
	奥迪 A6 2.8L	宝马 530i	风雅 350XV	天籁 350JM – VIP	CTS 3.6
后排空间/mm	720 – 960	610 – 840	786 – 1010	680 – 910	690 – 910
前排宽/mm	1535	1495	1520	1475	1480
后排宽/mm	1505	1510	1495	1450	1438
前排内部高度/mm	940	950	925 – 970	855 – 905	865 – 920
后排内部高度/mm	910	890	900	860	910
行李舱容积/L	501	520	487	506	419

作为家用轿车，宽大舒适的车内空间能够提供宽敞舒适的乘坐感受。

10.2.3 车内空气质量对舒适性的影响

通过红外线辐射装置及有害气体测试仪器可对汽车的空气质量进行测试评价，评价有四种模式：

（1）前处理静置模式 去除车内覆膜及非原厂物品，打开车辆所有门窗及储物格并于25℃环境下静置6h。

（2）国标静置模式 封闭车辆所有门窗及储物格，于25℃环境下静置16h后采集车内空气样品0.5h。

（3）ISO升温模式 采集国标静置模式样品后打开顶部红外辐照装置，设置辐照度为$400 \pm 50 W/m^2$，于第3.5h采集车内空气样品0.5h。

（4）ISO起动模式 采集升温模式样品后迅速起动车辆并按照 ISO 12219—1 标准要求设置好车辆空调及出风口状态，下车关好车门开始采集车内空气样品0.5h。

文献【38】给出了随机抽查的40辆在售汽车的空气质量测试结果，如表10-4所示，可以看出车内空气质量较差的车型主要分布于20万元以下的车型中，从价位上可以看出主机厂在车内空气质量的问题上面临成本方面的困扰。

表 10-4 40 款轿车车内空气质量测试结果

序号	价位/万元	国标静置模式	ISO 升温模式	ISO 起动模式	平均
1	190	– 4.98	– 4.30	– 7.68	– 5.62
2	60	– 5.23	– 5.58	1.66	– 3.05
3	15	– 3.83	– 1.67	– 5.28	– 3.59
4	12	– 3.19	– 4.00	0.15	– 2.35
5	18	0.05	– 2.96	3.24	0.11
6	9	– 1.78	– 2.76	8.47	1.31
7	13	0.65	– 1.66	4.45	1.15
8	20	– 4.27	– 4.65	0.60	– 2.77
9	13	– 3.15	– 3.05	2.90	– 1.10
10	23	1.63	– 0.58	3.19	1.42

（续）

序号	价位/万元	国标静置模式	ISO 升温模式	ISO 起动模式	平均
11	13	−3.20	−3.93	10.40	1.09
12	11	−3.47	−3.99	−3.70	−3.72
13	12	3.60	3.18	8.58	5.12
14	29	5.07	−1.52	−0.01	1.18
15	38	10.18	19.53	0.84	10.18
16	25	−3.47	−4.09	0.10	−2.49
17	14	17.65	19.34	0.13	12.37
18	22	−2.03	−3.74	0.66	−1.70
19	60	7.57	12.81	−2.14	6.08
20	20	−1.83	−3.83	−7.37	−4.34
21	16	6.41	4.34	19.05	9.93
22	6	44.08	31.50	6.05	27.21
23	9	−1.53	−1.48	−4.88	−2.63
24	60	−2.16	−3.69	−6.55	−4.14
25	20	−3.21	−4.47	−3.58	−3.75
26	14	−4.17	−4.59	−0.93	−3.23
27	25	0.32	−1.23	−6.99	−2.63
28	35	−3.79	−5.28	−4.88	−4.65
29	13	−5.05	−6.20	−6.98	−6.08
30	28	−5.76	−6.32	−4.78	−5.62
31	20	−5.83	−2.70	−6.54	−5.03
32	30	−0.71	3.03	−4.29	−0.66
33	23	−5.67	0.23	−7.09	−4.18
34	12	−2.26	4.01	2.73	1.50
35	18	−0.98	1.44	−6.27	−1.94
36	35	−1.54	2.71	−5.96	−1.60
37	23	−4.70	−4.60	−7.24	−5.51
38	35	−1.42	−2.12	3.16	−0.13
39	50	−4.07	−5.11	−5.55	−4.91
40	12	−4.02	−2.04	−2.78	−2.95

10.2.4 汽车 NVH 工程对舒适性的影响

1. NVH 工程

从 NVH 的观点来看，汽车是一个由噪声发射源（车身）、激励源（发动机、传动系统）和振动传递器（由悬架系统及边接件组成）组成的系统。汽车 NVH 系统应以整车为研究对象，但因汽车系统极为复杂，因此通常将汽车系统分成多个子系统进行研究，如车身系统、底盘系统等。

2. 整车噪声来源及其相应的控制对策

根据汽车噪声产生的原理和噪声的特性，可将噪声源分为车身噪声、轮胎噪声、发动机噪声及传动系统噪声四种。

（1）车身噪声 车声噪声主要包括车内噪声和车身结构噪声两部分，这两者的产生机理存在较大差异。

1）车内噪声：车内噪声主要来源有路面噪声、空气噪声、发动机工作、驱动系统工作等产生的进排气噪声、发动机燃烧噪声、传动系统齿轮噪声等。

车内噪声的产生机理如图 10-16 所示。这些噪声源所产生的噪声会在乘客舱周围形成了一个不均匀的声场。存在于乘客舱外部的噪声按声音传播的规律从两种路径实现向车内传播，如图 10-17 所示。一是通过乘客舱壁板（包括顶板、四周的侧板、地板）、门窗上的缝隙直接传入车内；二是车外的声波作用于乘客舱壁板，激发壁板振动，并向车内辐射噪声。这种辐射声的强度与壁板的隔声能力有关。

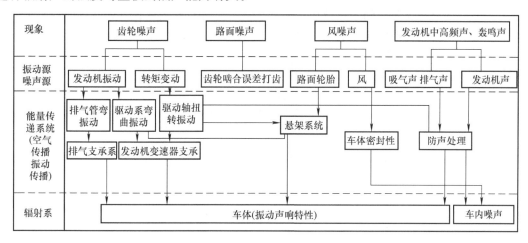

图 10-15　汽车车内噪声产生机理

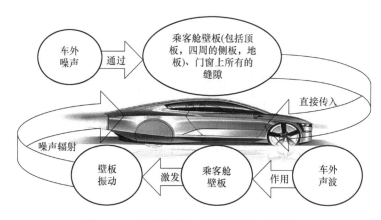

图 10-16　车外噪声向车内传递的两种路径

2）车身结构噪声：车身是由板件及车架组成的复杂结构体，在发动机振动和路面凹凸不平的激励下，其振动情况尤为复杂。车身振动是在发动机垂直振动、悬架质量纵向角振动、非悬架质量共振及车身的一阶弯曲共振四个方面的共同作用下构成的。图 10-17 所示为车身结构噪声的分类及其成因。由左右车轮逆向振动

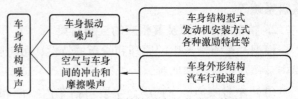

图 10-17　车身结构噪声的分类及其成因

而引起的悬架质量横向角振动的共振和车身的扭振共振合成了车身横向振动。这些构成车身振动与车身横向振动的振动相互作用相互影响，使得车身的实际振动状态更加复杂。

当汽车行驶时，由于气流与车身内外接触，使车身内外总是存在着不同状态的空气动力学噪声，包括：空气与车身的摩擦声、空气通过车身孔道或车身间隙进入车内而引起的冲击噪声以及气流流过车身表面凹凸处所产生的涡流声。

3）控制车身噪声的对策：由于空气阻力与行驶速度成正比，汽车行驶速度越快，其空气动力学噪声越大，即车身噪声越大。因此若要减少车身噪声，需减少汽车行驶时车身的空气阻力：一是在车身与车架间采用减振产品连接；二是进行室内软化，如乘客舱内装上隔声材料；三是对车身进行流线型设计，实现光滑过渡以减少空气阻力。图 10-18 所示为汽车 NVH 零部件分类。

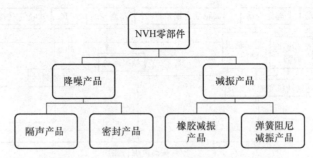

图 10-18　汽车 NVH 零部件分类

4）轮胎噪声及其控制策略：通常情况下，轮胎噪声是指汽车在行驶过程中轮胎胎体和花纹元件振动而引起的轮胎振动噪声、轮胎花纹元件间的空气流动和四周空气扰动构成的空气噪声、路面不平造成的路面噪声三者合成的噪声。在特殊情况下，行驶中产生的振鸣声和溅水声等也属于轮胎噪声。

通过试验可知：<u>轮胎的轮距越小，则噪声越小</u>。不同的轮胎噪声，其形成机理各不相同，且形成噪声的能量大小以及对轮胎噪声的贡献主次也不同。因此，选用有合理花纹及材质的轮胎是降低轮胎噪声的有效方法，如钢丝帘布子午线花纹轮胎，其噪声较小。就轮胎的材料而言，使用更富有弹性且柔软度高的橡胶制造出的轮胎，在使用过程中产生的噪声较小。

（2）发动机噪声　根据发动机噪声的产生机理，发动机噪声可分两种，分别是机械噪声和燃气噪声。

1）机械噪声：发动机的机械噪声指的是发动机机械结构在惯性力和气体压力的作用下，使运动部件产生冲击和振动而激发产生的噪声。主要包括不平衡惯性力引起的机体振动和噪声、活塞敲击噪声、齿轮啮合噪声、供油系统噪声、轴承噪声以及配气机构噪声等。

2）燃烧噪声：发动机燃烧噪声是指由于缸内压力变化引起的噪声，是由于混合气燃烧产生的缸内气体压力直接激励发动机结构，引起结构振动，并通过内外部两种传播途径传到发动机表面，造成发动机表面辐射形成的空气声。缸内压力的交变特性主要是由压力增长率表征。

通过试验得出发动机燃烧噪声与缸内压力的关系如下：

$$I = k \left[\left(\frac{\mathrm{d}P}{\mathrm{d}t} \right)_{\max} P_{\max} \right]^2 \tag{10-2}$$

式中　I——燃烧噪声声强；

$\dfrac{\mathrm{d}P}{\mathrm{d}t}$——缸内压力增长率；

P——缸内压力。

3）控制发动机噪声的策略：改造振源和声源可以从根源上降低发动机本体噪声。在设计发动机时选用柔和的燃烧工作过程，提高发动机机体的结构刚度，并采用严密的配合间隙，以降低气缸盖噪声。

对发动机进行阻尼处理，将阻尼材料与发动机零件结合为一体来消耗振动能量。这种处理可以减少共振幅度，加快自由振动衰减，降低零件间的传振能力，增加零件在临界频率以上的隔振能力，是一种很好的通过减少发动机振动实现降噪的方式。

（3）传动系统噪声　传动系统中的轮边减速器、传动轴、变速器等，都是可能成为噪声源的机构总成。

齿轮的噪声影响因素众多，几乎齿轮每一单项误差都对噪声产生影响，因此要想减小齿轮噪声是非常复杂的。如减速齿轮的制造与装配质量若存在某些问题，其在运转时就会产生啮合噪声。

在轴承运动过程中，轴承零件间运动时的滑动引起的自激振动和轴承零件制造误差引发的强迫振动都会导致轴承振动。此外，在滚动轴承工作过程中，滚道与滚动体间的弹性接触会形成弹性振动。这些振动能量传递到空气中则形成了轴承噪声。

控制策略：由于传动系统噪声是源于变速齿轮啮合引起的振动和传动轴旋转产生的振动，因此一般情况下可采取以下三种策略来降低传动系统噪声，如图10-19所示。

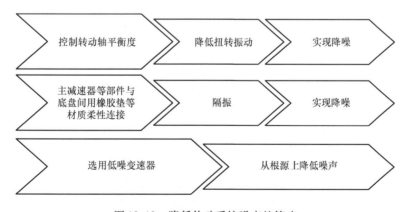

图10-19　降低传动系统噪声的策略

任务实施

维修技师为客户完成车辆噪声试验方案的设计。在教师的引导下，以小组为单位学习相关技能，并填写下列表格。

1）检查汽车的装备及调整状况是否符合要求。

发动机冷却液温度		传动带是否松动	
发动机润滑油温度		密封胶密封性是否老化	
MT 车型处于空挡		AT 车型处于 P/N 位	

2）试验数据：

项目名称	项目数据	项目名称	项目数据
怠速工况下车内发动机噪声值/dB		怠速工况下车外发动机噪声值/dB	
原地发动机扫描工况下车内发动机噪声值/dB		原地发动机扫描工况下车外发动机噪声值/dB	

注：原地发动机扫描工况指在空挡怠速的基础上，起动或拉紧驻车制动装置，轻踩加速踏板，将发动机转速从怠速逐渐提升到额定转速，或者能达到的最高转速，再逐步控制加速踏板将转速降低到怠速。

3）各组根据客户车辆的故障问题搜集影响因素，并予以分析。

4）对案例进行评述（从学习后的角度进行评述）。

任务引入

汽车在上市前需要专业的测试人员进行汽车性能的测试。在测试时，除了用相关数据表征汽车舒适性的好坏，人的主观感受也是评价汽车舒适性好坏的依据。

问题： 在进行主观评价时，哪些指标可以作为评判汽车舒适性好坏的依据？

10.3　汽车舒适性的主观评价

汽车舒适性的主观评价是通过汽车动态路试，对汽车的空间舒适度、声音舒适度与振动舒适度进行评价。其中，声音舒适度与振动舒适度可以通过声振粗糙度的主观评价来实现。

1. 空间舒适度的主观评价

由于乘员是乘坐在座椅中，因此空间舒适度主要通过座椅的特征来描述，两者的关系如图 10-20 所示。

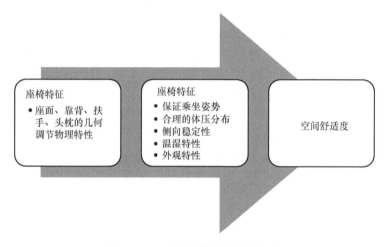

图 10-20　座椅特性与舒适性关系

在汽车舒适性的主观评价中，乘员特别是驾驶人的主观感受尤为重要。

驾驶人的主观感受，也称体感，是驾驶人根据车辆对驾驶输入的动态响应，通过躯干和头部感受获得的动态感觉，包括加速推背感、减速前倾感、前冲或制动感觉以及头部眩晕感觉。

（1）加速推背感　加速推背感是指在加速过程中，座椅推驾驶人后背的感觉。这是一种可以量化的主观感觉，可通过加速度大小与推背感的对应关系进行评价。

（2）减速前倾感　减速前倾感评价的是在减速过程中，驾驶人身体前倾程度与减速度大小的对应关系。

（3）前冲或制动感觉　前冲或制动感觉是加速推背感觉和减速前倾感觉的综合体现。

（4）头部眩晕感觉　头部眩晕感觉由车辆的动态响应，包括车身耸动、车身俯仰、整车横摆、纵向冲击引起驾驶人头晕、恶心的感觉。

1）车身耸动。车身耸动评价的是在匀速行驶过程中，车速波动时车身是否出现严重的耸动。

2）车身俯仰。车身俯仰是指在起步、加速、减速过程中，由于车轴承受的瞬时载荷不断变化，引起动态载荷在前后轴之间转移，导致车身的变化。俯仰程度过大、俯仰频率过快会使驾驶人感到眩晕，但俯仰程度过小或俯仰频率过慢，也会体现不出车辆行驶的状态。

3）整车横摆。整车横摆评价的是车辆在减速过程中是否出现严重的横摆。理论上，横摆是由制动力分配不均、前轮和后轮受的制动力矩不同导致的。在不同车速和减速度大小下进行制动，引起整车横摆程度过大、摆动频率过快会使驾驶人感到眩晕。

4）纵向冲击。纵向冲击指的是在起步、加速、换挡、减速过程中，驾驶人以不同速率进行加速踏板、制动踏板、离合器踏板、换挡操作，感受纵向行驶过程中冲击感程度的大小。加速度出现明显的跳跃，致使车辆出现严重的顿挫现象，包括起步冲击、加速冲击、换挡冲击、减速冲击。这些主要由发动机与变速器动力匹配、制动器与整车之间匹配不良引起，也与传动轴的特性参数有关。

2. 声振粗糙度的主观评价

汽车在道路交通中常见的行驶路面（市区公路、远程快速公路、高速公路），以及粗糙颗粒的沥青路面、带有细微颗粒的平坦路面和带有沟槽的沥青路面上，以与行驶路面相适应的驾驶方式行驶，并以不同的速度（20km/h 到最高车速）和不同的发动机负荷状况（加速、匀速行驶、滑行）行驶时产生可听、可感的振动是否会引起乘客的不适。在该试验中，汽车进入滑行试验道路之前，先将汽车加速到某一稳定车速（如 100km/h），然后使汽车在离合器断开的状况下滑动，直至车速降到大约 20km/h。

3. 评分

舒适性主观评价评分项目描述及分值如表 10-5 所示。

表 10-5　舒适性主观评价分值

分值	描述	分值	描述
1	不能忍受的	6	可接受的
2	令人难受的	7	好的
3	根本不能接受的	8	非常好
4	不能接受的	9	优秀
5	有待提高的	10	非常优秀
	不可接受的		可接受的

任务实施

对案例进行评述（从学习后的角度进行评述）。

课后拓展

车用降噪产品分成四类：减振材料、吸音材料、隔音材料和密封材料。市面上，降噪产品品牌有很多，但多数品牌并没有生产和研发能力，只是将不同工业用料拿来变相使用，甚至冒充国外品牌牟取暴利。从轻量化的发展趋势来讲，理想的汽车降噪绝对不是减振、隔音、吸音产品的分别粘贴，而应该是一种产品对这几种降噪原理的综合运用。

具体来讲，系统的降噪工程一般经过减振、降噪、密封三个步骤完成。首先，对四个车门、行李舱、车地板、前机舱及车顶进行减振处理。实施减振处理时有主次之分：①车门和行李舱，因为绝大部分噪声是通过汽车的悬架系统、行李舱、底盘、车门等部位传入车内的；②车地板和前机舱；③车顶。其次，对全车进行吸音、降噪处理。最后，对车内进行密封处理。

对车内进行密封处理时，不要过度密封，因为车体密封工程是解决由外向内传播噪声的基础工程，应做到车体良好密封，使车内气压保持平衡，否则，过度密封能造成车内缺氧，给乘员的身体带来危险。

车内噪声不易集中治理，因此，对施工产品的质量和施工技术有较高的要求，一般情况下，专业的声学产品属较好的降噪产品，这包括隔音垫和吸音棉两种材料，隔音垫粘贴在车体产生振动的部位，而吸音棉能吸收减振胶对付不了的杂振产生的噪声。通常情况下，实施汽车隔音工程时，需贴一层隔音垫和一层吸音棉。

 本章小结

1. 汽车的舒适性是指在汽车静态或动态条件下，车内成员舒适主观感受的变化特性。

2. 汽车舒适性客观评价包括车内空间、噪声、空气质量和振动四个方面。

3. 一般来说，座椅应满足三个要求：一是良好的静态特性（座椅尺寸和形状应保证人体具有合适的坐姿），良好的体压分布、触感良好并能调节尺寸和位置；二是足够的强度和耐久性，满足强制性标准要求；三是良好的减振等动态特性。

4. NVH 工程：即振动噪声工程，也就是通常所说的静音工程，包括噪声（noise）、振动（vibration）、声振粗糙度（harshness）三个方面。

5. 根据噪声产生的原理和噪声的特性，可将汽车噪声源分为车身噪声、轮胎噪声、发动机噪声及传动系统噪声四种。

6. 汽车舒适性主观评价包含四个方面：空间舒适度、内饰舒适度、噪声舒适度和振动舒适度。其中，空间舒适度，包括加速推背感，减速前倾感、前冲或制动感觉和头部眩晕感觉。

【复习思考题】

1. 影响汽车舒适性的因素有哪些？
2. 根据噪声产生的原理和噪声的特性，可将汽车噪声源分为哪四种？
3. 提升汽车舒适性的措施有哪些？
4. 轴距是如何影响汽车舒适性的？
5. 车轮与悬架的种类是如何影响汽车的舒适性的？

第11章 Chapter 11

汽车造型及品质评价

学习目标

◎ 掌握汽车造型及品质的评价指标；
◎ 掌握汽车造型对动力性的影响；
◎ 掌握汽车品质的相关评价指标。

技能要求

◎ 能运用汽车造型相关理论对汽车的动力性能进行简单评价；
◎ 能运用主观评价法对汽车的品质进行评价。

知识点阐述

汽车造型主要涉及科学和艺术两个方面，本书主要讲述的是汽车造型的科学知识。在进行汽车造型设计时，设计师需要懂得车身结构、制造工艺要求、空气动力学、工程材料学等知识，与此同时，汽车的造型设计与汽车的品质存在着一定的关系。本章首先讲述汽车造型对动力性的影响，随后进行汽车外观品质的描述，之后再进一步描述汽车功能性硬件操作品质以及内饰品质，并提出相关汽车品质的评价指标。

任务引入

汽车车身形式的发展经历了马车形汽车、箱形汽车、甲壳虫形汽车、船形汽车、鱼形汽车和楔形汽车几个阶段，直至今日，汽车的造型设计仍然是汽车厂商的关注点，汽车的造型设计在满足消费者对汽车造型追求的同时，还要能够降低汽车行驶的阻力，提升汽车的动力性能。

问题：汽车的造型是如何影响汽车的动力性能的？

11.1 汽车造型

11.1.1 空气动力学的基本知识

空气阻力是汽车直线行驶时受到的空气作用力在行驶方向上的分力。它分为压力阻力和摩擦阻力两部分。作用在汽车外形表面上的法向压力的合力在行驶方向上的分力称为压力阻力。摩擦阻力是由于空气的黏性在车身表面产生的切向力的合力在行驶方向上的分力。

压力阻力又分为四部分：形状阻力、干扰阻力、内循环阻力、诱导阻力。

形状阻力与车身主体形状有关，流线形越好，形状阻力越小。

干扰阻力是车身表面突起物，如后视镜、门把手、车灯等引起的阻力。

发动机冷却系统、车内通风等空气流经车体内部时构成的阻力，为内循环阻力。

诱导阻力是空气升力在水平方向上的投影。

对于一般轿车，这几部分阻力的比例大致如下：形状阻力占58%，干扰阻力占14%，内循环阻力占12%，诱导阻力占7%，摩擦阻力占9%。

空气阻力中，形状阻力占的比重最大，所以，改善车身流线形状，是减小空气阻力的关键。

空气阻力 $F_w(N)$ 的计算公式为

$$F_w = \frac{C_D A u_a^2}{21.15} \qquad (11\text{-}1)$$

式中　u_a——相对速度，在无风时即为汽车的行驶速度，单位为 km/h；

　　A——迎风面积，单位为 m^2；

　　C_D——空气阻力系数。

1. 气动力与力矩

汽车行驶时除了受到来自地面的力外，还受到其周围气流的气动力和力矩作用。如图 11-1 所示，气流的作用主要是产生升力 L 和阻力 D，当有侧风存在时，汽车的绕流是一个不对称的流场，来流速度 V_∞ 和汽车对称平面之间有横摆角 β。由于横摆角 β 的存在，在汽车上还作用一个侧向力 S。三个气动力的合力在汽车的作用点称为风压中心（Center of Air Pressure），记作 C.P.。

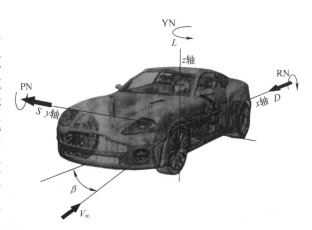

图 11-1　汽车行驶时受到的力和力矩

由于汽车车身上部和下部气流流速不同，使车身上部和下部形成压力差，从而产生纵倾力矩。

在侧风作用下的高速汽车，车身前部可能有较大的局部升力，汽车进风口处的冷却气流会使流过车身的气流发生明显的变化，从而对升力产生影响。作用在汽车上的空气，有

35%~40%在车身上部流过，10%~15%在下部流过，25%在侧面流过，因此减小车身上下的压力差，使大量气流流经侧面，可以减小升力。

使底板下部流线形化，压低前机舱盖前端，减缓前风窗倾角，都可以减小前端升力。

2. 车身表面压力分布

图11-2所示为某国产轿车的车身表面压力分布图，车身表面的压力系数用 C_P 来表示：

$$C_P = \frac{P - P_0}{\frac{1}{2}\rho V^2} \tag{11-2}$$

式中　P——车身表面压力，单位为N；

P_0——大气压力，单位为N；

ρ——空气的密度，单位为g/L。

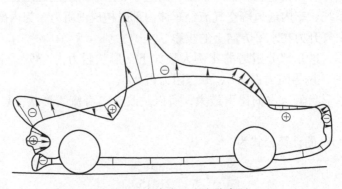

图11-2　车身表面压力分布图

车身表面的压力分布与驾驶室的采暖通风、空调系统、发动机冷却效果、风噪声等都有密切的关系。通常可根据车身表面的压力分布状况确定出与驾驶舱通风及发动机冷却相关的气流的进、出口的位置并推算其通风量，以改善通风和冷却性能。一般宜在散热器面罩和前机舱盖附近开空调气流入口。流线形好的车，后柱、顶盖后端的负压高；流线形差的汽车，由于气流分离点前移，后风窗的负压也很高。压力系数取决于车身细部形状。常见的压力系数值如下：

后柱处：$C_P = -1.0 \sim -0.3$

后窗下部：$C_P = -0.3 \sim 0.1$

顶盖后端：$C_P = -0.6 \sim -0.3$

底板下部：$C_P = -0.1 \sim 0.1$

车身上下部的压力差会使泥土上卷，这可通过提高车身上部的压力来防止。

3. 汽车表面流场

流体是液体和气体的统称，流体力学中把充满流动流体的空间叫作流场。汽车绕流分为两类：一类是汽车的外部绕流，包括汽车表面所有的气流，如图11-3所示；另一类是汽车的内部绕流，即通过诸如发动机、

图11-3　汽车的外部绕流

排气系统、冷却系统、空调系统以及驾驶舱内的气流。汽车周围的外部绕流特点是，地面附近的一部分空气必须从车身底部和路面之间强制通过，气流的流线在汽车的后面并不终止而是形成涡流，从而产生阻力；一部分空气从车身前机舱盖、天窗、行李舱覆盖件流过，还有一部分从车身的两侧面流向车尾。

4. 车速与空气阻力的关系

行驶车速越大，空气阻力越大。图11-4画出了某车空气阻力与车速的关系。当车速较低时（如 $u_a = 20km/h$ 时），机械阻力为主，空气阻力较小。当车速接近 $u_a = 100km/h$ 时，空气阻力与机械阻力相等。当车速 $u_a > 100km/h$ 时，空气阻力所占的比率迅速上升。如果空气阻力占汽车行驶阻力的比率很大，则会增加汽车燃料消耗量及严重影响汽车的动力性能。

11.1.2 汽车造型对动力性的影响

由式（11-1）可知，空气阻力越大，汽车前进越困难，动力性能越差，空气阻力与 C_D 及 A 值成正比，换而言之，降低 C_D 及 A 值可以提高汽车的动力性能。

汽车的迎风面积 A 应包括车身、轮胎、发动机及底盘等零部件的前视投影，其测量方法是将汽车置于平行光源与屏幕之间，此时其迎风面积便既不放大也不缩小地投在屏幕上，如图11-5所示。A 值受到乘坐使用空间的限制，不易进一步减小，因此，降低 C_D 值是降低空气阻力的主要手段。

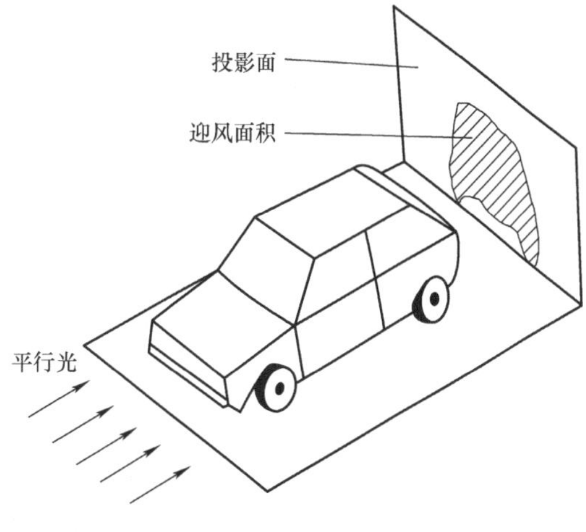

为研究汽车造型对空气阻力的影响，在图11-6所示的四种车头（C、D、E、F）和四种车尾（W、X、Y、Z）组合的轿车模型上做空气阻力系数 C_D 值的测定实验。实验结果表明，用完全圆形的车头 C 型，代替风窗玻璃倾角45°阶梯形的车头 D 型，对减小汽

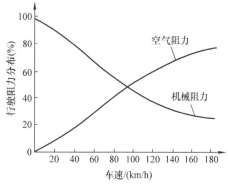

图11-4 车速与空气阻力的关系

车为4门轿车；正投影面积2.04m²

重1670kg；$C_D = 0.45$

图11-5 迎风面积的测试方法

车空气阻力并无明显改善，但比较陡的风窗玻璃 C 或垂直的风窗玻璃 F，使 C_D 值显著增加。由图11-6中所示 Z 型车尾呈细长的空气阻力系数 C_D 值最小，但这种造型是不实际的。

1. 轿车车头前端的造型

轿车前端造型对气动力影响因素很多，主要有车头边角、车头形状、车头高度、机舱盖与前风窗造型、前凸起唇及前保险杠的形状与位置、进气口大小、格栅形状等。

（1）车头形状　不同的前端外形，就有不同的压力分布，致使前端阻力系数不同。从理论上讲，车的前端完全流线形化为最好，但实际设计中却并不可能采用。图11-7是按流线形的原则，在原有前端外形的基础上进行的改型。各方案使空气阻力系数 C_D 值降低的效

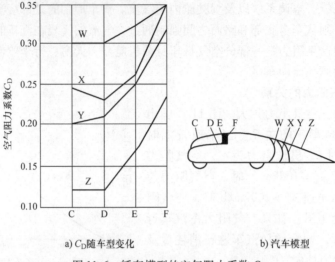

a) C_D随车型变化   b) 汽车模型

图 11-6 轿车模型的空气阻力系数 C_D

果如图 11-7 所示。汽车前端的外形如能尽量倒圆棱角，使外形接近流线形，并减小车头部的迎风面积，就可得到较好的流线形效果。车头边角主要是车头上缘边角和横向两侧边角，车头横向边角倒圆角，也有利于产生减小气动阻力的车头负压区。

（2）车头高度 车头头缘位置较低的下凸型车头气动阻力系数最小，但并不是越低越好，因为低到一定程度后，车头阻力系数不再变化。车头头缘的最大离地间隙越小，则引起的气动升力越小，甚至可以产生负升力。

（3）车头下缘凸起唇 增加下缘凸起唇后，气动阻力变小，减小的程度与唇的位置有关。

（4）散热器进气口与格栅形状 散热器进气口与格栅的形状，对车头阻力有直接而显著的影响。格栅本身投影面积、宽度、形状和位置间隔密度对空气

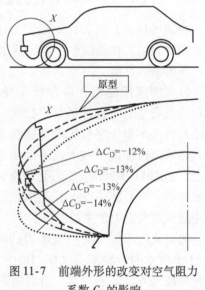

图 11-7 前端外形的改变对空气阻力
系数 C_D 的影响

阻力都有影响。较为理想的格栅应当是本身阻力很低，同样在汽车低速和高速行驶时，能调节进入散热器的气流量。相同的格栅在不同形状的进气口和不同的安装位置时，对阻力所产生的影响也不相同。

（5）前保险杠形状

1）前保险杠前方迎面很容易形成气流阻滞现象。阻滞区会形成压力并使其后部位产生涡流。前保险杠的断面形状应是凸形断面，过渡部分圆滑化，保证气流顺利地分流并转折到后部，不使气流产生阻滞现象。

2）前保险杠的位置越接近车身本体，则越容易使车前方气流急剧转折，因此应使保险杠尽可能向前方伸出，以减少急剧转折的气流形成涡流而使阻力增加。同时，前保险杠向前方伸出多些有利于起防撞作用，故应综合考虑限制前保险杠位置。

3）前保险杠与车身本体间隙应尽量小，近期前保险杠与车身在结构上已形成刚性联结，并在间隙处装有弹性塑料板件作为联结。这种形式既可提高气流进入散热器的效率，又可使阻力和升力减小。

4）前保险杠俯视形状两端与车身本体形状相匹配，并使棱角与装饰端头圆化，从而减小气流的分离，防止涡流产生。

（6）风窗玻璃与机舱盖形状　影响风窗玻璃与发动机转角部位空气动力特性的主要因素：机舱盖与风窗玻璃的夹角、机舱盖的三维曲率及结构、风窗玻璃的三维曲率及结构。

1）机舱盖与风窗玻璃夹角 r。气流在机舱盖上的流速很快，但当由机舱盖流向风窗玻璃时会受到阻力，使气流流速变慢。在风窗玻璃的前缘气流分离，致使在风窗玻璃的下缘产生分离区，然后在风窗玻璃的上缘重新开始附着。在一定的夹角时，风窗玻璃下缘压力降低，当 $\gamma = 48°$ 时，会出现一个局部的压力降，它是由来自两侧的溢流相混合而产生的局部涡流的影响所致。但当风窗玻璃机舱盖的夹角降到30°以下时，分离点与再附着点移动很小，即对降低气动阻力效果不大。可见，设计师在设计汽车时不要把精力浪费在减小前窗倾角上，这样不但牺牲了驾驶舱内的空间，而且会造成外景失真，视野变坏。

图11-8为汽车机舱盖与风窗玻璃间的流谱，图中 S 为气流分离点，R 为气流再附着点。减小机舱盖与风窗玻璃夹角，可使气流分离点与再附着点靠近，减小分离区，降低气动阻力。但当风窗玻璃与机舱盖的夹角降到30°以下时，分离点与再附着点移动很小，即对降低气动阻力效果不大。

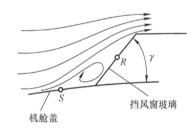

图11-8　汽车机舱盖与风窗玻璃间的流谱

2）机舱盖的三维曲率与结构。由于水平面的小曲率对气流的运动无显著影响，故机舱盖的水平曲率均较小。机舱盖侧面曲率的设计，应使气流流畅地从机舱盖通过，诱导气流向上流动，防止气流转向两侧与侧面的气流互相干扰，导致出现分离而使气动特性变坏。

3）风窗玻璃的三维曲率与结构　风窗玻璃一般设计成二维圆柱曲面，而不采用三维曲面。因为采用二维曲面有利于气流向两侧流动，而且压力向两侧逐渐降低；采用三维曲面的风窗玻璃，会降低车身强度，当发生撞车和翻车事故时，容易产生车身弯曲、车顶分离的危险，并且由于前窗玻璃过渡弯曲，下雨时，刮水器也难以刮拭各个角落，从而影响视野。

2. 顶盖外形

顶盖的外形对汽车的气动特性影响较大。轿车要采用平滑的顶盖，注意顶盖边缘外形的处理，使其表面不易产生涡流，诱导气流平顺地流过顶盖。

顶盖设计成上鼓的外形，有利于气流平顺地通过车顶。由于汽车的气动阻力与迎风面积成正比，气流平顺地通过车顶可使 C_D 值降低，而带来的副效果则是迎风面积增加，这又使气动阻力增大，因此在进行车顶外形设计时，应综合考虑这两个矛盾的因素，在满足驾驶舱居住性要求的同时，选择最佳气动外形。

图11-9为顶盖外形对空气阻力的影响。图中 l_r 为顶盖上挠的纵向跨度，a_r 为上挠的距离，随着 a_r/l_r 的增加，C_D 为负值，所以在顶盖外形的设计时，应选择适当的上挠系数 a_r/l_r 值。

3. 车身侧面外形

（1）车身俯视外轮廓线的影响　采用侧面弧度外形的车身可以降低气动阻力，但由于侧面外形弯曲，增大了迎风面积，而汽车的气动阻力与迎风面积成正比，这也增加了气动阻力，故应综合考虑这两个因素，选择最佳的气动外形。图 11-10 为车身俯视外轮廓线与气动阻力 C_D 及迎风面积关系。

由图 11-10 可见，侧面弧度外形在一定范围内会使 C_D 降低，但由于侧面外形弯曲，又使迎风面积增大，故综合效果是使气动阻力增加，由此可见，不能盲目追求侧面外形的弯曲。

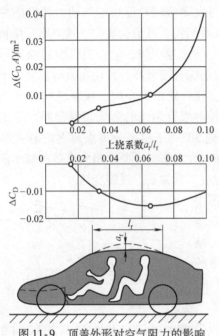

图 11-9　顶盖外形对空气阻力的影响

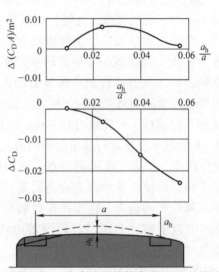

图 11-10　车身俯视外轮廓线对 C_D 的影响

（2）A 柱外形的影响　风窗玻璃与侧窗的交接处，是前方气流向车身两侧流动的拐角，在该处有安装玻璃的前立柱（A 柱），如果 A 柱设计成直角形，在拐角附近就会产生气流分离。由于在 A 柱的气流分离，会导致气动阻力增加，为此小轿车的 A 柱应设计成圆弧过渡的外形，应避免直角形的过渡。把 A 柱与 A 柱周围做成圆滑并向内倾斜收缩的外形，使气流沿其表面流动，可控制涡流的产生，从而达到降低 C_D 值的效果。图 11-11 列出了五种 A 柱外形及其对 C_D 值和侧窗分离区的影响。

由图 11-11 可知，第五种方案降阻效果最佳，但其设置的长雨水槽，目前已不多使用。

4. 车身尾部外形的影响

目前轿车的尾部造型可分为三种：阶背式、快背式及直背式，如图 11-12 所示。

汽车的尾流是产生压差阻力的主要原因。图

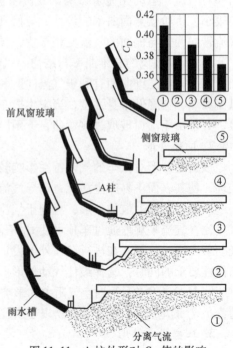

图 11-11　A 柱外形对 C_D 值的影响

11-13 ~ 图 11-15 为三种轿车车身尾部流态轮廓图。

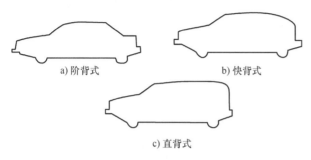

a) 阶背式   b) 快背式

c) 直背式

图 11-12　轿车尾部造型

图 11-13　阶背式车尾的尾流

图 11-14　快背式车尾的尾流

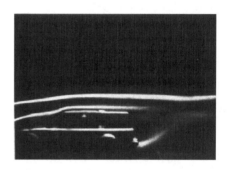

图 11-15　直背式车尾的尾流

（1）阶背式车尾的尾流结构　阶背式车尾的尾流特征是有两个尾涡，其一是来自侧面的气流在后窗底部形成的一对漩涡，它决定了后窗的涡流区域和强度；其二是由于侧面气流的相互作用，致使气流分离，这股分离流与来自顶盖前端及后风窗的气流汇合，在行李舱处形成尾涡。

（2）快背式车尾的尾流结构　快背式车尾的尾流特点是有一对特有的纵涡。来自顶盖前端的气流与侧面气流混合流向车身尾部，这股气流在后柱附近开始分离，在后窗位置出现一对涡流区。

（3）直背式车尾的尾流结构　直背式车尾的尾流特点是，来自底部的气流大量地卷入车身尾部，致使气流在后窗玻璃位置产生很大的分离以及严重的尾涡。

可见，快背式车尾的气动阻力特性最好，而直背式车尾的气动阻力特性最差。

5. 车身底部外形

（1）离地间隙的影响　汽车的下底面通常高低不平，使得下底部的气流变得复杂，形成了各种复杂的涡流。当离地间隙较小时，汽车底部与地面之间的气流可能受阻，使前方气流转向流至车身上表面，增大了汽车上表面的气流流速，使压力降低，导致汽车的阻力和升力增大。汽车下底部表面做成平滑的外形，使车身表面的摩擦降低，从而降低阻力。当离地间隙增加时，车身下部与地面之间的气流能通畅地流过，使阻力有所下降。

（2）车身纵倾角的影响　在判断汽车上的升力时，常用中线、弦长和拱度这类概念。如图 11-16 所示，汽车横截面中心的连线称为中线，中线与汽车前端面和后端面的交点，称为前缘和后缘。前缘和后缘的连线成为弦线，弦线与水平线之间的夹角称为纵倾角。

前高后低的弦线，其纵倾角为正；反之为负。可见，纵倾角为正时，倾角越大气动升力越大；反之，气动升力越小。

在车身设计时，采用负纵倾角的造型，使汽车前部低矮而尾部上翘的方法，可以降低气动升力。

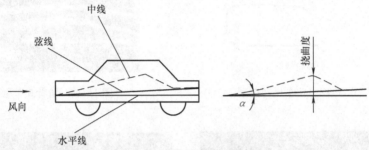

图 11-16　汽车的中线和纵倾角

除了优化汽车造型之外，人们也试图寻求其他的方法改善汽车空气动力学性能。虽然低阻汽车的动力性和经济性得到了提高，但对于流线形汽车而言，随着横摆角的变化，阻力系数有很大变化，即低阻汽车侧风稳定性差。汽车的设计必须综合考虑各方面因素，权衡利弊，才能设计出高性能的汽车。

案例分析 1：福特 Probe V 概念车提高动力性设计描述

图 11-17 所示为福特 Probe V 概念车，此款车的外观从减少空气阻力和高速时的稳定性上考虑，汽车呈流线形、车身低矮，整个车身前低后高呈楔形，除去了一切的外部附件（如后视镜、门把手、收音机天线等），光滑的车身表面接近于理想的基本形体。考虑到行驶过程中受到风阻，气流在前保险杠处受阻，一部分流向车顶，另一部分流向车底部。由于汽车尾涡的产生，提高了汽车车身受到的压差阻力，气动阻力也有增加的趋势。尾涡的产生是由于从上表面下来的气流与从轿车底部冲出的气流汇合产生的。福特 Probe V 概念车把前后车轮几乎都包裹起来，减小了气流在车底的分离，从而改善了尾部的气流流动，车身后部做成逐渐收缩状，设计成类似飞机的尾翼状，有利于把气流平顺地导入汽车尾部，减少由于前后的压力差造成的空气阻力。介于以上的造型，福特 Probe V 概念车的风阻系数保持世界最低。

图 11-17　福特 Probe V 概念车 $C_D = 0.137$

案例分析 2：通用汽车 Precept

通用汽车 Precept 如图 11-18 所示，它是一辆四门、五座轿车。Precept 的空气阻力系数只有 0.163，这一设计改善燃料经济性 15%，是空气动力学设计最成功的概念车。整车采用平坦的车体和将空气的进出口后移来提高其空气动力性能。更大的突破是此车放弃了安装传统的后视镜而采用两个微型摄像机代替了后视镜的功能，第三个摄影机则装在车的后窗内，减小了空气阻力。整车在底盘、车身和内饰方面大量采用铝合金和其他轻型材料，以减轻车的重量。

图 11-18　通用汽车 Precept

任务实施

对案例进行评述（从学习后的角度进行评述）。

任务引入

小刘是××汽车销售服务 4S 店的汽车销售服务顾问，客户王先生到店里看车，看中 2019 款大众 CC 和 2018 款大众甲壳虫，想购买其中一款汽车，但纠结于两款车型的造型和品质。

问题：假如你是销售顾问，你将如何协助客户，从汽车造型和品质方面出发选出客户更心仪的一款汽车？

11.2　汽车品质评价

关于汽车品质，本书主要讨论汽车的外观品质、功能性硬件操作品质以及内饰品质，本节对于以上三种汽车品质主要进行主观评价及分析。

11.2.1　外观品质

外观品质评价是消费者通过视觉感官，并辅以部分触觉和听觉器官，对车身外观如颜色、光泽、缝隙大小和制造缺陷等进行的主观评价。汽车厂商通过市场调研与用户模拟等方式来识别产品存在的视觉缺陷，然后根据主观评价反馈的结果，不断优化结构设计、工艺、工装、材料和色彩搭配等来提升客户满意度。

外观品质评价主要从尺寸公差与防透视、遮蔽性、CTF（C – Color 色彩、T – texture 纹理、F – fabric 面料）、标志与标识、刚度、操作品质、固定品质、触感及声品质九方面进行。以顺时针绕汽车一周，再以相反方向绕汽车一周，对以下项目进行检查。

（1）尺寸公差与防透视　尺寸公差与防透视评价主要评价闭合件、外覆盖件、外观件等各搭接区域的间隙、段差的大小、平行度、对称度及多个零部件搭接区域的透视性。评价主要从以下五个方面进行：

1）整车外观间隙、段差的大小适中，即符合该车型间隙、段差的定位要求。

2）对于较长分缝区域，前、中、后间隙和段差均匀，即符合平行度的要求。

3）对于类似前罩、前保险杠、行李舱（或背门）等左右对称的部件，两侧与其他零部件配合处间隙、段差的大小一致，即符合对称度的要求。

4）根据造型分缝要求，在需要特征连续的区域，各匹配零部件端点应对齐，即符合对齐度要求，如前后门车窗外夹条对接部位，或者车身侧面主要特征线的对接部位。

5）对于以一定的视觉可以看见内部结构（俗称"老鼠洞"）的特定部位，如前罩、翼子板、前照灯结合处，又如 A 柱、翼子板、前门、外后视镜搭接区域等，应考虑遮挡，即符合透视性要求。

（2）遮蔽性　遮蔽性评价主要在整车正常视线下（包括开启四门两盖状态），针对制造过程中因工艺及结构等产生的各种影响外观因素的情况进行评价。评价主要从以下几个方面进行：

1）打开四门两盖的情况下，评价焊点、焊疤和工艺孔等的处理、安装螺栓的遮挡、内部结构外露情况的处理等。

2）关闭四门两盖的情况下，评价不可见车身内部结构，如机舱内部、车门内饰等。

3）关闭四门两盖的情况下，分别从车前、车侧、车后对车辆底盘部分，包括车前拖钩与前端模块、车辆后部的后拖车钩、下挂式备胎、排气管、消声器和排气尾管，以及侧面焊接裙边、油箱或底盘下护板等进行遮蔽性评价。

（3）CTF　CTF 评价主要为顾客对整车颜色与装饰件颜色、皮纹的接受程度，主要从以下几个方面进行：

1）评价整车色调与造型搭配是否适当，装饰件喷涂、电镀或者皮纹纹理的搭配是否合理，色彩是否鲜艳、饱和。

2）评价整车漆面光泽，有无褶皱、流挂、颗粒、橘皮等缺陷。

3）评价相同颜色部件之间有无明显色差，如前后保险杠、开外手柄、加油口盖与车身颜色的匹配。

（4）标识与标志　对整车标识与标志的评价，主要从四门两盖的关闭和开启两种状态进行。

1）四门两盖关闭时评价外部徽标、字标等标识的完整性、美观性及可识别性，如 VIN 码张贴的美观性。

2）四门两盖开启时，评价机舱警示标识、各类相关加注标识、车内 VIN 码标识、儿童锁标识、行李舱（或背门）逃生结构标识等的完整性、美观性及可识别性。

（5）刚度　外观件的刚度评价主要是对外观大型覆盖件受力变形的评价。对于面积不同的零部件，可灵活采用指压或掌压的方式进行评价。对于外观件，一般采用掌压方式评价其受力后的变形大小。对于车门的整体刚度评价，主要从开关闭门时的门框颤抖情况方面进行。

（6）操作品质　操作品质评价主要是针对外观可运动部件的评价，如车门、行李舱盖、机舱盖的开启及关闭。评价主要从以下几个方面进行：

1）车门、机舱盖、行李舱盖、油箱盖等开启、关闭操作便利性。

2）活动部件开启、关闭时的操作力大小。

3）开启过程中清晰的限位感、关闭时的吸入感（主要为车门），操作力与位移适中，有良好的操作手感。

4）各运动件无明显的横向（轴向）晃动。

（7）固定品质　固定品质评价主要针对外观部件的固定情况，一般可从以下两个方面进行：

1）各部件的装配稳定性，如行李架的固定、尾翼的固定和鲨鱼鳍天线的固定等有无松动。

2）顶盖饰条、防擦条和内、外夹条等的贴合情况。

（8）触感　触感评价通常采用身体部位接触的方式来进行，主要表现为以下两个方面：

1）在棱边、尖角处有无尖锐割手的毛刺、锐边等，如机舱盖开启手柄的操作过程和行李舱盖（或背门）的开启操作过程中的触感评价。

2）在平整表面上，有无非造型特征的凸起、凹陷等异常感受。

（9）声品质　声品质的外观评价，主要针对四门两盖开启后解锁以及关闭时的声音品质表现，主要为以下两个方面：

1）解锁时有无明显尖锐的摩擦声。

2）关闭时门、盖声音给人以沉闷、厚重的感觉，有无明显的金属撞击声音。

11.2.2　功能性硬件操作品质

功能性硬件的操作品质是指驾乘人员用手操作包括按钮、拨杆和旋钮等开关部件，实现特定功能时，对于操作开关键的舒适性、操作方便性、功能及控制准确性等各要素进行的综合主观评价。

功能性硬件的操作品质评价，通常从八个方面的要素进行，最终形成评价结果。功能性硬件操作品质评价指标要素包括：

（1）操作力　开关完成工作过程反馈给人的手感。

要点：操作力适中，力度变化平滑，反馈有力；不能出现突兀感、黏手感；不能出现疲软，缺乏弹性，影响挡位清晰度。

（2）行程感　开关执行工作所移动的位移或开关变换挡位所产生的位移。

要点：行程适中，按压过程中节奏感、挡位感清晰。行程过长会使人感觉按键反应迟钝，行程过短会使人感觉挡位不清晰。

行程评价时，对于按压开关，注意观察功能变化，功能变化后停止按压。

（3）挡位感　开关在工作完成或者挡位变换时反馈给人的变化感。

要点：挡位变化应顺畅，不能出现挡位突变和挡位模糊感觉。挡位感由操作力及行程两种因素共同决定，操作力过大会影响换挡流畅性，操作力过小会影响挡位感；行程过大会感觉换挡迟钝，行程过短会影响挡位清晰度。

（4）松旷感　开关运动件与固定件之间的间隙，在操作或行车过程中产生的晃动感。

要点：操作评级过程中不能有明显的晃动。松旷度过大会导致开关松散，甚至导致开关之间干涉；松旷度过小会影响开关操作的流畅性，甚至出现卡滞、干涉。对于拨杆开关，游隙不能过大，过大会导致操作杆强，有疲软感。

对于直按式开关，首先应自然操作，感觉运动件的变化；然后将食指放置在开关表面，不要用力下压，左右、上下轻松晃动。

拨杆式开关会出现游隙，评价游隙时可以用食指捏住拨杆末端，通过上下轻松晃动来感觉拨杆摆动的角度。

（5）旋钮阻尼感　对在操作旋转过程中出现的与操作方向相反的阻力的感觉。

要点：在旋转操作的过程中，旋钮开关的阻尼要适中，阻尼感过大会影响操作的流畅性及换挡感；阻尼感过小会影响旋钮操作的挡位感。

（6）声音　在开关执行操作过程中，内部机械结构或者电子器件发出的声音。

要点：操作开关的过程中会出现轻微的开关操作声音（不包含继电器声音和蜂鸣器声音），开关声音要求不能出现明显的响声，不能出现刺耳声和破音，不能出现浑浊、音量变化较大和音色变化较多情况。

（7）触摸感　操作开关过程中，开关表面处理及按钮操作面积反馈给人的感受。

要点：开关操作面积过小会影响操作的舒适性，不便于操作；操作面积过大会导致操作点过多、操作手感多变。通常，从人机角度考量触摸操作的便利性和人机布局的合理性。触摸感往往和外观质感相关联，因此外观质感的效果也会影响触摸感的评价。

（8）外观质感　开关的外观材质、造型通过视觉反馈给人的感受。

影响外观质感的因素：开关造型、开关的大小及形状、开关表面处理方式、开关布置位置。受环境影响因素主要是光线。针对外观质感通常以表11-1内容进行评价。

表 11-1 外观质感评价内容表

序号	评价项目	评价内容
1	操作开关表面平整度	不能存在凹凸不平、缺陷、杂质等
2	操作开关表面平滑度、涂层均匀性	喷漆均匀细腻，相同区域不能有肉眼所见的不同；不允许存在流痕、气泡、裂痕、飞边；电镀件表面光滑、清洁、光亮
3	皮纹效果	皮纹均匀、皮纹效果一致、纹理清晰；相同区域内不能有肉眼可见明显差别
4	符号尺寸/清晰度	符号尺寸大小统一、字符清晰、整体美观、颜色及工艺一致、识别性好。满足 GB 4094、ISO 2575 标准要求
5	间隙、面差	主观评价要求间隙均匀、结构紧凑且美观、操作清晰，无干涉卡滞，无明显面差（按钮与按钮、按钮与面板相互之间的间隙和面差可按照各自企业的标准要求定量评价）
6	背光一致性、均匀性	要求整车背光均匀、统一、不炫目、不刺眼

11.2.3 内饰品质

用户对汽车内饰品质的关注点集中在异味、异响、乘坐空间、内饰材质、外观、操作等方面。舒适的乘坐空间、人性化的操控布置、细腻的触摸质感、洁净的车内空气，这些要素综合营造而成的一种高品质氛围，已经成为赢得客户的重要手段。

内饰品质指人们通过视、触、听、闻的总体感知（感知品质），对造型风格及细节的喜好程度（造型品质），操控及配置的便利性（性能品质），材质及工艺的精细处理（制造品质）四个方面，对汽车内饰的造型、色彩、纹理、光泽、触感、操作、材质、气味等进行评价后得到的主观感知质量。

（1）感知品质 感知品质是使用者初次接触车辆时最直接、最主观的感受，包含视觉、触感、听觉三个指标，是针对视觉焦点、颜色、皮纹、光泽度、触感、活动件撞击声音、摩擦声音等细节进行的评价。

1）视觉。视觉评价从视觉焦点、颜色、皮纹、光泽度等方面开展，评价要点如下：

a）焦点集中，亮点元素有主次之分。

b）色彩的饱和度及明亮度令人感到舒适，色调搭配合理，色差能够接受。

c）色彩有层次感，比如杂物箱、烟灰缸、眼镜盒等活动件内部定义为深色。

d）纹理样式新颖，并且与环境件协调。

e）光泽柔和，光泽度与环境件匹配合理。

2）触觉。触觉评价从触感、割手两个方面开展：

a）产品表面的压缩特性和摩擦特性分别决定了柔和感和湿润感，触感则是柔和感和湿润感综合作用的主观感受。通过按压和摩擦产品表面的方法进行评价，越接近真皮或天然纺织品，触感越佳。

b）手部较常接触的部位，比如储物盒、操作手柄等，是否存在易导致割手的飞边、毛刺、分型线、尖锐棱角。

3）听觉。听觉评价主要针对内饰操作功能件，比如出风口、遮阳板、扶手、储物盒等。听觉评价从以下三个方面开展：

a）操作过程中不能有明显的异响，比如"吱吱"等刺耳的声音。

b）从声音的频率上来说，沉闷的声音优于尖锐的声音。

c）发声的零件越少越好，避免多个零件不同频率振动叠加后造成杂声。

（2）造型品质　造型品质评价是从较深的层次对内饰外观进行评价，包含视觉误差、分块/线条、型面精细化三个指标，是针对间隙遮蔽、螺钉遮蔽、分型线隐藏、分块线平顺、容差设计、模拟软质效果等型面细节展开的评价。

1）视觉误差。汽车内饰的很多区域都需要进行视觉误差设计，可以从点、线、面三种基本特征对内饰开展评价：

a）点特征包括安装点、螺钉盖板、按钮、喇叭孔等元素，满足"点的分布有规律"。

b）线特征包括分块线、交界线等元素，满足"线的走向要平顺"。

c）面特征包括型面与型面之间的间隙、断差等元素，满足"面的间隙最小化"。

2）分块/线条。分块/线条除了影响外观之外，与工程设计难度和制造成本也有很大关系。分块/线条评价可从两个方面开展：

a）分块线及特征线趋势一致，无杂乱感。

b）零件分块简洁，避免多特征配合。

3）型面精细化。型面精细化主要是指型面细节的处理方式，其处理效果从以下三方面开展评价。

a）型面满足"上遮下，软突出，硬沉陷"的设计原则。

b）零件搭接区域型面做模拟软质处理，外观优化并且有容差能力。

c）正常视线下，型面遮蔽孔洞、间隙、分型线、螺钉。

（3）性能品质　性能品质评价是在外观可视的元素之外，对内饰内在的特性和逻辑进行的评价，包含操作、刚度强度、储物空间、人机工程等四个指标，从功能件操作、结实度、随车物品放置方便性、操作舒适性、乘坐舒适性等细节展开。

1）操作。操作评价主要针对内外饰功能件，如杂物箱、风口、遮阳板等零件，从以下三方面开展评价：

a）合适的操作力大小。

b）清晰的限位感。

c）操作力与位移曲线平顺，有良好的操作触感。

2）刚度/强度。刚度/强度评价是针对内饰产品结实感的评价。针对不同面积的产品，可灵活采用指压或掌压的方式，从以下两方面开展评价：

a）对于杂物箱、中控箱扶手盖板、内开手柄等活动件，评价其在开启状态下受力之后的晃动量大小。

b）对于固定零件，评价其受力之后的变形量大小。

3）储物空间。储物空间评价是对内饰储物的能力进行的评价，如杂物箱、杯托、眼镜盒、地图袋等储物空间，能否满足文件夹、书本、太阳镜、雨伞、停车卡、文具、零钱、手机、充电器、饮料瓶等常用随车物品的存放要求。

4）人机工程。内饰人机工程主要针对功能件在使用过程中的操作便利程度，从以下三方面开展评价：

a）功能件布置合理，有充足的操作空间，或可调节位置。

b）不存在操作盲区。

c）操作舒适性。

（4）制造品质　制造品质主要评价内饰零件的制造、产品的组装是否控制得当，工艺及材料应用能否达到车型定位。制造品质评价包含尺寸配合、材料/工艺、表面处理、分型线等四个指标，从间隙控制和断差均匀程度、软质或硬质工艺的应用、表面处理工艺的选择、注塑零件分型线质量等细节展开。

1）尺寸配合。尺寸配合主要评价内饰各零部件搭接处的间隙、断差数值大小及均匀程度。

2）材料/工艺。材料/工艺主要评价材料及工艺的应用情况，根据不同零件从以下两个方面开展：

a）对于本体类产品，评价其是否进行软质处理，以及软质表皮的用料和工艺。

b）对于饰件类产品，评价其表面处理用料及工艺。一般而言，金属或实木效果好于覆膜，覆膜效果好于喷涂、水转印等传统工艺。

3）表面处理。评价表面处理效果好坏，有无瑕疵，评价要点：

a）喷涂层无颗粒或气孔。

b）水转印花纹无扭曲。

c）电镀层无发黄或起泡。

d）转印膜花纹无拉伤。

e）热烫印图像边缘清晰，无脱落。

4）分型线。分型线评价从两方面进行评价：

a）所有外观可视面上不允许有分型线，如果设计上无法避免在可视面上产生分型线，那么分型线高度应小于0.1mm。

b）分型线无明显的飞边、毛刺、地包天等缺陷。

（5）气味　气味评价一般是将评价结果与产品定位设定的目标值进行对比，以判定其是否合格，是否达到产品气味目标等级。每个企业有不同的评价方法，有的企业对气味的评价只有合格与不合格之分，但是有时也采取打分评价的方法。

任务实施

　　汽车销售服务顾问将从造型和品质方面协助客户选出更喜爱的车型。假如你是客户，查找相关资料，并在教师的引导下，以小组为单位学习相关技能，并填写下列表格。

　　1）打分标准。

分值	1	2	3	4	5	6	7	8	9	10
含义	极差	差	较差	稍差	接受	合格	好	很好	极好	完美
解释	拒绝接受，需重新设计				可接受希望进一步改进		没问题或极少问题			

2）打分评价项目。

车型 / 评价项目	2019 款大众 CC	2018 款大众甲壳虫
感知品质（视觉、触觉、听觉）		
尺寸公差及透视性（间隙、段差、对称度、透视性等）		
尺寸（车长、车宽和车高）		
造型及尺寸（流线形、分块/线条、车长、车宽和车高）		
制造品质（材料/工艺）		
气味		
表面处理（隐藏设计、毛边等）		
操作的便利性		
总分		

课后拓展

汽车空气动力学的应用场合

目前在汽车领域，把空气动力学运用到极致的是 F1 赛车。F1 赛车的性能通常是以秒计算的，既要减小空气阻力，又要给赛车足够的下压力，空气动力学对于提升性能非常重要。除了 F1 之外的其他赛车也会最大限度地利用空气动力学。

扰流板（Spoiler）用在保险杠下方，以让空气上下分离（图 11-19）。它的结构是向外突出去的，可以做成不同的形状和角度。它的作用不但能给汽车一定的下压力，同时向上分离的空气还能通过进气格栅进入机舱，给发动机降温。

汽车的空气阻力有 15% 来自轮胎周边，风幕（Air Curtain）（图 11-19）的作用就是尽可能地减小轮胎周边的空气阻力。它是通过前雾灯处的通风口将空气向后导流，在经过轮胎的时候，空气变得柔和，从而减少了阻力。当然，这样的设计也可以使空气进入制动系统，帮助制动系统散热。

图 11-19　扰流板、风幕示意图

进气口（Air Scoop）（图 11-20）设计要减少空气流入车身下方，尽量多地把空气向上导流。在机舱盖上也设置了出气口，以将空气引流，给车辆提供最大的下压力。

　　侧裙（Skirt）（图11-20）的主要作用是对车辆侧面流动的空气和车辆底盘下方流动的空气进行干预。在高速行驶的时候，侧裙可抑制向上的升力，同时稳定住车身下方的空气流动，让底盘下面的空气不干扰车身侧面的空气。

图11-20　进气口、侧裙示意图

　　近年发布的豪华汽车或者新能源汽车上普遍使用了主动进气格栅（图11-21）。主动进气格栅是发动机在不需要散热的时候，进气格栅关闭，使空气平缓地流过车头降低空气阻力。当夏季来临或者长时间行驶需要发动机散热的时候，进气格栅会自动打开。

　　百叶挡板（Louver）（图11-21）类似于百叶窗，主要的作用是调节风的方向，可以作为空调送风口、发动机散热口。之前，发动机性能越强劲的车型，百叶挡板的个数就越多。而现在，随着汽车设计和发动机技术的进步，使用百叶挡板的车型逐渐少了，但是在兰博基尼等超级跑车上依然能够见到类似的设计。图11-21是1940年奔驰赛车上的百叶挡板设计。

图11-21　主动格栅、百叶挡板示意图

　　最近几年在很多民用车上出现了如图11-22所示的设计，可称为空气舵。它的作用一是让空气柔和地流动，二是利用空气压力提高稳定性，减小车辆左右晃动幅度。这种设计最早也是出现在F1赛车上，后来丰田和雷克萨斯的民用车上也开始使用这种设计。

图11-22　空气舵、NACA Duct示意图

NACA Duct（图11-22）简单来说就是赛车侧面的洞。它的作用是将空气阻力最小化，并且增大进气量，通常用在航空器和赛车上，在很多超级跑车上也能见到。这项技术在第二次世界大战期间开发出来后，一直沿用至今。它的形状通常都是狭长的三角形，除了用于车辆侧面以外，也用在机舱盖上。这样的造型有利于空气的流动，也有利于提升进气量帮助降温。

汽车底盘的结构比较复杂，通常为不规则的形状，因此空气在此经过的时候，也是不规则地流动。如果车速很快，就会产生不小的噪声，并且提高风阻。现在的汽车普遍会将底盘做得平整，甚至会额外铺上一层护板以提高底盘的平整性（图11-23）。

一些新能源汽车上已经使用了气动轮圈和低滚阻的轮胎，气动轮圈（图11-23）可以降低车辆在旋转时带来的阻力。气动轮圈在外观上比较平整，通常尽量不留缝隙，因此不太利于散热。这种轮圈可以应用在一般民用车上，高性能跑车是不太适合用气动轮圈的。

图11-23　气动轮圈、低滚阻的轮胎

尾翼（图11-24）可能是汽车上最早应用空气动力学的零部件了。目前，尾翼分为固定式与可伸缩调节角度式两种。固定式尾翼，是给汽车尾部一个下压力，同时干扰空气，让空气通过车顶之后直接向上流走。可伸缩调节角度式尾翼，比如布加迪等车型，当尾翼完全垂直的时候，可以帮助缩短制动距离。

车尾扩散器（图11-24）主要的作用是使空气散发，防止车尾产生乱流。它的造型就是保险杠下方的隔板。它可以使通过底盘的空气迅速发散、流走。因为空气快速流走，车底的空气压力变小，使得车身更好地贴住地面。扩散器也是在F1赛车中率先使用的，现在已经普及到很多民用性能车上。

图11-24　尾翼、扩散器示意图

 本章小结

1. 空气阻力是汽车直线行驶时受到的空气作用力在行驶方向上的分力。它分为压力阻

力和摩擦阻力两部分。

2. 对于一般轿车而言：形状阻力占58%，干扰阻力占14%，内循环阻力占12%，诱导阻力占7%，摩擦阻力占9%。

3. 空气阻力 $F_w(N)$ 的计算公式为 $F_w = \dfrac{C_D A u_a^2}{21.15}$。

4. 空气阻力越大，汽车前进越困难，动力性能越差，空气阻力与 C_D 及 A 值成正比，换而言之，降低 C_D 及 A 值可以提高汽车的动力性能。

5. 轿车前部造型对气动力影响因素很多，主要有车头边角、车头形状、车头高度、机舱盖与前风窗造型、前凸起唇及前保险杠的形状与位置、进气口大小、格栅形状等。

6. 汽车品质主要包括功能性硬件操作品质、外观品质以及内饰品质。

【复习思考题】

1. 汽车造型是如何影响汽车动力性的？
2. 空气阻力的分类是什么？空气阻力是如何分配的？
3. 跑车的造型一般具有什么特点？
4. 如何评价一辆汽车品质的好坏？

参 考 文 献

[1] 郎为民. 特斯拉：改变世界的汽车 [M]. 北京：人民邮电出版社，2015.

[2] 刁立福，滕燕琼. 汽车运用工程 [M]. 北京：中国水利水电出版社，2015.

[3] 李兵. 汽车动力性与制动性主观评价方法研究 [D]. 长春：吉林大学，2008.

[4] 陈涛. 汽车动力学性能主观评价试验的方法和指标权重分析 [D]. 长沙：湖南大学，2009.

[5] 方玉平. 汽车车门关闭声品质评价与改进 [D]. 重庆：重庆大学，2017.

[6] 余志生. 汽车理论 [M]. 5 版. 北京：机械工业出版社，2009.

[7] 余志生. 汽车理论 [M]. 3 版. 北京：机械工业出版社，2000.

[8] 贝尔恩德·海森英，汉斯·于尔根·布兰德尔. 汽车行驶力学性能的主观评价 [M]. 石晓明，译. 北京：人民交通出版社，2010.

[9] 刘清波. 智能四驱系统的仿真研究 [D]. 北京：中国农业大学，2006.

[10] 王慧怡，等. 电动汽车动力性及经济性综合评价研究 [J]. 建筑工程技术与设计，2015，25（7）：19 - 23.

[11] 张金武. 基于行驶工况的汽车燃油经济性研究 [D]. 合肥：合肥工业大学，2011.

[12] 刘东. 某型号车辆动力系统匹配优化研究 [D]. 哈尔滨：哈尔滨工程大学，2006.

[13] 宋进桂. 提高在用车辆燃油经济性的试验研究 [D]. 大连：大连理工大学，2005.

[14] 孙涛. 电动汽车动力系统的参数匹配及优化研究 [D]. 太原：中北大学，2013.

[15] 王振坡，等. 纯电动汽车能耗经济性评价方法研究 [J]. 高技术通讯，2006，10（3）：56 - 59.

[16] 田晓雪. 汽车主观性能评价方法研究 [D]. 西安：长安大学，2014.

[17] 张塬. 汽车动力性能的主观评价研究 [D]. 西安：长安大学，2013.

[18] 刁立福. 汽车性能与使用技术 [M]. 北京：中国水利水电出版社，2016.

[19] 鲍远通. 汽车性能评价与选购 [M]. 2 版. 北京：机械工业出版社，2017.

[20] 高翔. 汽车工程学 II [M]. 北京：机械工业出版社，2013.

[21] 邢如飞. 乘用车操纵稳定性主观评价方法研究 [D]. 长春：吉林大学，2010.

[22] 陈永革，浦维达，孙丽. 现代汽车商务评价 [M]. 北京：北京出版社，2014.

[23] 张志飞，徐中明，贺岩松. 汽车平顺性客观评价方法 [J]. 重庆大学学报，2010，33（4）：14 - 20.

[24] 周文锋，左言言，周帅利. 基于 ANSYS 的多轴汽车振动响应分析 [J]. 噪声与振动控制，2013，33（6）：106 - 109.

[25] 孙坚. 驾驶性评价及其仿真方法研究 [D]. 长春：吉林大学，2017.

[26] 吴礼军，管欣. 汽车整车性能主观评价 [M]. 北京：北京理工大学出版社，2016.

[27] 王化吉，宗长富，管欣，等. 基于模糊层次分析法的汽车操纵稳定性主观评价指标权重确定方法 [J]. 机械工程学报，2011，23（7）：33 - 36.

[28] 徐大伟. 世界汽车安全性技术法规与标准的研究 [D]. 武汉：武汉理工大学，2007.

[29] 庞成立，李永辉，吴厚廷. 汽车检测与故障诊断技术 [M]. 长春：吉林大学出版社，2016.

[30] 许潇潇. 汽车安全性指数系统研究 [D]. 沈阳：沈阳航空工业学院，2009.

[31] 刘玉光，刘志新. 各国新车评价规程（NCAP）测试评价技术的现状与发展 [J]. 汽车安全与节能学报，2013，11（4）：11 - 13.

[32] 陈思杨. 特种超限车辆道路通过性研究 [D]. 武汉：武汉理工大学，2007.

[33] 李树兴. 老生常谈—话甲醛中毒 [J]. 农村科学实验，2012（9）：31.

[34] 张勇斌. 汽车性能评价与选购 [M]. 北京：化学工业出版社，2016.

［35］刘文俊，宋金来. 甲醛中毒案例分析［J］. 中国人民公安大学学报（自然科学版），2001（4）：22－23.

［36］马佳，范智声，阮莹，等. 汽车座椅舒适性研究综述［J］. 上海汽车，2008（1）：24－27.

［37］黄遵国，王彦. 汽车振动噪声（NVH）控制——汽车工业面临的新问题［J］. 新技术新工艺，2011（7）：73－77.

［38］吴振华，陈剑，陈心昭. 汽车 NVH 特性及整车噪声控制［C］.// "安徽制造业发展" 博士科技论坛. 2004.

［39］赵继波，霍任锋. 2018 年中国乘用车空气质量调查与评估［J］. 汽车实用技术，2019（6）：209－211.